아이러니스트

내 맘 같지 않은 세상에서 나를 지키며 사는 법

아이러니스트

유영만 지음

EBS
BOOKS

나답게 살고 싶은 사람들에게

CONTENTS

프롤로그 : 철학은 불안한 세계로 이끄는 불편한 자극   8

첫 번째 만남 : 아리스토텔레스의 실천적 지혜

지식으로 지시하지 말고 지혜로 지휘하는 방법   17

두 번째 만남 : 존 듀이의 예술적 경험론

'곤경'도 '풍경'으로 바꾸는 방법   43

세 번째 만남 : 프리드리히 니체의 전복과 파괴의 철학

정상적인 사유를 뒤집어 비정상적 사유를 즐기는 방법   81

네 번째 만남 : 루트비히 비트겐슈타인의 언어철학

언어의 씀모를 바꿔서 창의적인 사람이 되는 방법   113

다섯 번째 만남 : 마이클 폴라니의 인격적 지식관

철학과 열정이 담긴 지식으로 설득하는 방법   143

여섯 번째 만남 : 질 들뢰즈의 우발적 마주침

우발적 마주침에서 색다른 깨우침을 얻는 방법   171

일곱 번째 만남 : 움베르토 마투라나의 방랑하는 예술가론

몸을 움직여 행동지식을 창조하는 방법　　　　　　　199

여덟 번째 만남 : 미셸 푸코의 자기 배려

한 번도 되어본 적이 없는 내가 되는 방법　　　　　　235

아홉 번째 만남 : 리처드 로티의 아이러니스트

자아를 끊임없이 창조하는 시인이 되는 방법　　　　　269

열 번째 만남 : 자크 데리다의 사이 전문가(호모 디페랑스)

한 우물에 매몰되지 않고 다른 우물을 만나는 방법　　299

열한 번째 만남 : 조지 레이코프의 체험적 은유법

몸으로 체득한 은유로 상대의 마음을 훔치는 방법　　331

열두 번째 만남 : 브뤼노 라투르의 행위자 네트워크 이론

인생을 바꾸는 또 다른 행위자를 만나는 방법　　　　355

에필로그 : 철학은 견디기 어려운 '긴장'을 몸으로 배우는 고단한 사유　　386

참고문헌　　　　　　　　　　　　　　　　　　　　390

⌒

⌒

⌒

철학은 불안한 세계로 이끄는 불편한 자극

세상이 나를 어떤 눈으로 볼지 모른다. 그러나 내 눈에 비친 나는 어린아이와 같다. 나는 바닷가 모래밭에서 더 매끈하게 닦인 조약돌이나 더 예쁜 조개껍데기를 찾아 주우며 놀지만 거대한 진리의 바다는 온전한 미지로 내 앞에 그대로 펼쳐져 있다.

아이작 뉴턴의 말입니다. 철학자들 역시 진리의 바다에서 미지로 남아 있는 세계를 밤잠을 설치며 탐구하는 이들입니다. 영원히 철들지 않는 호기심과 열정의 소유자들이죠. 철학자는 자기만의 언어가 있습니다. 저마다 독창적인 개념을 창조하고 이전과는 다른 사유 체계를 구축합니다. 니체는 꿀벌은 밀랍으로 집을 짓지만 철학자는 개념으로 집을 짓는다고 했습니다. 어떤 개념으로 집을 짓는지에 따라 내가 살아가는 집이 바뀌고 세상이 바뀝니다.

니체처럼 산다는 것

"철학의 과제는 개념 창조에 있다"고 한 들뢰즈와 가타리의 말을 빌리지 않더라도 우리가 알고 있는 많은 철학자들은 저마다의 개념을 창조해왔습니다. 사람은 '개념'으로 세상을 바라보고 생각합니다. 자신이 사용하는 개념만큼 세상을 보고, '개념'을 바꾸지 않으면 세상을 보는 관점도 바뀌지 않습니다. 세상을 다르게 보고 다르게 살고 싶다면 새로운 개념을 습득해야 합니다. 뿐만 아니라 알고 있던 개념들에 새로운 숨결을 불어넣어 다르게 정의할 수 있어야 하지요. 철학을 공부하는 이유 역시 여기에 있습니다. 무수한 상념을 명료하고 논리적으로 만들기 위해 개념이 필요합니다. 개념의 본래 뜻도 복잡한 것을 한 가지 본질로 꿰는 것이라고 하지 않던가요.

하지만 제가 철학을 공부하는 이유는 어떤 철학자의 특정 개념과 사유 체계를 해설하기 위해서가 아닙니다. 저의 사유 체계를 재건축하는 데 그들의 사유가 도움이 되기 때문입니다. 철학자를 흉내 내려는 게 아닙니다. 철학자로 살기 위해서입니다.

니체처럼 산다는 것은 무슨 의미일까요. 니체의 해설자는 많지만 니체처럼 철학적 문제의식을 품고 치열하게 살아가는 사람은 드뭅니다. 니체는 책상에서 개념을 조합하며 머리로 사유한 철학자가 아닙니다. 자기 삶을 철학적 주제로 삼아 온몸으로 사투를 벌였던 생(生)의 철학자였습니다.

다른 사유는 다른 사유에 접속해보지 않고서는 잉태되지 않습니다. 많은 사람들이 원래 그런 것이라고 생각하고, 물론 그렇다고 치부하며, 당연하다고 생각하는 가정에 물음표를 던져 시비를 걸 때 철학적 사유는 시작됩니다. 습관적으로 반복하는 일상 속에서는 절대로 새로운 사유가 시작되지 않습니다. '습관'의 '적'에 지배당해서 생긴 관습이나 관성에 끌려가는 삶을 살고 있지 않은가요? 현재의 내 모습에 대한 성찰이 필요합니다. 이 성찰에 필요한 것이 철학인 것이죠. 고정관념이 치유 불가의 '고장관념'으로 바뀌기 전에 철학적 신념으로 망치질을 해서 깨부숴야 합니다.

위험한 철학자 되어라

"철학이 없는 삶은 맹목이고, 삶이 없는 철학은 공허하다." 칸트의 말입니다. 철학과 삶의 긴밀한 연결과 관계를 농축한 말입니다. 뚜렷한 주관 없이 맹목적으로 살아가는 사람이 있지요. 이들의 내면을 들여다보면 공허한 경우가 많습니다. 자기만의 철학이 없기 때문입니다.

자기 철학이 없는 삶은 모방하는 삶에 지나지 않습니다.

철학 공부가 필요합니다. 견디기 힘든 삶의 화두를 붙들고 지금 여기의 삶이 의미하는 바가 무엇인지, 내가 추구해야 하는 것은 무엇인지를 깨닫는 내적 체험이 필요합니다. 남의 철학이 내 몸을 관통할 때 진저리쳐지는 깨달음이 필요한 것이지요. 아무리 훌륭한 지식이라고 해도 내 몸을 통과하면서 남긴 몸서리가 없다면 나의 체험적 지식으로 전환되지 않습니다. 멀쩡하다고 생각하는 삶을 철학이라는 거울에 비추어 이전과 다르게 바라보고 관찰하면서 끊임없이 문제를 제기해야 합니다. 질문을 던지는 삶으로 전환되는 데는 고통이 따릅니다. 그 고통을 온몸으로 체험하면서 변화를 경험하는 과정이 철학을 공부하는 여정입니다.

철학을 공부한다는 것은 철학자의 고뇌가 내 안으로 파고들게 하는 것입니다. 그리하여 내가 믿었던 신념 체계를 무너뜨리고 타성에 젖어 사는 낡은 사유에 생채기를 만드는 과정입니다. 한번도 살아본 적이 없는 낯선 삶을 살아보겠다는 결단입니다. 살아온 방식대로 살아가는 것이 아무런 불편이 없는 사람에게는 철학은 아무런 짐이 되지 않습니다. 하지만 깨어 있는 삶을 살아가려는 사람에게는 불편하고 위험한 것일지도 모르겠습니다. 철학은 이미 나 있는 길을 거부하고, 나의 생각과 나의 두 발로 예측불허의 세계로 나아가라고 등을 떠밀기 때문입니다.

철학을 공부한다는 것은 익숙한 관성의 늪에서 사유의 발목을 잡는 공작원들을 퇴치하는 과정입니다. 철학을 공부할수록 익숙한 사유의 문법을 버리지 않으면 안 됩니다. 늘 사용하던 언어적 관습의 틀에서 벗어나지 않으면 타성에 젖은 사유를 습관적으로 반복하게 되지요. 아이들은 뜬금없는 비유를 통해 어른들의 타성에 젖은 사유 체계에 망치질을 합니다. 철학적 사유는 바로 타성에 젖어 고루하게 생각하는 어른들의 사유 체계를 무너뜨리고 낯선 생각의 씨앗을 발아시키는 과정입니다.

철학적 사유는 모험입니다. 안온한 여기의 삶에 만족하지 않고 불편하고 위험한 바깥의 삶을 동경하되 철저하게 지금 여기서의 삶에 뿌리를 둡니다. 안간힘을 쓰면서 지금 여기의 삶을 견디고 노력하는 사람만이 철학적 사유에 공감합니다. 철학적 사유는 현실과 동떨어진 들뜬 사유가 아니고 자기 편의주의적으로 현실에 안착하려는 덜떨어진 사유도 아닙니다.

철학적 사유는 당대를 지배하는 주류적 사유에 문제를 제기하고 대안을 모색하는 위험한 탐험입니다. 그 위험한 탐험을 멈추는 순간 철학도 그 자리에서 죽음을 맞이합니다. 한 번도 경험해보지 못한 낯선 세계로 우리를 이끌지요. 어디로 가는지 쉽게 알 수 없고 왜 그런 위험한 모험을 감행해야 하는지 그 이유도 당장은 알 수 없을 수도 있습니다. 다만 이런 위반과 위배를 통해 기존 사유 방식을 이전과 다르게 배치하려는 안간힘 속에서 우리는 알 수 없는 희망을 발견하게 되는 것이죠. 깊은 절망 속에서 끝도 없는 가능성을 바라보는 것이 철학입니다.

삶의 철학자로 살아가기 위한 최소한의 생각

모험은 상상할 수 없는 고난의 여정일 때도 있습니다. 철학적 사유는 사람들이 안다고 생각하지만 잘못된 믿음에 근거한 망상을 깨부수는 일이고, 타인이 만든 가치 판단 기준에 매몰되어 주체적으로 살아가지 못하는 사람에게는 진실을 깨우쳐주는 불편한 것입니다.

아리스토텔레스의 실천적 지혜, 니체의 허무주의, 비트겐슈타인의 언어철학, 리처드 로티의 아이러니스트, 라투르의 행위자 네트워크이론 등의 개념을 이해하고 해석할 수 있게 되는 것, 그것은 우리가 철학을 공부하는 이유가 될 수 없습니다. 그들이 저와 같은 철학 개념을왜 착안했으며, 그것을 자신들의 삶에 어떻게 적용했고, 또 실천을 통해 어떤 삶을 일구었는가가 우리의 관심사입니다. 철학을 공부한다는것은, 철학자처럼 사유하는 법을 배우는 것입니다. 나의 두 발로 험난한 산등성이를 넘고 다시 골짜기를 지나 능선을 타고 정상에 올라 나의관점으로 세상을 바라보는 고단한 탐험입니다. 그리하여 내 삶에 그사유를 투영해보는 것, 내가 주체가 되는 삶을 만들어가는 데 있는 것이지요.

　저는 이 책에 소개하는 열두 명의 철학자를 아이러니스트로 규정합니다. 우리말로 반어(反語)로 번역되는 아이러니(irony)는 자신이 의도하는 생각과 반대되는 의미를 전달하여 숨은 의도를 은연중에 드러내는 표현법이지요. 흔히 운명의 장난(the irony of fate)이라는 말처럼 아이러니는 어떤 일이 의도와는 정반대 방향으로 전개되면서 예상에서 벗어난 결과나 모순을 의미합니다. 이런 아이러니를 의도적으로 창조하는 사람이 있습니다. 이들을 아이러니스트(ironist)라고 합니다. 아이러니스트는 철학자 리처드 로티가 기존의 문법을 파기하고 자기만의 언어 사용 방식으로 자신의 삶을 이전과 다르게 만들어나가는 시인이나 소설가를 지칭하기 위해서 사용한 말입니다. 아이러니스트는 낡은 생각을 익숙한 언어로 날조하는 삶에서 벗어나 익은 생각을 낯선 언어로 부단히 창조하는 시인의 삶을 표방합니다. 절망적인 상황에서도 관성적으로 움직이려는 진부함과 과감하게 결별하고, 위험을 감수해야 할지라도 나다운 삶을 살기 위해 과감한 결단과 결행을 즐기는 사람은 모두가 아이러니스트스입니다.

　지금 삶이 힘든 여정 속에 있나요? 그렇다면 지금이 바로 나를 변화시킬 수 있는 기회입니다. 타성에 젖은 언어적 점성에서 벗어나 색다른 어휘로 어제와 다른 여정에 뛰어들어야 합니다. 통념에서 벗어나 이전과 다른 방법으로 생각하고 행동하지 않으면 삶은 달라지지 않습니다. 여러분을 아이러니스트로 변신하는 탐구 여정에 초대하는 이유입니다.

이 책이 삶의 좌표를 잃고 방황하는 현대인들에게 등대가 될 수 있기를 바랍니다. 제가 열두 명의 철학자와의 우연한 마주침을 통해 색다른 삶을 살 수 있게 되었듯이, 이 철학자들의 이야기가 여러분에게도 남다른 깨우침의 선물로 다가가기를 소망해봅니다.

2021년 봄
유영만

아리스토텔레스의 **실천적 지혜**

지식으로 지시하지 말고
지혜로 지휘하는 방법

chapter
01

Aristoteles

BC 384~322

많은 사람들이 눈앞에 다가온 인공지능 시대를 막연하게 두려워합니다. 왜 불안할까요? 인간의 일을 인공지능이 모두 대체해버릴 것 같은 두려움 때문일까요. 그렇다면 인공지능이 할 수 없는 인간의 고유한 능력을 개발하면 되지 않을까요. 쉽게 흉내 낼 수 없는 인간만이 할 수 있는 것을 말입니다.

지능으로 개발한 지식으로 지시하는 시대는 저물었습니다. 지성으로 지혜를 개발해서 지휘하는 시대를 열어가야 할 때입니다. 아리스토텔레스는 『니코마코스 윤리학』에서 '실천적 지혜'라는 개념을 정의했습니다. 영어로는 'practical wisdom'이라고 하지요. 이것이 위기를 맞이한 우리 인간에 무엇을 해줄 수 있다는 것일까요. 첫 강의에서는 아리스토텔레스와 함께 지금 이 시대의 인간에게 필요한 능력이 무엇인가 하는 문제를 고민해볼까 합니다.

\

'저 너머'가 아닌
'지금 여기'에 있는 지혜

아리스토텔레스가 말한 실천적 지혜를 생각해보기 전에 아리스토텔레스의 주변 이야기를 먼저 해볼까 합니다. 아리스토텔레스의 스승을 아시나요? 플라톤입니다. 플라톤의 스승은 소크라테스이지요. 소크라테스 하면 무엇이 떠오르나요? 너 자신을 알라. 잠언처럼 많이 알려진 문장이죠. 그는 계속된 질문을 통해 사람들한테 깨달음을 주는 산파술의 대가이기도 합니다. 플라톤은 어떤 인물일까요? 플라톤의 철학을 한마디로 이야기하면 우리가 찾는 진리는 여기에 있지 않고 우리가 도달할 수 없는 이데아의 세계, 저 바깥에 있다는 것입니다. 내가 찾는 절대적 기준은 세상 바깥에 있다는 것이죠. 그런데 아리스토텔레스는 스승과는 전혀 다른 철학을 추구합니다. 플라톤이 이데아, 즉 인간의 힘으로 도달할 수 없는 궁극의 진리를 밖에서 찾았다면 아리스토텔레스는 이 현실에서 진리를 찾습니다. 모든 사물, 사람, 개별자 안에 이데아가 있다고 생각한 것이지요. 플라톤은 이상주의자이지만 아리스토텔레스는 현실적인 사상가로서 꿈을 꾸게 된 것이죠.

라파엘로의 〈아테네학당〉이라는 그림이 있습니다. 그리스-로마 시대와 아테네 시절 활약했던 수학자부터 기하학자, 철학자가 한데 모여 무엇인가를 이야기하고 있습니다. 그 정중앙에 두 사람이 서 있는데, 바로 플라톤과 아리스토텔레스입니다. 누가 플라톤이고 아리스토텔레스일까요? 두 사람 사이에는 미묘하지만 큰 차이가 있습니다. 플라톤은 손가락이 위를 향하고 있고, 반면에 손가락을 약간 밑으로 내리고 있는 사람이 아리스토텔레스입니다. 플라톤이 손가락을 위로 올리고 있는 모습은 바깥 세계에 진리가 있음을 상징하지요. 그러니 스승과는 정반대의 철학을 추구한 아리스토텔레스의 손가락은 땅을 향하고 있겠지요. 아리스토텔레스의 실천적 지혜란 것도 결국 우리가 살아가는 구체적인 현실, 다양한 문제가 공존하는 딜레마 상황과 관계된다는 것을 짐작해볼 수 있습니다.

우리가 갖춰야 할 전문성 세 가지

인공지능 시대에 대한 대비책은 무엇일까요. 단순하게는 인공지능이 대체할 수 없는 전문성을 갖추는 것을 생각해볼 수 있습니다. 단순히 지식이 많은 똑똑함을 말하는 것이 아닙니다. 이것을 넘어서는 탁월함이 중요합니다. 이런 탁월함을 보유하고 있는 사람들이 가진 진

플라톤이 손가락을 위로 올리고 있는 반면 아리스토텔레스의 손가락은 땅을 향하고 있다.
아리스토텔레스의 실천적 지혜란 것도 결국 우리가 살아가는 구체적인 현실,
다양한 문제가 공존하는 딜레마 상황과 관계된다는 것을 짐작해볼 수 있다.

짜 전문성이 뭘까요? 아리스토텔레스는 이것을 '실천적 지혜'라고 생각해본 것입니다.

『니코마코스 윤리학』에서는 우리가 갖춰야 할 실천적 지혜, 즉 전문성을 세 가지로 나눕니다. 첫 번째, 에피스테메(episteme)입니다. '이해력'이라고 번역할 수 있으며, 사물이나 현상의 본질을 파악하게 만드는 풍부한 배경지식을 갖춘 지적 안목을 뜻합니다. '풍부한 배경지식'은 빈약한 배경지식을 전제하는 말입니다. 빈약하다는 것은 흔히 논의되는 '부분 전문성(speciality)'으로 인해 취할 수밖에 없는 단견 또는 억견(doxa)과 같은 의미라고 볼 수 있지요. 특정 분야에 한정되지 않는 폭넓은 배경지식은 넓고 깊이 있는 성찰을 가능하게 하여 세련된(sophisticated) 관점을 취할 수 있게 하는 전문가의 근본적 힘(power)입니다.

에피스테메는 사물의 본질과 원리를 밝혀내는 높은 수준의 정신 활동입니다. 이는 어떠한 현상과 대상에 대하여 논증할 수 있는 능력이 있는 상태이자, 일정한 방식으로 확신을 가지고 있고 이를 가능하게 하는 근본 전제가 분명히 인식되어 있는 상태로서 이론적 앎을 의미합니다. '관조적 앎'으로서의 에피스테메는 굳이 그것을 실천해보지 않아도 조용히 앉아서 생각해보면 그 이치를 알게 된다는 의미를 내포하고 있습니다.

에피스테메는 'know why'에 해당합니다. 자신이 하는 일의 원리를 따져 묻는 것, 자신이 한 행동이나 결과에 대한 이유를 물어보는 것, 위대한 학문이나 철학의 힘을 빌리든 그렇지 않든 자신의 수준에서 이를 설명하려는 노력을 지속하는 것을 의미합니다.

두 번째는 테크네(techne)입니다. 예술(art)과 기예(craft)가 결합된 용어로 테크닉(technique)에 대비되는 말입니다. 단편적 기법을 익힘으로 인해 실천을 도구의 정교한 활용 정도로 이해하는 테크닉에 반하여 어떤 일에서 질적인 표준을 지속적으로 확장하려는 전문가적 실행력이 바로 테크네입니다.

테크네는 제작의 영역이기도 하고 행위의 영역이기도 합니다. 테크네는 삶의 가치나 목적 그 자체가 아니라 인간의 목적을 달성하는 데 필요한 도구를 생산해내는 것을 가리켰다는 점에서 에피스테메와 구분됩니다. 제작과 행위의 영역 안에서 자신이 만지는 대상과 행위에 대해 성찰하는 힘이 있고 이를 고도화시키려는 노력이 충분히 수반될 수 있다는 점에서 전문성의 핵심 요소가 됩니다. 인간은 만들 수 있는 능력이 형성되면서 여타의 동물과 차별된 존재로서 구분될 수 있었습니다. 이는 테크네가 노동의 최초의 본질임을 증명하고 있을 뿐만 아니라, 인간은 누구나 전문가가 될 수 있다는 기본 조건을 형성해준다고도 할 수 있습니다.

인간은 수많은 반복과 연습으로 일의 수준을 높여갑니다. 고도화된 전문가는 단순히 만들어내고 향유하는 능력을 넘어 고도의 정밀함으로 보통 사람과 구별됩니다. 외과의사의 정교한 칼솜씨나 국가대표 운동선수들의 기술 구사를 보면 알 수 있지요. 최고 수준의 전문가는 일정 수준의 능력과 감각을 넘어 고도의 정밀함을 동반합니다. 이들은 결국 에피스테메도 고도화됩니다. 에피스테메와 테크네는 상호 긴밀하게 연동되어 균형을 유지하면서 남다른 수준을 탄생시키는 것이죠.

마지막으로 프로네시스(phronesis)입니다. 바로 에피스테메와 테크네를 몸에 익혀서 특정한 딜레마 상황에서 올바른 실천의 의미를 깊이 숙고한 다음 행동에 옮기는 능력입니다.

이와 같은 실천적 지혜를 이해하는 데 도움이 되는 한 가지 예를 들어보겠습니다. 병실 청소부가 있습니다. 한 병실에서 청소를 하는데 그 병실에 있던 환자가 잠깐 화장실에 갑니다. 그사이에 청소부는 청소를 마치고 나가던 참이었습니다. 그런데 이 환자가 들어오자마자 대뜸 화를 냅니다. 왜 청소를 하지 않고 나가느냐는 것이지요. 이때 보통의 청소부라면 어떻게 반응할까요? 화를 냈을 것입니다. 그런데 이 청소부는 화를 내는 대신 잠깐 생각해봅니다. 그러고는 말없이 청소를 한 번 더 합니다. 그렇게 하는 것이 환자의 마음을 편하게 해주는 일이라고 판단한 것이지요. 아리스토텔레스가 말하는 실천적 지혜는 이런 것입니다. 어떤 상황이 닥쳤을 때 행동에 앞서 어떻게 하는 것이 올바른 실천인지를 숙고해보고 이 상황에 적절한 대응 조치를 취하는 지혜 말입니다.

'시원섭섭하다'의 모순과 새로움

그런데 점점 이 실천적 지혜라는 것이 자취를 감추고 있습니다. 사람들은 이제 사람과의 접촉을 통해 무언가를 습득하고 공유하기보다 기술적 접속을 통해 정보를 공유하고 습득합니다. 접촉이 없는 접속만이 있습니다. 하지만 실천적 지혜는 절대로 이런 기술적 접속만으로는 습득할 수도 전수할 수도 없습니다. 또한 기술의 발달만큼이나 삶의 속도는 빨라지지만 삶의 밀도는 천박해지고 세상을 바라보는 시야는 좁아집니다. 이런 세상에서는 당연히 속도를 중요하게 여기지요. 속성 재배가 우리의 생각을 지배하면서 뜸을 들이고 기다리는 숙성의 시간 같은 건 가질 여유가 없습니다. 그런데 실천적 지혜는 이 숙성의 시간 속에서 탄생합니다. 속성으로 무언가를 만들어내려는 계량적 사고방식에는 숙성이 들어갈 틈이 없지요.

접촉보다는 접속, 밀도보다는 속도, 숙성보다는 속성, 불편함보다는 편리함, 효과보다는 효율에 보다 높은 가치를 두고 인간이 감수해야 할 수고로움을 기계로 대체하면서, 우리에게 잠재되어 있는 실천적 지혜는 점차 모습을 감추고 있는 것입니다. 이렇게 계속 복잡하고 힘든 상황에 대한 숙고와 판단을 거부하고 실천하는 일을 포기한다면 우리는 어떻게 될까요?

기술 발전이 가속화되면서 사람들은 점차 인공지능이나 기술에게 힘들고 복잡한 일을 맡깁니다. 그 결과 생각보다 심각한 문제가 발생합니다. 앞으로 인간의 머리는 세 가지 쓰임밖에는 남지 않을 거라고 합니다. 베개 벨 때, 모자 쓸 때, 그리고 머릿수 셀 때입니다. 다소 극단적이지만 이 외의 일은 기계한테 맡기면 되니까요.

더 이상 빠른 해결과 목표 달성만을 목적으로 해서는 안 됩니다. 좀 더 편한 것, 이루기 쉬운 것, 빠른 것만을 가치 있는 것으로 치부하고 그 반대편에 있는 것을 버리는 선택을 하는 것이 아니라 이질적인 것, 모순적인 것을 끌어안으려는 노력이 필요합니다. 이질적이고 모순적인 것들의 융합을 통해서 새로운 것을 창조해내려는 노력, 아니 결단이 필요한 것이지요.

우리말 표현 중에 '시원섭섭하다'라는 말이 있지요? 도대체 이 말은 어떤 일이 끝나서 시원하다는 말일까요, 섭섭하다는 말일까요? 이 둘은 서로 상반된 감정이지만 두 가지의 뜻이 합쳐져 저만의 뜻을 나타내지요. 양극단을 떨어뜨리지 않고 하나로 통합하는 양자병합(兩者竝合) 또는 양단불락(兩端不落)적 사고의 단서를 여기서 엿볼 수 있습니다.

인간만이 할 수 있는 것 네 가지

접속(클릭)과 접촉(터치)은 자꾸 만나야 됩니다. 또 아날로그적 접속과 디지털 접속이 자주 만나야 됩니다. 아날로그라는 삶의 토대와 근본이 무너진 상태에서 디지털만으로는 절대로 우리의 삶을 꽃피울 수 없습니다. 아날로그적 접촉이 없는 디지털 접속만으로 추진하는 변화와 혁신은 공허할 수밖에 없습니다. 온몸으로 느끼고 깨닫는 감각적 체험과 깨달음의 경험을 하지 않고는 단편적인 지식밖에는 얻을 수 없습니다. 그것만으로는 인공지능을 상대할 수 없습니다. 인공지능이 두렵다면, 인공지능이 할 수 없는 것, 인간만이 할 수 있는 것들을 고민해봐야 하지 않을까요? 그것이 경쟁력이 될 테니까요. 인공지능이 쉽게 흉내 낼 수 없는 인간의 고유한 능력으로는 어떤 것이 있을까요?

첫 번째, 호기심을 가지고 질문하는 능력입니다. 인공지능도 알고리즘으로 질문을 하지만 호기심을 갖고 질문할 수는 없습니다. 오로지 사람만이 호기심을 품고 질문합니다. 특히 어린아이일수록 호기심 어린 질문을 많이 하지요. 한 아이가 지나가다가 딱따구리가 나무를 찍고 있는 것을 보고는 아빠에게 묻습니다. "아빠, 저 딱따구리는 저렇게 나무를 계속해서 찍는데도 왜 머리가 아프지 않아요?" 인공지능이 이런 질문을 할 수 있을까요? 기계는 정해진 알고리즘 안에서 가능한 질문을 하지만 인간은 무한한 호기심을 품고 생각지도 못한 질문을 합니다. 질문은 무한한 가능성을 열어놓고 색다른 대안을 모색할 수 있는 관문입니다. 질문이 바뀌면 관문이 바뀌고 세상을 바라보는 관점이 바뀝니다. 질문은 익숙한 것에서 벗어나 낯선 세계로 진입하려는 용기 있는 결단입니다.

두 번째, 타인의 아픔을 머리가 아닌 가슴으로 생각하는 능력입니다. 바로 감수성입니다. 이 감수성을 기반으로 타인의 아픔에 공감하는 능력입니다. 측은지심이지요. 타자의 입장이 되어 직접 해보지 않으면 공감 능력은 생기지 않습니다. 머리는 좋지만 따뜻한 가슴이 없는 '책상 똑똑이(book smart)'를 사람들이 그다지 좋아하지 않는 것도 이 공감 능력이 없기 때문입니다. 진짜 생각은 머리가 아니라 가슴이 합니다. 생각해보십시오. 우리가 어떤 잘못을 하고선 반성할 때 두 손을 어디에 두나요? 머리인가요, 가슴인가요?

세 번째, 이연연상(二連聯想)의 상상력입니다. 서로 관련이 없어 보이는 것들을 연관지어 생각하는 능력이지요. 창의력은 세상에 없는 생각을 새롭게 제기하는 발상(發想)이 아닙니다. 기존의 익숙한 것을 낯선 방식으로 연결시키는 연상(聯想) 작용의 결과입니다. 창의적 아이디어는 자신이 직간접으로 체험하면서 보고 느낀 점을 근간으로 주어진 문제를 해결하기 위해 다양한 방식으로 조합해보는 가운데 떠오르는 연상의 결과입니다.

마지막으로 현실 구현의 실천력입니다. 상상력으로 잉태되어 나온 아이디어는 세상을 바꾸지 못합니다. 그 아이디어가 현실에 구현되었을 때 비로소 세상에 변화가 일어납니다. 바로 이 마지막 지점에서 아리스토텔레스가 이야기한 실천적 지혜가 필요합니다. 아이디어를 붙들고 포기하지 않고 시행착오를 겪는 과정 속에서 세상에 변화를 일으킬 만한 무언가가 탄생합니다.

인간의 고유한 능력은 다양한 시행착오를 겪으며 문제 해결을 통해 깨닫는 데서 발현됩니다. 체험적 통찰력이자 실천적 지혜에서 비롯되는 것이지요. 실천적 지혜의 발현을 통해 예외적인 상황에서 순간적인 판단과 즉흥적인 결단으로 과감하게 실행하고 또 경험을 축적하며 새로운 것을 창조해내는 것은 오로지 인간만이 할 수 있는 일입니다.

질문은 가능성의 세계로 향하는 관문이다

먼저 호기심을 가지고 질문하는 능력에 대해 이야기해보겠습니다. 미국의 작가 메리 올리버는 『휘파람 부는 사람』에서 우주가 우리에게 준 두 가지 선물로 사랑하는 힘과 질문하는 능력을 꼽았습니다. 그런데 이 두 가지는 서로 다른 능력일까요? 사랑하면 질문이 많아지지 않나요? 상대에 대해 알고 싶고 궁금한 것이 많아지지요. 그러니까 사

틀에 박힌 질문은 틀에 박힌 답을 부른다.
질문을 던지는 능력, 문제를 잘 내는 능력이 필요하다.

랑하는 힘과 질문하는 능력은 두 가지가 아니고 한 가지 능력입니다. 처음 사랑을 시작했을 때는 아주 사소한 것부터 궁금해집니다. 밥은 먹었는지, 잠은 잘 잤는지, 비가 오는데 우산은 챙겨 갔는지 등등 소소한 일상의 모습부터 습관 하나하나까지 궁금해서 매일매일 질문을 쏟아냅니다. 그런데 어느 정도 시간이 지나면 어떻게 되나요? 질문이 점점 줄어듭니다. 상대에 대해 아는 것이 많아져서이기도 하지만, 궁금한 것이 줄고 더 이상 서로에게 묻지 않는다면 그 사랑은 식었거나 끝난 것일 수도 있습니다.

그렇다면 질문하는 능력은 어떻게 키울 수 있을까요? 일단 교육이 혁명적으로 바뀌어야 합니다. 문제의 정답을 찾는 것은 인공지능이 인간을 압도할 것입니다. 그렇다면 인간의 역할은 대답하는 데 있는 것이 아니라 질문하는 데 있습니다. 인간의 존재 이유는 기계가 쉽게 대답할 수 없는 질문을 던지는 데 있는 것입니다.

지금까지 우리는 정답을 찾는 능력을 연마해왔지요. 질문하는 능력은 배워본 적이 없습니다. 틀에 박힌 질문은 틀에 박힌 답을 부르지요. 지금 이 시대에 필요한 인재는 '문제아'입니다. 질문을 던지는 능력, 문제를 잘 내는 능력을 갖춘 인재 말입니다.

재미있는 질문을 하나 해볼까요? 개미 다리는 몇 개일까요? 6개입니다. 혹시 8개라고 생각하지 않으셨나요? 앞에 붙어 있는 두 개는 다리가 아니고 더듬이입니다. 그럼 지네의 다리는 몇 개일까요? 셀 수 없을 정도로 많지요. 어느 날 개미가 호기심이 생겨 지나가는 지네에게 물어봅니다. "지네야, 너는 앞으로 걸어갈 때 저 수많은 다리 중에서 도대체 어떤 다리를 첫발로 내딛니?" 그러자 지네가 깜짝 놀랍니다. 지네는 한 번도 그런 생각을 해본 적이 없으니까요. 몸에 다리가 있으니 걸은 것뿐입니다. 스스로에게 질문을 던지지 않고 습관적으로 반복하는 삶을 살아가는 사람은 누구나 지네 같은 인생을 살고 있는 것입니다. 사람이 남다른 생각, 새로운 발견을 하기 위해서는 질문이 필요합니다.

계산하는 능력과 아파하는 능력

공감 능력에 대한 이야기를 해볼까요. 공감 능력은 어떤 일을 행함으로 인해서 그것이 나에게 손해를 초래할 것이 분명함을 알면서도 발 벗고 나서 상대의 아픔을 치유하려고 노력하는 능력입니다. 연민(sympathy)이 머리로 계산하는 능력이라면 공감(empathy)은 가슴으로 아파하면서, 그 아픔을 치유하기 위해서 구체적으로 실천하는 노력입니다.

수전 손택은 『타인의 고통』에서 타인의 고통에 연민하는 감정과 공감하는 능력의 차이를 실감나게 보여줍니다. 예를 들면 사람들은 일본이 지진으로 큰 피해를 입었다는 뉴스를 보면 당장은 연민의 정을 느끼지만, 얼마 지나지 않으면 자신과는 관련이 없는 다른 사람들의 이야기로 치부하며 심상찮게 흘려보냅니다. 연민의 감정은 느꼈지만 공감까지 나아간 것은 아닌 것이죠.

'생각'을 뜻하는 한자 '사(思)' 자를 한번 생각해볼까요. 이 글자는 '밭 전(田)' 자와 '마음 심(心)' 자가 합쳐진 것인데요. 이때 '밭 전'은 밭이 아니고 인간의 숨골, 즉 이성이나 머리를 뜻하는 상형문자입니다. '마음 심'은 심장을 가리킵니다. 그러니까 '생각한다'는 것은 결국 머리와 가슴이 함께하는 것입니다. 그런데 우리는 어느 순간부터 따듯한 가슴(warm heart)은 없고 냉철한 머리(cool head)로만 지성을 쌓아나갑니다. 머리는 똑똑한데 가슴이 따뜻하지 않은 사람이 점점 늘어납니다.

상상력을 키우고 싶다면 공감하라

저는 상상력을 이렇게 정의합니다. 타자의 아픔을 포착한 사람이 그 아픔을 치유하는 방법을 다방면으로 고민하면서 이런저런 아이디어를 구상하는 능력. 밑도 끝도 없는 뜬구름 잡는 이야기를 하는 것이 아닙니다. 구체적인 현실을 포착하고 그것의 문제를 인식한 다음에 그 해결책을 강구하는 노력입니다.

알람시계를 맞춰놓고 잠든 기억이 한번쯤은 있을 것입니다. 이때 알람을 못 듣는 경우도 있고, 어떤 때는 알람을 듣고도 무의식적으로 끄고 다시 잠들어버려 낭패를 본 때도 있지요. 알람시계 개발자라면 아마도 이런 문제를 주의 깊게 살피겠지요. 알람시계를 사용하는 사람들의 불편함은 물론이고 그들의 불안한 심리까지 살피며 문제를 해결하기 위해 고민할 것입니다. 그 과정에서 다양한 아이디어가 쏟아질 것입니다. 그렇게 해서 퍼즐을 풀어야만 끌 수 있는 알람시계가 나왔고, 알람을 무시하고 '5분만 더'의 태도를 취한다면 계좌에서 자신이 싫어하는 단체로 돈이 자동 이체되는 알람시계도 등장했습니다. 이런 발상의 근원은 공감 능력이라고 할 수 있지요.

남자들은 아침에 일어나서 면도하는 게 귀찮을 때가 많습니다. 이런 남자들의 아픔을 포착한 사람이 혁신적인 면도기를 개발했습니다. 기계가 돌려주는 대로 한 바퀴 돌면 면도도 되고 이발도 되는 기계를 개발했지요. 또 화장하기 귀찮아하는 여성들의 괴로움을 가슴으로 생각한 사람이 기발한 화장품을 개발했습니다. 스탬프처럼 얼굴에 찍기만 하면 화장이 끝나는 방법이 생겼습니다. 이런 것을 그저 특이한 사람의 장난으로 치부해서는 안 됩니다. 그들의 발상 구조를 유심히 살펴볼 필요가 있습니다. 누군가의 불편함에 대한 포착, 그것을 치유해주려는 마음, 그리고 실천적인 노력이 마침내 창의적인 발명을 이뤄낸 것입니다.

소주는 마시고 싶지만 액체 상태로는 못 마시는 사람들이 있습니

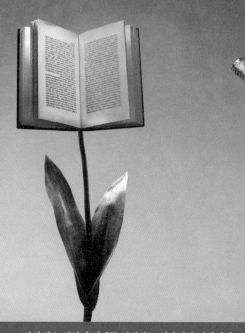

상상력은 실천적 지혜를 잉태하는 텃밭이자 기반이다

다. 이런 사람들의 아픔에 공감한 사람이 있었습니다. 그는 마침내 소주를 기체 상태로 흡입하는 소주가습기를 개발했습니다. 이걸 틀어놓고 잤다가는 이튿날 출근이 불가능하다는 부작용이 있기는 합니다. 소주는 액체 시장만 있는 게 아니라 기체 시장이 있다는 놀라운 발상은 어디서 나온 걸까요? 소주를 못 마시는 사람들의 아픔을 사랑한 사람만이 소주가습기와 같은 혁신적인 발상을 할 수 있습니다. 상상력은 실천적 지혜를 잉태하는 텃밭이자 기반입니다.

설명의 무력함을 극복하는 방법

실천적 지혜가 탄생하는 순간은 여러 가지가 있습니다. 그중에서도 난해한 질문을 맞닥뜨렸을 때 잘 발현됩니다. 코닥이라는 회사에 유치원생들이 견학을 간 적이 있습니다. 코닥은 필름을 만드는 회사로 유명하잖아요. 그런데 견학을 온 유치원생이 이런 질문을 합니다. "필름이 뭐예요?" 코닥의 전문 기술자는 그동안 수없이 해온 준비된 설명을 하지요. "필름이란 빛에 노출되면 이미지를 형상화하기 위해서 화학 반응하는 물질"이라고 말이죠. 유치원생이 알아들을 리가 없죠. 전문 기술자는 고민에 빠졌습니다. 어떻게 해야 아이들에게 필름을 이해시킬 수 있을까. 그 고민 끝에 다시 설명하죠. "필름은 그릇이야! 세상의 모든 이미지를 다 담을 수 있으니까." 그랬더니 아이들이 알아듣는 거예요. 내가 아는 것을 누군가에게 이해시키기 위해 고민하고 또 고민하는 순간에 번뜩이는 지혜가 생기는 것입니다.

아리스토텔레스는 "실천적 지혜란 도덕적 자발성과 도덕적 스킬의 조합"이라고 했습니다. 실천적 지혜는 단순한 사실관계나 법률과 규칙이나 원칙, 직무 기술을 아는 것만으로는 생기지 않습니다. 서로 갈등하는 몇 가지 선의의 목표를 조율하거나 어느 하나를 골라야 하는 실천적이고 도덕적인 기술이 필요합니다. 상황적 특수성을 고려하지 않고 절차와 규율만 고수하는 전문가가 많을수록 어처구니없는 일들이 벌어지는 경우도 많아집니다.

배리 슈워츠와 케니스 샤프가 쓴 『어떻게 일에서 만족을 얻는가』에는 다음과 같은 이야기가 나옵니다. 한 아버지가 레모네이드를 사달라고 조르는 아들에게 가게에서 마이크스 하드 레모네이드(Mike's Hard Lemonade)를 무의식적으로 사주었습니다. 가게에 있는 레모네이드라고는 그거 하나뿐이었습니다. 이 레모네이드가 알코올 도수 5도인 제품인 줄도 모르고 레모네이드라는 글씨만 믿고 아들에게 사준 것입니다. 때마침 경비원이 레모네이드를 홀짝이던 아들을 발견하고 경찰에게 신고합니다. 경찰은 구급차를 불러 급히 아들을 데리고 병원으로 갔지만 의사들은 아들에게서 알코올 흔적을 발견하지 못하고 아들을 퇴원시킵니다. 하지만 경찰은 아들을 집으로 보내지 않고 아동보호소의 위탁 가정에 맡깁니다. 아들은 원하지 않았지만 절차에 따라야 했습니다. 위탁 가정에서 3일 동안 머문 뒤 아들은 엄마가 있는 집으로 가도 좋다는 판결을 받았습니다. 다만, 아버지는 집을 떠나 2주 동안 호텔에 머물러야 한다는 조건을 붙였죠. 판사도 이러고 싶지 않았지만 주정부의 법률적 절차에 따라야 했습니다.

이 아버지는 아들에게 이런 음료수를 정기적으로 주거나 아이가 알코올을 남용해도 눈감는 아버지와 동일한 처벌을 받았습니다. 상황에 따른 도덕적 판단과 실천적 지혜를 발휘하지 않고 그냥 관례대로 규율과 절차에 따라 법집행을 감행한 판사의 고지식함이 불러온 어처구니없는 사례입니다. 판사는 판결을 내리기 전에 몇 가지 질문을 던져놓고 심사숙고했어야 합니다. 매점 주인은 과연 알코올 도수가 5도짜리인 레모네이드를 아이가 먹을 것이라고 생각하고 팔았을까, 아버지는 레모네이드에 알코올이 함유된 것을 알고도 아이에게 주었을까, 아이는 알코올이 포함된 걸 알고도 마셨을까? 판사는 당사자들의 판단과 행동 조건을 고려하지 않았습니다. 그저 과거의 판례만을 근거로 삼은 것이지요.

원칙은 소중합니다. 하지만 질문과 판단이 실종된 원칙의 적용은 끔찍한 결과를 불러올 수도 있습니다. 명문화된 규율 역시도 그것을 적용할 때는 맥락에 대한 이해가 선행되어야 합니다. 원칙은 또 다른 원칙과 갈등해야 하고 그러면서 조율되어야 합니다. 엄격한 규율과 교조적인 원칙이 상황 판단과 조율에 필요한 실천적 지혜를 주변으로 몰아낸다면, 훌륭한 판단은 기대하기 어려울 것입니다.

배리 슈워츠와 케니스 샤프에 따르면, 실천적 지혜를 발휘하기 위해서는 공감과 거리감이 동시에 필요하다고 합니다. 다른 사람들이 겪고 있는 아픔을 제대로 이해하지 못하면 올바른 판단을 할 수 없고, 다른 이의 관점에 너무 깊이 빠져들면 주어진 상황을 냉철하게 바라볼 수 없습니다. 공감하는 의사는 미묘한 감정적 실마리를 알아차리는 통찰력과 상상력이 있으며, 말로 표현하지 않는 몸짓 언어와 얼굴 표정을 읽어내는 예민함이 있습니다. 현명한 의사는 공감을 통제하고 일정한 거리감을 유지하는 지혜도 필요합니다.

실천적 지혜는 책상머리에 앉아서 생각만 하는 것으로는 배울 수가 없습니다. 다양한 딜레마 상황을 겪으며 그 상황을 타개하기 위해 심사숙고하고 판단하고 행동해보는 체험적 각성이 축적될 때 비로소 생기는 지혜입니다. 우리는 몸으로 앎을 배울 수밖에 없습니다. 실천적 지혜는 몇 가지 변수를 기계적으로 조합해서 대안을 찾아내는 과정에서는 습득되지 않습니다. 우리가 사는 세상은 만고불변의 보편적 진리가 통용되는 세계가 아닙니다. 그때그때의 상황에 따라, 그리고 누가 그 상황에 개입되어 의사 결정을 이루는지에 따라 전혀 다른 실천을 유도하는 결정이 이루어질 수 있습니다.

물론 문제를 객관적으로 파악하기 위해 사실적 데이터를 과학적으로 분석하는 것은 기본 전제입니다. 하지만 여기서 더 나아가 문제 상황에서 어려움을 겪고 있는 당사자의 입장이 되어 공감하는 능력을 발휘할 수 있어야 합니다. 그래야 올바른 실천으로 가는 올바른 판단을 내릴 수 있습니다. 인공지능은 타자의 입장이 되어 아픔을 가슴으로 공감할 수 없습니다. 딜레마 상황에서 도덕적-윤리적으로 어떻게 판단하는 것이 가장 올바른 판단인지를 숙고하는 능력을 갖추기에는 여러 한계가 있습니다.

> 설명은 '실증'을 기다리는 현실의 미묘한 힘을 다른 삶의 높이에서 통찰하는 것이 아니라, 이 삶에서 실증된 지식으로 이 삶을 봉쇄하기 때문이다. 필연의 맥락에 갇혀 과거로만 현재를 설명하는 모든 이론적 이해는 우리를 위로하거나 한탄하게 할 뿐 실천의 위험을 무릅쓰지 않는다.
>
> _ 황현산, 『잘 표현된 불행』

　설명과 이론의 무력함과 허망한 한계를 꼬집는 말 중에 이보다 더 정확한 표현이 있을 수 있을까요? 설명을 들을수록 바보가 된다는 『무지한 스승』의 저자 자크 랑시에르의 '설명의 무한 퇴행론'과 일맥상통하는 말인 듯합니다. 설명은 이미 실증된 지식으로 현실의 가능성을 새로운 관문으로 유도하지 않고 과거의 지식으로 현재를 가둬버리는 꼴입니다. 마찬가지로 이론적 이해 역시 지금 여기서 겪고 있는 현실의 아픔을 설명하고 해석함으로써 사람들에게 위로의 메시지를 줄 수 있지만 이론 탄생 시점이 과거였기에 그 자체만으로는 과감한 실천을 촉발시킬 수 없습니다. 설명과 이론적 이해의 무력한 한계와 허망한 폐해를 극복하는 가장 강력한 방법은 실천적 지혜로 무장하는 것입니다. 실천적 지혜는 회색 지대에서 고뇌를 거듭하는 인간에게 지금 당장 무엇을 어떻게 할 것인지에 대한 가상 현명한 답을 제공해주기 때문입니다.

존 듀이의 **예술적 경험론**

'곤경'도 '풍경'으로
바꾸는 방법

chapter
02

John Dewey

1859. 10. 20. ~ 1952. 6. 1.

존 듀이는 우리나라 교육에도 지대한 영향을 미친 대표적인 교육 철학자입니다. 아마도 많은 이가 그의 이름과 함께 '경험'이라는 개념을 떠올릴 텐데요. 흔히 존 듀이를 경험주의 철학자, 실용주의 철학자라고 부르지요. 실제로 존 듀이는 철학과 교육 분야를 넘나들며 경험의 의미와 중요함을 설파했습니다. 그의 유명한 저서 『경험과 자연』, 『경험으로서의 예술』, 『경험과 교육』 등은 모두 경험이야말로 교육과 삶의 가장 중요한 본질임을 이야기하고 있습니다.

듀이는 『민주주의와 교육』에서 성장은 "경험의 계속적 재구성"이라고 할 정도로 성장과 교육, 그리고 삶을 거의 하나의 활동으로 파악합니다. 존 듀이가 말하는 여러 경험 중 '하나의 경험(an experience)'이라는 개념입니다. 『경험으로서의 예술』에 자세히 언급되어 있는데, 지금처럼 여러분이 제 강의를 처음 시작부터 끝까지 들으면서 보고 느끼며 생각하는 모든 경험이 하나의 완결성을 지닐 때 '하나의 경험'을 했다고 합니다. "오늘 유영만 교수의 강의가 정말 재미있었다"라고 말하는 그 느낌 속에 들어 있는 경험이 하나의 경험인 것입니다. 이처럼 어떤 성취를 느끼는 모든 경험이 하나의 경험입니다. 하나의 경험 안에 듀이가 주장하는 다양한 철학적 메시지가 깃들어 있습니다. 지금부터 그 의미가 무엇인지를 하나씩 해석하면서 그것이 우리의 삶에 어떤 의미를 밝혀 보여주는지 살펴보도록 하겠습니다.

경멸의 대상이던 경험이 어떻게
경탄의 대상이 되었을까?

존 듀이의 경험철학을 본격적으로 살펴보기 전에 하나의 영상을 소개해보려 합니다. EBS 지식채널e 중에 〈7년간의 실험〉이라는 영상이 있습니다. 듀이의 교육철학을 5분이라는 짧은 시간 안에 담아낸 인상적인 영상입니다. 듀이는 1894년 시카고대학의 철학과 심리학 학부에 학장으로 임명됩니다. 그리고 2년 후쯤에 소수의 학생을 대상으로 하나의 실험을 시작하죠. 오늘날로 말하면 듀이의 경험주의 교육철학을 실험하는 것인데, 당시에도 찬반양론이 치열했습니다. 하지만 듀이

는 꿋꿋하게 실험학교를 확대해서 7년 뒤에는 약 140명의 학생을 대상
으로 경험 중심의 교육철학을 실험하게 됩니다.

그 후에도 30여 년 동안 실험을 거듭하다 진보주의 교육학회를
만듭니다. 진보주의 교육학회는 미국을 비롯해 영국, 독일, 싱가포르,
일본, 심지어 한국에까지 영향을 미칩니다. 존 듀이의 경험주의 교육
철학이 수많은 논란에도 불구하고 하나의 위대한 교육철학으로 어떻
게 시작되고 정립됐는지, 〈7년간의 실험〉이라는 이 영상을 꼭 한번 찾
아서 보길 권합니다. 듀이의 경험주의 교육철학을 이해하는 데 커다란
도움이 될 것입니다.

이제 듀이가 말하는 경험이 무엇인지 본격적으로 생각해봅시다.

얼마 전 방송 녹화가 있어 꽤 오랜 시간 운전을 한 적이 있습니다.
조수석에는 대학원 조교가 동석했습니다. 저와 조교 중에서 그날 간
목적지까지 다음에도 정확하게 찾아갈 수 있는 확률은 누가 더 높을까
요? 운전수는 직접 운전을 경험한 거고, 조수석 동석자는 운전수를 믿
고 그저 앉아 있는 것이지요. 듀이가 말하는 하나의 운전 경험을 한 사
람은 조수가 아니라 운전수입니다.

여기서 잠시 듀이는 왜 경험에 관한 문제의식으로 자신의 철학적
입장을 정리하기 시작했는지 철학사에 비춰 생각해보겠습니다. 그가
철학적 연구 주제로 경험을 전면에 내세우기 전에는 거의 모든 철학이
경험을 경멸의 대상으로 여겼습니다. '이성'을 철학의 '이상'이라고 생

각했고, 경험은 이성의 명령과 통제를 받아야 하는 것이라고 여겼기 때문입니다. 그러니까 경험은 상황에 따라서 가변적이고 변덕이 심하기에 그것을 통제할 수 있는 이성이 절대적으로 필요하다고 생각하는 주장에 듀이가 문제를 제기한 것입니다. 이성 중심 철학이 지배적이던 시대에 용감하게 맞서며, 듀이는 경험 없는 이성은 근거 없는 관념적 사유에 지나지 않음을 주장합니다.

> 이성을 높은 것으로 떠받들수록, 경험은 경멸의 대상이 되었다. 경험은 특정한 가변적 삶의 상황에서 사람이 하는 일과 당하는 일을 뜻하는 것이었기 때문에, 경험하는 것은 뭐든지 덩달아 철학적 경멸의 대상이 되었다.
>
> _ 존 듀이, 『민주주의와 교육』

또한 듀이는 인간은 환경과 상호작용하는 유기체라는 점을 『경험으로서의 예술』에서 반복해서 주장합니다. 모든 유기체는 독립적으로 존재하지 않고 환경과의 상호작용 속에서 존재합니다. 듀이는 인간과 자연이 따로 떨어져 독립적으로 존재한다는 전통적인 이원론을 부정한 것이죠. 하나의 경험을 다시 떠올려보세요. 경험한다는 것은 사람이 환경과 만나는 것이고, 다른 사람과 만나서 상호작용하는 과정입니다. 한 사람의 존재는 반드시 어떤 관계 속에서 가능한 것이지 독립적으로 존재하는 건 아무것도 없습니다. 그러니까 모든 유기체는 이미

경험은 특정한 상황에 존재하는 유기체가
긴밀히 상호작용하는 관계 속에서 일어나는 연속적인 사건이다.

유기체가 존재하는 상황을 전제하고 상황 속의 다양한 구성 요소와 부단한 상호작용을 하며 존재합니다.

주체와 대상이 따로 떨어져 존재하지 않고 하나로 연결되어 있을 때를 상황이라고 지칭합니다. 예를 들면 식물이 태양과 토양 속에 있을 때 비로소 존재 가치가 드러나지만 식물이 태양과 토양으로부터 분리되었을 때는 존재 가치가 사리지는 이치입니다. 상호작용하는 모든 주체는 대상과 분리될 수 없고, 대상은 상황의 특수한 상태입니다. 해바라기와 땅과 햇빛, 이 셋의 관계를 따로 떼어놓으면 해바라기는 존재의 의미가 있을까요? 햇빛을 받지 못하는 해바라기, 땅에 뿌리내리지 못하는 해바라기는 존재 자체가 불가능합니다. 해바라기는 햇볕을 받아야 하고, 땅으로부터 영양을 공급받아야, 즉 서로 의존하고 의지하는 관계 속에서 끊임없이 상호작용해야 경험할 수 있는 존재입니다. 경험은 이처럼 특정한 상황에 존재하는 유기체가 긴밀한 상호작용을 하는 관계 속에서 일어나는 연속적인 사건입니다.

상황을 한순간에 파악하는 '총체적 사고'

듀이는 경험을 전면에 부각함과 동시에 지적-이론적 사고에 가려진 '질성적 사고(Qualitative Thought)'를 강조합니다. 질성적 사고는 기존의 이성적 사고로 포착할 수 없을 뿐만 아니라 첫 대면 접촉에서 온몸으로 다가온 느낌을 언어화할 수 없는 상태에서 이루어지는 사고 작용입니다. 예를 들면 폭포가 떨어지는 장관을 보는 순간, 구체적인 표현 이전에 온몸이 반응하면서 순간적으로 드는 생각이 질성적 사고입니다. 모든 사고는 이렇게 질성적 사고가 먼저 다가옵니다. 그러고 나서 질성적 사고로 포착된 것이 도대체 어떤 의미인지를 조목조목 따져보는 이성적 사고 혹은 반성적 사고가 따라옵니다.

이렇듯 세계와 접촉할 때 생명체가 오감으로 직접 경험을 하면서 얻게 되는 질적 특성, 즉 질성을 순간적으로 지각하는 사고가 바로 질성적 사고입니다. 질성적 사고는 언어를 동원해서 구체적으로 설명할 수 없지만, 특정 상황과 직면했을 때 몸으로 느끼는 감각적 깨달음입니다. 놀라운 장면을 보고 자신도 모르게 터져나오는 '와우!'라는 감탄사처럼 경이로움을 표현할 때 관여하는 사고입니다.

질성적 사고는 지금까지 살아오면서 축적한 직간접적 경험과 무관하지 않습니다. 아무리 놀라운 장면을 목격했어도 그것을 온몸으로 받아들이면서 해석할 수 있는 경험적 지식과 체험적 각성이 없다면 무용지물입니다. 따라서 질성적 사고는 오랜 기간 쌓아온 이전의 모든 경험과 훈련의 결과로 느껴지는 상황의 질적 특성을 한순간에 파악하는 '총체적 사고'입니다.

우리 섬의 어른들은, 비록 오뉘죽의 맛에 날카롭지는 못했어도, 소금 그 자체의 맛에는 너나없이 귀신들이었다. 소금 한 알갱이를 입에 넣으면, 섬의 동쪽 염전 소금인지 서쪽 염전 소금인지, 초여름 소금인지 늦가을 소금인지, 어김없이 알아맞혔다.

_황현산, 『밤이 선생이다』

소금이 만들어진 지역적 특성이 소금 맛에 뱁니다. 어른들은 그런 소금 맛을 입으로 감지하는 질성적 사고 덕분에 맛을 느끼는 순간 소금의 탄생과 그 배경까지도 알아맞힙니다. 듀이의 경험주의 교육철학을 폭넓게 연구하는 영남대학교 박철용 교수에 따르면 질성적 사고는 "살면서 획득된 모든 앎이 들어 있는 마음을 배경으로 몸이 상황을 대면하면서 상황 전체의 감을 포착하는" 사고 작용입니다. 이에 반해 이성적 사고나 반성적 사고는 마음에 와닿은 사고 내용을 중심에 두고 그것이 도대체 어떤 의미인지 설명하고 이해하는 사고 작용입니다.

질성적 사고 없이 반성적 사고도 없습니다. 모든 반성적 사고는 질성적 사고로 포착된 흐릿한 이미지나 불분명한 의미망에 대한 애매한 느낌이 구체적으로 무엇인지를 탐구하는 과정에서 발휘되는 것입니다.

수동적 경험과 능동적 경험은 서로를 통해 완성된다

듀이는 경험을 크게 두 가지로 나눕니다. 수동적 경험 또는 일
차적 경험(primary experience)과 능동적 경험 또는 이차적 경험(secondary
experience)이 그것입니다. 수동적 경험은 나의 의지와 관계없이 당하는
경험(undergoing)입니다. 수동적이므로 당하는 순간 경험의 질성(quality)이
직접적으로 소유(경험)되는 사건이자, 그 사건이 왜 발생했는지를 생각
해보는 성찰이 거의 따르지 않는 경험입니다. 이에 반해 능동적 경험
또는 이차적 경험은 나의 의지와 의도대로 해보는 경험(trying)입니다.
경험의 주체자가 몸으로 부딪치면서, 세상이 어떻게 되어 있는가를 알
아내기 위해 실험(experiment)하면서, 우리가 바라는 변화를 얻기 위해 모
종의 조치를 취하는 과정에서 얻는 경험입니다. 당사자가 직접 경험한
것의 의미를 반추하고 일반화하면서 사고가 체계적으로 작용하기 시
작하는 경험인 것입니다. 경험 주체자가 자신의 의지대로 조치한 결과
를 보고 왜 그렇게 나올 수밖에 없었는지를 따져보면서 배우는 경험이
라 할 수 있겠습니다.

그렇다면 왜 일차적 경험이 수동적일까요? 예를 들어봅시다. 휴
대폰을 보면서 걷다가 갑자기 전봇대를 들이받는 사고가 발생합니다.
전봇대를 들이받은 사고는 수동적 경험이자 일차적 경험입니다. 내가

의도해서 전봇대를 들이받은 것이 아니기 때문입니다. 이에 반해 이차적 경험은 나도 모르게 전봇대를 들이받았던 일차적 경험의 의미가 무엇인지를 가만히 생각해보는 경험입니다. 수동적으로 당했던 경험이 능동적 사고로 전환되는 것입니다. 듀이는 모든 경험을 수동적 경험과 능동적 경험의 절묘한 조합, 몸과 마음의 유기적 결합 과정으로 설명합니다. 일차적 경험은 주로 오감이 열린 몸으로 경험하는 것이고 이차적 경험은 그것의 의미를 머리로 생각하며 구체적인 상황에서 겪은 독특한 가치를 추상화시켜 보편적인 법칙이나 원리로 만들어가는 경험이라는 것입니다. 그러니 성찰(능동적 경험) 없는 수동적 경험은 배움이 일어나지 않는 사고의 연속일 뿐이며, 수동적 경험 없는 능동적 경험은 단조로운 일상의 반복에 그치고 마는 것입니다.

무엇이 사람을 성장시키는가

듀이는 다시 이런 경험의 원리를 두 가지로 이야기하는데, 여기서는 한 가지 원리를 덧붙여 세 가지로 이야기해보겠습니다. 첫 번째 원리는 '상호작용'입니다. 모든 경험은 그 자체가 상호작용 아닌가요. 두 번째 원리는 이 상호작용이 계속 이어져서 하나의 경험이 과거, 현재, 미래로 이어지며 쌓이는 '계속성'의 원리입니다. 마지막으로 특정 공간에서 상호작용하면서 시간적으로 계속되는 경험을 통해서 사람은 성장합니다. 상호작용 원리가 경험이 일어나는 관계, 즉 횡적인 공간을 지칭한다면, 계속성은 시간에 따라 발생하는 경험이 종적으로 엮여서 일정한 체계를 이루는 것입니다. 마지막으로 성장의 원리는 시공간적으로 발생하는 경험을 재구성해서 인간은 끊임없이 성장하고 발전하는 경험의 원리인 것입니다.

첫 번째 상호작용에 대해서 구체적으로 살펴볼까요. 듀이는 "상호작용이 존재의 일차적인 사실이요, 가장 근본적인 존재의 양상이다"(『철학의 개조』)라고 했습니다. 세상의 모든 존재는 혼자 존재하는 것이 아니라 내가 하는 모든 행동 하나하나가 상호작용을 주고받는 관계 속에서 존재한다고 말합니다.

우리의 관계론에 의하면 삼라만상은 존재가 아니라 생성(a Becoming)입니다. 칸트의 "물(物) 자체(ding an sich)"란 설 자리가 없습니다. 배타적이고 독립적인 물 자체라는 생각은 순전히 관념의 산물일 뿐입니다. 그러한 물은 존재하지 않습니다. 하나의 사물은 그것이 물려받고 있는, 그리고 그것이 미치고 있는 영향의 합(合)으로서, 그것이 맺고 있는 전후방 연쇄(link-age)의 총화라 할 수 있습니다. 따라서 우리의 인식이란 사물이 맺고 있는 거대한 관계망의 극히 일부분에 갇혀 있음을 깨달아야 하는 것입니다.

_신영복, 『강의』

예를 들면, 책을 쓸 때, 책 쓰기에 관련된 도구나 환경이 일정한 관계 속에서 어떤 상호작용을 할까요? 책을 쓰기 위해 생각했던 내용을 키보드를 통해 입력하면 컴퓨터 스크린에 의도한 문장이 나타납니다. 그 문장이 어떤 모습을 띠고 있는지에 따라서 그 문장이 나에게 다시 또 다른 생각을 하게 만들고 다음 문장을 어떻게 쓸지 구상하게 만듭니다. 내가 쓴 문장이지만 아무리 생각해봐도 본래 생각한 것과는 전혀 다른 의미를 띠고 있습니다. '나의 글쓰기 능력은 이 정도밖에 안 되는 것일까?' 같은 질문과 성찰을 통해서, 글쓰기에 동원되는 도구와 환경, 그리고 쓴 글의 결과가 끊임없이 상호작용하면서 서로에게 영향을 미칩니다. 다른 말로 하자면, 이런 다양한 경험이 특정한 공간에서 횡적으로 연결되는 원리가 상호작용입니다. 그리고 상호작용의 경험은 한순간에 그치는 이벤트가 아니라 끝없이 이어지는 것이고요.

모든 경험은 과거에 겪었던 경험과 연결되는 동시에 미래에 직면할 경험과도 연결되어서 종적인 시간축을 따라 하나의 경험으로 통합됩니다. 지금 책을 쓰는 경험도 오늘만 하는 경험이 아니라 어제 썼던 경험이 오늘의 경험에 영향을 주고 오늘 무슨 생각을 하면서 썼는지에 따라서 내일 쓰는 책의 방향에 영향을 미치기도 합니다.

경험은 단일한 하나의 사건으로 끝나는 게 아니라, 이전 경험의 연장선상에서 성찰하고 반추하며, 그걸 토대로 오늘의 경험을 하게 되고, 다시 이를 기반으로 내일의 경험이 연속되는 계속성의 원리에 접

모든 경험은 과거에 겪었던 경험과 연결되는 동시에 미래에 직면할 경험과도 연결되어서
종적인 시간축을 따라 하나의 경험으로 통합된다.

목됩니다. 이문재 시인의 「소금창고」라는 시에 이런 구절이 있습니다. "옛날은 가는 게 아니고 이렇게 자꾸 오는 것이었다." 옛날에 사귀었던 여자 친구가 시간이 흐를수록 잊혀야 하는데 추억이 자꾸 현재로 소환 되지 않습니까. 새로운 여자 친구를 사귀려고 하는데 이 여자 친구랑 자꾸 비교가 되고요. 과거는 흘러가버린 것이 아니라 과거에 했던 경 험이 현재의 경험과 연결된다는 경험의 계속성의 원리를 잘 설명해주 고 있습니다.

수평적 상호작용의 경험이 시간의 흐름과 더불어 종적으로 다시 연결됩니다. 씨줄(경험의 횡적 연결)과 날줄(경험의 종적 연결)이 저마다의 얼룩과 무늬를 만들어가면서 한 사람의 성장과 지속적으로 연결된다는 게 듀 이의 경험철학의 골자입니다. 한 사람의 인간적 면모와 정체성은 결국 그 사람이 어떤 경험을 씨줄과 날줄로 직조해왔는지를 보면 알 수 있습 니다. 여러분의 얼굴은 여러분의 '얼' 속에 경험했던 흔적이 '굴'로 파여 서 생긴 결과인 것입니다.

무엇이 한 사람을 성장하게 하는가? 바로 경험입니다. 경험이 없 으면 사람은 성장할 수 없다는 게 듀이가 말하는 경험의 세 번째 원리 인 것입니다.

모든 경험이 의미 있는 것은 아니다

로먼 크르즈나릭은 그의 저서 『인생은 짧다 카르페 디엠』에서 "영어로 '경험'을 뜻하는 experience는 라틴어로 '실험'을 뜻하는 experimentia에서 유래했으며 라틴어로 '위험'을 뜻하는 perículum과도 연관이 있다"라고 밝히고 있습니다. 모든 경험이 다 위험하지는 않지만 사실 위험한 경험은 굉장히 많습니다. 일본의 한 철도회사의 광고 카피가 떠오릅니다. "모험이 부족하면 좋은 어른이 될 수 없다." 가장 위대하면서 안전한 보험은 우리가 위험을 무릅쓰고 감행했던 모험을 통해 얻은 경험입니다. 그런데 이런 경험이 다 의미 있는 배움으로 연결되지 않습니다. "경험이 의미 있는 것이 되려면 거기에는 비록 불완전한 것이나마 사고가 반드시 개입되어야 한다." 듀이는 『민주주의와 교육』에서 경험과 사고의 연결 관계를 이렇게 강조했습니다. 경험 없는 사고(思考)는 사고(事故)이며, 사고(思考) 없는 경험은 위험합니다.

경험과 실천의 가장 결정적인 특징은 현장성(現場性)입니다. 그리고 모든 현장은 구체적이고 조건적이며 우연적입니다. 한마디로 특수한 것입니다. 따라서 경험지(經驗知)는 보편적인 것이 아닙니다. 학(學)이 보편적인 것(generalism)임에 비하여 사(思)는 특수한 것(specialism)입니다. 따라서 '학

이불사즉망(學而不思則罔)'의 의미는 현실적 조건이 사상(捨象)된 보편주의

적 이론은 현실에 어둡다는 의미입니다. 반대로 '사이불학즉태(思而不學則

殆)'는 특수한 경험적 지식을 보편화하는 것은 위험하다는 뜻이 됩니다.

_ 신영복, 『강의』

『논어』 「위정편」에 나오는 '학이불사즉망(學而不思則罔)'은 배우기만

하고 생각하지 않으면 위험하다는 말이며, '사이불학즉태(思而不學則殆)'는

생각만 하고 배우지 않으면 이 또한 위태롭다는 말입니다. 여기서 배

움과 생각을 듀이 방식으로 해석하면 배움은 경험을 통한 배움이며 생

각은 경험의 의미를 깊이 성찰하는 반성적 사고를 지칭합니다.

경험적 지식은 특수한 상황에서 발생하는 일리 있는 지식입니다.

일리 있는 지식은 또 다른 상황에 폭넓게 일반화할 수는 없지만 그 상

황에서 당사자가 경험하며 배운 깨달음은 일리 있는 교훈입니다. 이

런 독특한 깨달음을 깊이 성찰하면서 보편적 진리로 통용될 수 있는 수

준까지 끌어올리는 순간, 일리는 진리로 승격합니다. 물론 한시적으로

의미 있는 가치를 발휘할 수도 있지만 경험적 일리가 보편적 진리로 등

극하는 순간, 지식은 지금 여기를 떠나 시공을 초월하는 깨달음의 지혜

로 공명을 일으키게 되는 것입니다.

하나의 경험에는 한 사람의 희로애락이 들어 있다

　　지금까지 설명한 듀이의 경험철학을 앞서 언급한 '하나의 경험'에 비추어 정리해보면 경험은 부분적으로 일어나는 단편적인 이벤트가 아니라 삶 속에서 매순간 일어나는 통합적인 배움의 터전임을 알 수 있습니다. 예를 들면 대학에서 강의를 하는 교수는 매 학기마다 다른 강좌를 열고 학생들과 만나서 저마다의 방식으로 한 학기 수업을 진행합니다. 이는 수업을 진행하는 교수에게도 하나의 경험이지만 수업을 들으면서 깨달음을 얻는 학생들에게도 하나의 경험입니다. 때로는 어려운 문제에 봉착하여 친구와 머리를 맞대고, 때로는 기쁜 일을 함께 나누고, 또 어떤 때는 통념을 통렬하게 깨부수는 짜릿함을 함께하면서 한 학기를 완수한 경험이 바로 듀이가 말한 하나의 경험입니다. 그런데 수업을 듣다가 내용이 조금 어렵고, 또 과제도 너무 많은 거 같아 중도에 포기하는 학생들이 있습니다. 이들은 하나의 경험을 상실한 셈입니다. 이런 경험은 불완전한 경험입니다.

　　하나의 경험 속에는 사람마다 갖고 있는 느낌과 그때 깨달았던 각성 사건, 다양한 사람과 만나서 상호작용했던 경험이 통합적으로 연결되는 깨달음의 보고가 있습니다. 하나의 경험을 많이 한 사람일수록 그 경험 속에서 보고 느끼고 생각하면서 성찰했던 기억이 많습니다. 이것이 창의성의 데이터베이스에 축적되면서 또 다른 하나의 경험과 유기적으로 연결되어 이전과 다른 연상 능력을 갖게 됩니다. 일정한 기간 동안 이루어진 삶의 경험이 하나의 단위로 묶일 수 있을 정도로 일정한 형식을 갖추고 있고, 형식을 알아볼 수 있을 정도로 계속성을 유지할 때 우리의 경험은 'ㅇㅇ 경험'이라고 명명할 수 있는 하나의 경험이 됩니다.

듀이가 지적하듯, 하나의 경험은 어떤 경험 속 다양한 부분들이 연속성을 가지고 연결되어 "경험의 최종 결과 속으로 통합되어 하나의 통일된 전체를 이루는 경험"(『경험으로서의 예술 1』)입니다. 듀이는 하나의 경험이 가진 통합성과 통일성에 대해 이렇게도 말했지요. "하나의 경험이 성립하려면 경험의 흐름 전체를 하나로 보게 해주는 통합성이 있어야 하며, 이러한 통합성이 존재하려면 하나의 경험을 구성하는 다양한 구성 요소들을 하나로 묶어주는 성질, 즉 통일된 질성이 있어야 한다."

잠시 『장자』「천도편(天道篇)」을 살펴보겠습니다.

춘추시대 제나라의 환공(桓公)이 책을 읽고 있었습니다. 윤편(輪扁)이 마루 아래서 수레바퀴를 깎고 있다가 물었습니다.

"감히 묻자온데, 왕이 읽고 계시는 것이 무엇입니까?"

환공은 윤편을 내려다보며 말했습니다.

"성현의 말씀이네."

윤편은 다시 물었습니다.

"그 성현이 살아계십니까?"

환공이 대답했습니다.

"이미 돌아가셨네."

그러자 윤편이 환공을 바라다보며 말했습니다.

"그렇다면 왕께서 읽고 계신 것은 옛사람의 찌꺼기이군요."

이 말을 들은 환공이 버럭 화를 내면서 말했습니다.

"과인이 책을 읽고 있는데 수레바퀴나 만드는 놈이 감히 시비를 건단 말이냐. 합당한 설명을 한다면 괜찮겠지만 그렇지 못하면 죽음을 면치 못할 것이다."

윤편은 차분하게 설명했습니다.

"제가 하는 일의 경험에서 말씀드리겠습니다. 수레바퀴를 깎을 때 많이 깎으면 굴대가 헐렁해지고 덜 깎으면 너무 조입니다. 그래서 더도 덜도 아니게 정확하게 깎는 것은 손짐작으로 터득하고 마음으로 느낄 뿐 입으로 표현할 수 없습니다. 이러한 요령은 자식에게도 가르치지 못하고 자식도 저에게 배우지 못합니다. 그래서 제가 칠십이 되도록 이렇게 손수 수레바퀴를 만드는 것입니다. 마찬가지로, 옛 성인들도 자기의 생각을 제대로 전하지 못한 채 죽었을 것입니다. 그러므로 전하께서 읽으시는 것이 옛 성인의 찌꺼기라고 말씀드린 것입니다."

수레바퀴를 만드는 절묘한 기술은 절대로 언어화시켜 전달하거

나 책으로 쓸 수 없습니다. 어쩌면 언어화하는 순간 죽은 지식으로 전락할지도 모릅니다. 그러니까 환공은 죽은 지식의 보고를 읽고 있는 것입니다. 윤편이 온몸으로 배우면서 겪은 수레바퀴 깎는 기술적 경험은 다양한 요소들이 시공간적으로 엮이고 섞이면서 이루어지는 하나의 총체적인 경험인 것입니다. 하나의 경험 속에는 윤편의 희로애락이 담겨 있고 형언할 수 없는 예술적 경지가 담겨 있습니다.

몸의 한계가 마음의 한계다

개인적인 경험을 하나 더 말씀드리겠습니다. 탄자니아에 있는 아프리카의 지붕, 킬리만자로 정상을 등정한 적이 있습니다. 조용필의 '킬리만자로의 표범'이 킬리만자로에는 없다는 것을 확인하고 왔지요. 인천공항을 출발해서 탄자니아의 킬리만자로 공항에 내리는 순간 아프리카의 작렬하는 폭염의 열기가 피부를 뚫고 들어오는 느낌이었습니다. 공항에 마중 나온 현지 가이드가 준비한 차량에 탑승해서 호텔로 가는 길에서 펼쳐지는 탄자니아의 풍경은 마치 야생의 단면을 보는 듯했습니다.

해발 3,000미터를 넘어서면서 서서히 고산 증세가 시작됐고, 4,000미터 고지 정도에 이르기까지는 사투를 벌였습니다. 게다가 비가 오면서 오후에는 점점 기온이 떨어지는데 아프리카 날씨가 그렇게 춥다는 것을 처음 알았습니다. 건기에도 비가 올 수 있다는 것, 7월의 아프리카가 추울 수 있다는 것은 몸으로 직접 체험하기 전까지는 몰랐던 사실입니다. 드디어 정상 등반을 위한 마지막 베이스캠프인 4,700 미터 고지에 도착한 다음, 휴식과 수면을 취하고 밤 11시에 정상을 향한 등반이 시작되었습니다. 그렇게 여덟 시간 정도 더 사투를 벌여야 정상에 올라 감동적인 일출을 볼 수 있습니다. 산행길은 오르고 올라도 끝이 보이지 않았습니다. 기력은 떨어지고, 숨은 차오르고, 포기하고 싶은 마음이 몇 번이고 들었지만 다행히 셰르파(Sherpa)의 도움으로 겨우 정상에 올랐습니다. 말로만 듣던 킬리만자로 정상에서 일출을 바라보았습니다.

몸의 한계를 거부하는 다짐과 각오는 용기가 아니라 만용입니다. 영화 〈와일드(Wild)〉는 "몸이 그대를 거부하면 몸을 초월하라"라고 말하지만, 몸이 말을 듣지 않으면 마음도 결국 두 손을 들게 됩니다. 몸의 한계가 마음의 한계입니다. 절체절명의 상황은 대부분 몸이 한계에 부딪혔을 때 찾아옵니다. 마음으로 몸을 통제하려고 해도 몸이 말을 듣지 않으면 결국 포기할 수밖에 없습니다.

몸은 마음이 거주하는 우주라는 사실을 절절히 깨달은 값진 산행 체험이었습니다. 우주가 망가지면 그 속에 살아가는 마음도 같이 망가집니다. 킬리만자로 등반은 함께여서 가능했습니다. 등반(登攀)은 언제나 동반(同伴)이라는 사실은 킬리만자로 정상에 오르기까지 내내 몸으로 새긴 교훈입니다. 혼자 정상에 오르는 외로운 여정이 아닙니다. 무거운 짐을 옮겨주는 포터, 음식을 마련해주는 요리사, 함께 길을 가며 안내하는 가이드와 셰르파 덕분에 힘든 산행도 견딜 수 있는 힘과 용기를 얻었습니다. 무엇보다 함께 킬리만자로로 떠난 동료들 덕분에 어려운 등반을 무사히 마칠 수 있었습니다. 목적지로 향하는 희망의 연대가 작은 성취의 기적을 만들어냅니다.

도전은 자기 변신의 과정입니다. 시작과 끝이 다른 나를 만나게 되니까요. 도전을 시작할 때의 나와 도전을 마칠 때의 나는 질적으로 다릅니다. 도전은 시작할 때의 나와 돌아올 때의 내가 손잡고 돌아오는 동행입니다. 그래서 떠남은 만남입니다. 자신의 한계는 직접 그 한계에 부딪혀봐야 알 수 있습니다. 우여곡절과 절치부심 끝에 체험한 킬리만자로 등반은 평생 잊을 수 없는 하나의 완벽한 경험이었습니다. 하지만 어느 산악인이 말했듯 '등반의 완성은 올라가는 데 있지 않고 살아서 내려오는 데' 있습니다. 다시 일상으로 돌아올 수 있었기에 감사합니다. 지금 선 이 자리를 떠난 사람만이 낯선 마주침을 즐길 수 있으며, 지금 여기의 삶이 얼마나 소중하고 감사한지 온몸으로 느낄 수 있습니다.

앞이 보이지 않던 길도 먼동이 터 오자 보이기 시작했습니다. 내가 걷고 있는 길이 꽤나 험난하다는 사실을 그제야 깨달았습니다. 만약 처음부터 정상이 보였다면 이런 도전을 감행했을까요. 우리는 저마다 희망을 움켜쥐고 서로가 서로에게 의지하며 발을 뗐습니다. 인생도 마찬가지가 아닐까요. 한 치 앞을 내다볼 수 없는 예측불허의 세계, 캄캄해 아무것도 보이지 않아도 앞으로 나아가야 합니다. 절망이 희망의 싹을 틔우는 원동력이 될 수도 있습니다.

출발 후 약 아홉 시간의 사투 끝에 해발 5,895미터의 킬리만자로 길맨 포인트에 올랐습니다. 우리는 모두 서로를 얼싸안고 기쁨을 만끽했습니다. 가장 힘든 순간을 넘기면 가장 감동적인 순간이 찾아옵니다. 제대로 먹은 게 없어서 조금만 걸어도 힘에 부쳐 넘어지기 일쑤였습니다. 가파른 경사를 이기지 못하고 뒤로 넘어지기도 했지만 함께한 이들 덕분에 한계를 극복하고 오를 수 있었습니다. 킬리만자로에 오르는 길은 지금까지의 그 어떤 도전보다 힘들었지만 돌이켜보면 가장 아름답고 감동적인 하나의 경험이었습니다. 정상 등반 인증 일련번호를 받고 보니 104,446번이었습니다. 정상 등반 후에 킬리만자로 4행시를 써봤습니다.

킬리(Kill理) - 기존 이치(理致)를 다시 따져 묻고 반추하며

만(萬) - 만 가지 지혜로 이르는 방법을 찾아보며

자(自) - 자기(自己)의 존재 이유(理由)와 자유(自由)로운 삶을 추구하다 발견한

로(路) - 노선(路線), 그 길이 바로 나답게 살아가는 삶

절대로 포기하지 말라는 말은
절대로 쓰면 안 된다는 깨달음

제주국제울트라마라톤대회 100킬로미터 부문에 참가했을 때도 완벽한 하나의 체험을 했습니다. 마라톤의 목적을 우승에 두는 사람도 있지만 달리는 동안 자신과 대화하면서 깨닫는 각성 체험이 목적일 수도 있습니다. 달리는 속도가 중요한 게 아니라 세상을 두루 볼 수 있는 각도가 더 중요하다는 깨달음을 얻었습니다. 속도가 빨라지면 세상을 다르게 볼 수 있는 가능성은 그만큼 줄어듭니다.

2012년 세계 4대 극지 마라톤대회 중 하나인 사하라사막 마라톤대회에도 도전한 적이 있습니다. 6박 7일간 257킬로미터를 뛰는 마라톤이었습니다. 하지만 저는 결국 실패했습니다. 하루에 40킬로미터씩 3일 동안 120킬로미터 지점까지는 잘 달렸지만, 거기까지였습니다. 힘든 레이스 중에 만난 모래 언덕은 커다란 장벽이 아닐 수 없었습니다. 힘겹게 오르다 굴러 떨어지면서 죽을 고비를 넘기며 사투를 벌이다 결국 레이스를 포기하고 많은 것을 깨달았습니다. 한계는 한계에 도전해봐야 알 수 있다는 깨달음, 절대로 포기하지 말라는 말을 절대로 쓰지 말라는 가르침을 얻었습니다. 한계는 한 게 없는 사람의 핑계에 불과하다, 그러니 "절대로 포기하지 마라"는 명언을 믿고 끝까지 도

도전은 자기 변신의 과정이다. 시작과 다른 나를 만나게 되기 때문이다.
도전을 시작할 때의 나와 도전을 마칠 때의 나는 질적으로 다르다.

전했다가 실제로 죽을 수도 있다, 라는 사실을 알게 되었습니다.

이런 점에서 공부는 책상에 앉아서 머리로 이해하는 정신노동이 아닙니다. 공부는 좌충우돌하며 몸으로 느끼는 체험적 깨달음의 과정입니다. 공부는 견디기 어려운 역경을 색다른 경력으로 만드는 고난 극복의 과정입니다. 몸으로 깨달은 지혜는 가르칠 수 없습니다. 오로지 체험을 통해서만 체득될 수 있습니다. 듀이가 "경험의 계속적 재구성"이 성장이라고 생각한 이유와 일맥상통합니다.

새로운 글을 쓰는 방법

듀이가 이야기하는 하나의 경험은 책을 쓰는 과정에 대입해보면 쉽게 이해할 수 있습니다. 저는 지금까지 90여 권의 책을 쓰거나 번역했습니다. 사람들이 자꾸 물어봅니다. 어떻게 그렇게 책을 빨리 쓸 수 있는지, 혹시 책을 쓰는 공장을 차린 것이 아니냐고 말입니다. 〈생활의 달인〉이라는 한 방송 프로그램에 출연해서 책 쓰기 비결이라도 소개하고 싶지만 결정적인 문제가 있습니다. 이 책 쓰기라는 것은 현장에서 시범을 보일 수 없다는 것입니다. 책 쓰기 비법은 언어화해 전달할 수 없는 하나의 체험입니다.

책을 쓰기 전에 여러 고민을 하면서 책의 전반적인 이미지를 구상합니다. 아직 구체적으로 어떤 책을 쓸지 이미지가 잡히지 않은 오리무중(五里霧中) 상태입니다. 제가 『책 쓰기는 애쓰기다』라는 책을 쓰기 시작했을 때 우선 책 쓰기에 관한 다양한 책을 보면서 내 책이 기존 책과 어떤 점에서 달라야 하는지를 생각했습니다. 다른 책이 가진 한계나 문제점도 생각하면서 책 쓰기에 관한 나의 문제의식과 목적의식을 정립해나갑니다. '아, 이런 책을 쓰면 좋겠다'고 어렴풋하게나마 이미지를 그리지만 여전히 분명한 생각으로 정립되지 않은 상태에서 책의 전반적인 방향이나 성격을 지속적으로 그려나갑니다. 책 쓰기 관련한 많은 책들이 책을 쓰는 방법과 기술을 가르치는데 과연 그런 방법이 제대로 된 책 쓰기 방법을 알려줄 수 있는가 하는 문제를 심각하게 고민했습니다. 글은 삶으로 써야 된다는 생각, 왜냐하면 글은 그 사람의 삶이고 삶이 곧 그 사람의 글이라는 신념을 갖고 있기 때문입니다. 결론적으로 올바른 글을 쓰려면, 어제와 다른 책을 쓰려면, 어제와 다른 삶을 살아가기 위해 안간힘을 써야 된다는 게 저의 문제의식이었습니다. 한마디로 삶을 바꾸지 않으면 글도 책도 바뀌지 않습니다.

구름 속에 가려져 있던 흐릿한 이미지가 서서히 모습을 드러내면서 제목도 어느 정도 갈피가 잡히고 차례도 대강의 얼개가 짜이기 시작합니다. 더불어 차례별 세부 내용도 줄기와 가지를 뻗어가면서 망망대해 위해서 갈피를 못 잡고 헤맸던 초기 상태와는 현격하게 다른 질적 성숙이 시작됩니다. 이 모든 것이 다 완벽한 방법을 구체화한 다음 시작해서 생긴 일이 아니고 시작해서 하다 보니 더 좋은 방법이 부각된 결과입니다. 혼돈의 가장자리에서 맴돌던 복잡하게 얽힌 실타래도 어느 정도 풀리기 시작하고 한 문장을 쓰면 그것이 다음 문장을 물고 오면서 생각지도 못한 방향으로 글짓기가 이어지는 연상작용도 발생합니다. 생각해서 문장을 쓰는 게 아니라 쓰다 보면 생각이 생기는 놀라운 경험입니다. 여러 다양한 아이디어가 저마다 장기를 뽐내며 서로 경쟁하고 긴장관계를 유지하면서 선택되거나 버려집니다. 수면 아래 잠자던 아이디어가 다시 부상하면서 판도가 변화하는 오월동주(吳越同舟)의 상태라 할 수 있겠습니다.

안개 속에 뿌옇게 가려 있던 책의 이미지는 어느새 제목과 차례, 그리고 전반적인 내용이 짜임새 있게 정리되어갑니다. 책을 쓰기 시작한 초반에는 막막했던 책의 겉모습도 서서히 구현되기 시작됩니다. 놀랍게도 책이 어느 정도 구체적인 모습을 보이면서 꿈에 그리던 모습이 눈앞에 나타나기 시작합니다. 마침내 우여곡절과 파란만장한 방황 끝 사투를 상쇄하고도 남는 성취감이 밀려옵니다. 이제 최종 원고를 편집자에게 넘기는 순간 저자의 저술 권력은 편집자의 편집 권력으로 넘어갑니다. 다채로운 갈등과 협상이 이루어집니다. 이때부터 책의 콘셉트와 방향을 두고 저자와 편집자 간에 치열한 권력다툼을 합니다. 저자마다 철학이 다르겠지만 저는 편집자에게 책의 콘셉트와 방향을 조정하고 편집할 권리를 전적으로 주는 편입니다. 저자는 가급적 많은 내용을 전달하려는 욕심이 앞서지만 편집자는 독자 입장에서 냉철하게 판단하고 독자가 선호하는 방향으로 책의 콘셉트와 방향을 조정하고 조율하는 전문가임을 인정할 때 저술과 편집의 갈등은 생각보다 쉽게 해결됩니다.

이제 오월동주의 긴장과 갈등이 밤잠을 설치면서 치열한 각축전을 벌이다 오색찬란한 대단원의 결말을 짓기 일보 직전에 도달합니다. 한 권의 책을 완성하는 하나의 경험이 완결되는 순간은, 출간된 책이 저자 앞으로 배달되어 도착했을 때 따끈따끈한 책의 물성(物性)을 손으로 만져보는 순간입니다. 한 권의 책을 완성해서 세상에 선보이는 순간은 참으로 긴장됩니다. 어설픈 세상과의 첫 만남이지만 그 만남이 새로운 도약으로 이어지는 비상한 출발점입니다.

사유는 질성적 사고와 이성적 사고가 만들어낸 합작품이다

듀이가 이 하나의 경험을 통해서 강조하고자 하는 새로운 사고방식은 질성적 사고입니다. 질성적 사고는 어떤 상황이나 환경 또는 사람이나 사물과 첫 대면을 했을 때, 이성적 사고가 발동되기 전 온몸으로 느끼는 첫 반응입니다. 저는 사하라 사막에서 펼쳐졌던 마라톤 도전에서는 실패했지만, 귀한 경험을 했습니다. 바로 일출과 일몰을 마주한 경험입니다. 아침 7시에 출발하려면 해가 뜨기 전 일어나 아침을 준비해서 먹고 하루 40킬로미터 달리기 여정을 준비해야 합니다. 레이스를 준비하는 와중에 맞이하는 일출은 모래사막을 붉게 태웁니다. 용광로를 방불케 합니다. 일출보다 더욱 감동적인 장면은 고단한 몸을 추스르며 달리는 와중에 맞이하는 일몰 그러니까 저녁노을입니다. 서산에 반쯤 얼굴을 내밀고 고단한 하루와 작별을 고하는 태양은 순간적으로 그 모습을 감춥니다. 하늘과 모래사장 사이를 끝없이 잇는 지평선도 어둠과 함께 사라집니다. 아름다운 일몰의 장관 앞에 언어적 번역을 거부하는 전율이 온몸을 파고듭니다. '와우'라는 감탄사 안에 언어로 담아낼 수 없는 다양한 생각과 감정이 숨어 있습니다.

언어를 통하지 않고 내 몸에 직접 다가오며 사물이나 현상의 질적 속성을 온몸으로 받아들이며 작동하는 첫 번째 사고가 질성적 사고입니다. 생각지도 못한 사이에 갑자기 터지는 기쁨이나 슬픔, 경이로운 놀람이나 예기치 못한 상황에서 직면하는 당혹감은 깊은 생각 이전에 몸이 감각적으로 대응해서 터져 나오는 반응입니다. 질성적 사고는 특정한 이론적 관점에 비추어 논리적으로 사유할 틈도 없이 한눈에 반해버린 느낌이기 때문이죠. 물론 질성적 사고의 근저에는 그동안 다양한 경험을 통해 내 몸에 축적된 교양의 두께(references)가 총체적으로 작동하고 있습니다. 살아오면서 직간접적 경험으로 갈고 닦은 다양한 사유의 덩어리들이 일시에 반응하는 것입니다. 즉 질성적 사고는 무언가를 깊이 사유하기도 전에 감각적 경험의 총합으로 일어나는 사고입니다.

질성적 사고로 포착된 느낌이나 직관적 깨달음이 사라지기 전에 그 장면에서 내가 무엇을 구체적으로 느끼고 깨달았는지를 기록합니다. 당시의 상황에서 느꼈던 기억과 느낌과 이미지를 되살려가면서 하나씩 하나씩 끄집어내서 기록할 때 관여하는 사고가 바로 이성적 사고입니다. 질성적 사고만으로는 우리가 겪는 다양한 감각적 경험을 나의 것으로 체화시킬 수 없습니다. 질성적 사고로 포착된 감각적 느낌과 직관적 깨달음의 의미가 무엇인지를 곰곰 따져보면서 그것의 의미와 시사점을 생각해보아야 하는 것입니다.

질성적 사고 없이는 지적 사고나 이성적 사고도 불가합니다. 모든 이성적 사고는 질성적 사고로 포착된 흐릿한 이미지나 불분명한 의미망에 대한 애매한 느낌이 구체적으로 무엇인지를 탐구하는 과정에서 발휘되기 때문입니다. 질성적 사고로 발효된 사물이나 현상을 매개로 이루어진 경험의 전체 이미지나 느낌의 의미를 밝혀내려는 탐구 과정에서 이성적 사고가 빛을 발하기 시작합니다.

내가 변화하고 진화하는 순간

　　질성적 사고와 이성적 사고는 일차적 경험과 이차적 경험에 각각 상응합니다. 즉 일차적 경험은 질성적 사고로 포착되며 이차적 경험은 이성적 사고를 통해 그 의미가 파악됩니다. 자신의 의지와 관계없이 갑자기 직면하는 수동적인 경험(일차적 경험)이 어떤 의미인지를 반추해보고 생각해보는 능동적 경험(이차적 경험)이 이성적 사고를 통해 성장의 동력인 깨달음과 교훈을 얻게 됩니다.

　　우리는 경험으로부터 배우는 게 아니라 경험을 반성하고 성찰할 때 배운다고 듀이는 말합니다. 경험을 돌이켜 생각해보며 그것이 나에게 던져주는 의미와 시사점이 무엇인지를 따져 묻는 이성적 사고 또는 반성적 사고야말로 경험에서 배움의 포인트를 끄집어내는 원동력입니다.

　　인간은 무엇보다도 자기 자신에게서 가장 결정적으로 배우고, 자신의 실패와 오류와 과오로부터 가장 처절하게 배운다. 그때 우리는 거우 변한다. 인간은 직접 체험을 통해서만 가까스로 바뀌는 존재이므로 나를 진정으로 바꾸는 것은 내가 이미 행한 시행착오들뿐이다.

_ 신형철, 『슬픔을 공부하는 슬픔』, 한겨레출판, 2018

질성적 사고의 근저에는 한 사람의 다양한 경험을 통해 몸에 축적된
교양의 두께가 총체적으로 작용한다.

경험은 우리가 살아가는 삶이며, 다양한 경험 속에서 우리는 배우고 익히며 깨달음을 얻고, 그런 깨달음이 어제의 나와 다른 제3의 나로 변신시켜주는 성장의 발판이 되는 것입니다.

경험이라는 스승

듀이의 이야기를 마무리하면서 EBS 지식채널e 영상 〈경험은 안 주인이다〉를 소개할까 합니다. 로마시대 키케로는 이렇게 말했습니다. "세상이 타락했다. 잡것들이 너나 할 것 없이 책을 내려고 한다." 이 영상에는 몇 번의 반전이 등장합니다. 세상을 타락으로 이끄는 '잡것'들의 사례를 하나씩 보여주죠. 허먼 멜빌은 1819년 미국 뉴욕에서 태어나 13세에 학업을 중단, 상점의 잔심부름, 농장일 등을 하다가 22세에 포경선의 선원이 되어 남태평양으로 떠납니다. 그는 포경선에서의 체험을 소설『백경』으로 썼습니다. 1883년 7월 체코 프라하에서 태어나 죽기 2년 전까지 14년 동안 보험국의 관리로 근무했던 프란츠 카프카는 거대한 조직 속에서 소외된 인간의 모습을『변신』과『성』등의 작품을 통해 그렸습니다. 1804년 미국 매사추세츠 주에서 태어나 35세에 우체국장이 되려다 실패하고 대신 세관에서 지루한 일상을 보내던 나다니엘 호손은 세관의 해묵은 서류철 사이에서 소설『주홍글씨』를 창작합니다. 또 찰스 디킨스는 1812년 영국 포츠머스에서 태어나 아버지가 감옥에 갔던 12세 무렵부터 공장에 다니면서 불우한 아동 노동을 해야 했습니다. 그는 어린 시절의 경험 덕분에 『올리버 트위스트』라는 역작을 탄생시킵니다. 그래서 결국 "경험은 글을 잘 쓰는 모든 이들의 안주인이다"라는 레오나르도 다 빈치의 명언으로 영상은 끝을 맺습니다. 짧은 영상이지만 깊은 여운을 남깁니다. '잡것들=작가들'이라는 멋진 공식. 잡것들이 아니면 누가 작가가 되랴! 하나같이 경험을 곱씹으며 작가적 상상력을 길어 올린 사례들입니다.

작가는 잡다한 경험을 그냥 흘려보내지 않고 그것이 어떤 배움의 기반으로 작용할 수 있는지를 생각하면서 사람들에게 교훈을 던져줍니다. 경험에 기반한 사유가 농축되어 작가적 상상력을 자극할 때 독자를 감동시키는 작품이 탄생합니다. 듀이 식으로 말하자면 일차적 경험과 이차적 경험에 대해 질성적 사고와 이성적 사고가 통합해 작용하면서 독자를 빠져들게 만드는 감동적인 스토리 구조가 탄생하는 것입니다.

우리도 살아가면서 매순간 하게 되는 잡다한 경험을 흘려보내지 말고, 교훈을 기록하면서, 흔적을 축적하면, 어느 순간 하나의 위대한 작품으로 탄생하는 기적이 가능하다고 생각합니다. 직접 몸으로 부딪치다 보면 앉아서 고민하던 문제도 의외로 쉽게 풀립니다. 어떻게 할 것인지 고민만 하면서 계획을 세우고 완벽하게 준비하려다 시작도 못

하는 경우가 많습니다. 우선 시작하면 경험이라는 스승이 나타날 것입
니다. 그때 놀라운 통찰력이 부각되고 새로운 깨달음의 세계가 우리를
인도합니다. 이것이 바로 듀이가 말하는 경험의 교육적 가능성이라고
생각합니다. 엘렌 코트가 쓴 「초보자에게 주는 조언」이라는 시의 마지
막 구절로 이 장을 마칩니다.

> 완벽주의자가 되려 하지 말고
>
> 경험주의자가 되라.

프리드리히 니체의 **전복과 파괴의 철학**

정상적인 사유를 뒤집어
비정상적 사유를 즐기는 방법

chapter
03

Friedrich Wilhelm Nietzsche

1844. 10. 15.~1900. 8. 25

정상(頂上)에 오른 사람은 정상(正常)입니까. 과거의 높이뛰기 선수는 모두 이른바 '가위뛰기' 방법으로 넘거나 얼굴을 앞으로 숙이면서 넘어가는 '정면뛰기' 기술을 구사했습니다. 이 사람들의 한계는 2미터를 넘지 못하는 데 있었습니다. 그런데 1968년 멕시코 올림픽 때 한계에 도전하는 사람이 나타났습니다. 이 사람의 도전하는 방법이 조금 이상합니다. 지금까지 듣도 보도 못한 자세를 구사하는 것이 아니겠습니까. 뒤로 넘는 것이었습니다. 이 사람이 바로 높이뛰기의 전설, 딕 포스베리 선수입니다. 비정상적인 방법으로 정상에 도전한 사람, 그 사람의 이름을 따서 포스베리 플롭 기법, 우리말로 배면뛰기 기술이 처음 등장했습니다. 지금은 그 방법이 높이뛰기의 정석과 상식이 되었습니다.

딕 포스베리가 처음으로 뒤로 넘었을 때 어떤 사람들은 그를 가리켜 상식에 위배되는 몰상식한 사람이며 정상에 시비를 거는 비정상적인 사람이라고 비난했습니다. 하지만 또 다른 한편에서는 아무도 생각하지 못한 방법이라고 놀라워했지요. 정상(頂上)에 오른 딕 포스베리는 분명히 정상(正常)이 아니었습니다.

정상을 정복한 사람은 하나같이 비정상입니다. 생각지도 못한 비정상적인 생각은 생각지도 못한 많은 일을 저지르고 또 당했을 때 비로소 잉태됩니다. 보통의 사람들은 인간의 신체구조상 2미터를 절대로 넘을 수 없다고 생각했습니다. 이른바 정상적인 사람들은 정상 분포 곡선에 갇혀서 정상적인 사유와 상식, 그리고 타성과 고정관념에 얽매여 사는 사람입니다. 딕 포스베리 선수 덕분에 인간의 높이뛰기 한계는 2미터가 아님을 알게 되었습니다.

10-3=3!

정상에 오르고 싶다면 정상인 사람과 어울리면 안 됩니다. 정상인과 어울릴수록 정상에서 멀어집니다. '몰상식'한 사람이 '상식'을 뒤집습니다. 그렇지 않으면 '상식'이 뒤집혀 '식상'해집니다. 사과 10개 중에 3개를 먹으면 몇 개가 남을까요? 어떤 학생이 손을 들고 자신 있게 대답했습니다. 3개입니다. 왜냐하면 엄마가 "먹는 게 남는 거"라고 말씀했기 때문입니다. 이 학생은 선생님에게 꾸중을 듣고 급기야 엄마도 학교에 불려옵니다. 아이가 비정상이라고요. 엄마가 아이를 야단쳐서 10-3=7이라고 정상적인 답을 쓰고 나서야 집으로 갈 수 있었습니다.

우뇌를 통해 상상력을 발휘하면서 기대 밖의 대답을 하면 학교에선 비정상적인 아이로 낙인찍힙니다. 좌뇌로 논리적인 사고를 하는 훈련을 받은 우리는 우뇌로 틀 밖에서 뜻밖의 상상력을 발휘하는 방법을 배워본 적이 없습니다. 틀 밖의 사유를 하면 비정상적인 사람으로 몰려 심한 질책이나 비난, 조소와 조롱을 받기도 하지요.

전대미문의 새로운 아이디어를 내면 세상 사람은 처음에 무시(ignore)합니다. 그리고 참을 수 없는 조소와 조롱(laugh)을 보내고 서서히 세상을 움직이는 화두로 바뀌면서 저항(fight)하는 사람이 나타납니다. 마침내 내가 세상을 이끄는(win) 사람으로 부각됩니다.

_마하트마 간디

세상을 뒤집어엎는 사람들의 공통점은 정상적인 사람의 상식과 통념에 시비를 걸고 비정상적인 문제 제기를 통해 이전과 다른 세상을 열어간다는 데 있습니다. 이들은 주로 타성과 고정관념, 세상 사람이 당연하다고 생각하는 상식이 뒤집혀 식상해지기 전에 우뇌적 상상력을 발휘합니다. 엉뚱해 보이고 이치에 맞지 않는 것처럼 보여도 상식과 통념에 갇힌 사유에서 벗어나 틀 밖에서 뜻밖의 생각을 길어 올리기위해 익숙한 세계 속에서도 낯선 사유를 즐깁니다. 아인슈타인이 말했지요. "논리적인 사람은 정해진 목적지 A에서 B로 갈 수 있다. 상상력이 풍부한 사람은 가고 싶은 곳은 어디든지 갈 수 있다." 비정상적인 사람이 몰상식한 아이디어를 내면 정상적인 사람은 상식에 위배된다고거부하거나 반대 의사를 표시합니다. 하지만 몰상식한 아이디어는 점차 정상적인 사람들의 상식이 되고 시간이 흐르면서 상식이 뒤집혀 식상해집니다. 당신은 정상입니까, 비정상입니까.

천의 얼굴로 천 가지의 길을 간 사람

전복의 철학자, 프리드리히 니체에 대해 이야기해보려 합니다.니체를 천의 얼굴을 갖고 천 가지 길을 걸어간 철학자라고 합니다. 저는 니체를 기존 가치 체계나 옳다고 믿는 신념을 뒤집어엎어서 그 위에새로운 철학적 건축을 시도하는 전복의 철학자라고 생각합니다. 기존가치를 뒤집어 새로운 가치 체계를 만들려고 한다는 점에서 니체를 가치전도의 철학자라고도 합니다. 기존 가치를 파괴하고 새로운 가치를

"Nothing comes from nothing"이란 뜻의 라틴어.
니체는 기존 가치를 파괴하고 새로운 가치를 제안한다는 점에서
망치의 철학자, 파괴의 철학자라 불린다.

제안한다는 점에서 망치의 철학자, 파괴의 철학자이기도 합니다.

> 돌 속에 하나의 형상이, 내 머리 속에 있는 형상 가운데 으뜸가는 형상이 잠
> 자고 있구나! 아, 그 형상이 더할 나위 없이 단단하고 보기 흉한 돌 속에 갇혀
> 잠이나 자야 하다니!
> 이제 나의 망치는 저 형상을 가두어두고 있는 감옥을 무섭게 때려 부순다. 돌
> 에서 파편이 흩날리고 있구나. 나와 무슨 상관인가?
>
> _니체, 『차라투스트라는 이렇게 말했다』

니체는 사람들이 궁극적 진리나 가치로 믿었던 근본을 뒤흔들어 무너뜨리고 그 자리에 새로운 가치를 정초함으로써 삶의 밑바닥이 흔들리는 근원적 상실감을 느끼게 만들기도 합니다. 그래서 니체 철학을 허무주의(Nihilismus)라고 합니다. 니체는 세상에 난무하는, 있지도 않은 형이상학적 신념들을 깨부수고 허구적 굴레에서 벗어나 새로운 창조로 가는 길로 이끕니다. 『주역』의 표현을 빌리자면, 물극필반(物極必反)입니다. 사물이 요동을 치면서 난맥상을 거듭하다가 극에 달하면 반드시 반전을 거듭합니다. 니체의 허무주의는 허무한 상태를 거듭하다 우여곡절 끝에 새로운 창조가 시작되는 시점에서 희망을 바라보는 부정의 부정 끝에 찾은 긍정입니다.

뒤집어엎기, 그에게는 그것이 중명이다. 열광케 하기, 그에게는 그것이 설득

이고. 그리고 그에게는 피가 최상의 논거가 된다.

_니체, 『차라투스트라는 이렇게 말했다』

니체에게 뒤집어엎는 전복은 살아가기 위해 안간힘을 쓰고 있다

는 반증입니다. 자신의 철학으로 세상 사람들을 열광하게 만드는 것은

설득을 통해 사람을 변화시키는 전략이며, 피땀 흘려 구축한 사유 체계

는 처절하게 살아낸 삶에서 체득한 철학적 깨달음을 녹여낸 정수(精髓)

이지요.

일체의 글 가운데서 나는 피로 쓴 것만을 사랑한다. 쓰려면 피로 써라. 그러

면 너는 피가 곧 넋임을 알게 될 것이다.

낯선 피를 이해한다는 것은 쉬운 일이 아니다. 나는 책을 뒤적이며 빈둥대는

자들을 미워한다.

_니체, 『차라투스트라는 이렇게 말했다』

니체가 말하는 피는 관념적 사유의 파편이 아니라 현실이라는 무

대 위에서 온몸으로 사투를 벌이며 흘린 노고와 영혼을 울리는 깨달음

을 상징합니다. 처절한 사투로 흘린 피가 담긴 글이라야 기존 사유 체

계를 과감하게 전복할 수 있는 신념과 결단을 부를 수 있다는 것이죠.

신을 죽이다

니체 하면 떠오르는 말이 있지요. 바로 "신은 죽었다"입니다. 정확히 해석하면 "신은 죽었다"가 아니고 니체가 신을 죽인 것입니다. "신은 죽었다"는 이 선언은 '옳다'라고 믿었던 신념 체계, 암암리에 우리들의 삶을 지배했던 초월적 가치관, 나도 모르게 따르고 신봉했던 도덕적 규범을 전복시킨 일생일대의 사건입니다. 여기서 신은 기독교의 신이기도 하지만 서구 철학에서 지배적 위치를 담당했던 사상과 문화, 형이상학적 신념과 초월적 가치 일체를 상징하는 것이지요. 그동안의 서구 철학을, 전통을 지배해온 생각들을 죽여버리고 거기에 이전과 다른 새로운 가치관의 터전을 마련하기 시작한 것입니다.

신을 죽인 그 끝에서 좌절하고 절망하는 것이 아니라 새로운 시작을 꿈꾸는 것입니다. 믿었던 신념 체계가 무너지는 절망과 상실감이 밀려오지만 그 지점은 새로운 사유 실험이 시작되는 희망과 다짐의 전초기지가 될 수도 있습니다. 자신이 옳다고 믿는 신념 체계가 판단의 근거로 삼는 선판단이나 근원은 무엇인지, 어떤 근거로 그것을 옳다고 주장하는지, 스스로 잘 알고 있다고 생각하는 이면에 자신이 잘 모르고 있다는 것도 고려하고 있는지를 꼼꼼히 따져 물을 수 있어야 합니다.

허무주의는 삶을 덧없다고 생각하는 허무가 아닙니다. 믿었던 가치 체계가 무너지면서 갖게 되는 상실감에 초점을 두는 게 아닙니다. 오히려 기존 가치 체계가 붕괴됨과 동시에 그동안 믿었던 가치들이 얼마나 허위적인 굴레였는지를 깨닫는 과정입니다. 허무주의에서 말하는 허무는 자신이 그동안 믿었던 신념 체계가 무너지면서 다가오는 느낌이지만 동시에 그 허무는 새로운 가치를 창조하는 촉발점이 되기도 합니다. 허무하지만 절망과 좌절의 늪에서 새로운 희망을 싹틔우는 가능성이 자라는 이유입니다.

허무주의는 초월적이고 절대적이라고 믿었던 가치였지만 생각해보면 허구적 가치임을 깨닫고 그것을 폐기한 자리에 새로운 가치를 건설하자는 주장입니다. 진리는 내가 사는 세계의 밖에 있지 않고 내가 의미를 부여하면 생기는 지금 여기에 존재한다는 것이 니체의 믿음입니다. 우리가 믿었던 가치가 허물어지기 때문에 가치 전도가 시작되고, 삶의 밑바닥에서부터 밀려오는 근원적인 상실감을 참을 수 없기에 허무주의라고 하는 것입니다. 허위적인 것들이 실제 우리 삶에서는 아무런 효용가치도 발휘할 수 없는 무가치함을 깨닫는 과정이 허무주의의 긍정적 측면입니다.

니체를 전복의 철학자라고 하는 이유를 몇 가지 더 설명하면 이해가 쉬울 것 같습니다. 우선 모든 전통은 진통 속에서 탄생합니다. 진통 없이 전통도 만들어지지 않습니다. 니체는 전통을 망치로 산산조각 깨부수는 전복의 철학자답게 진통을 당연히 겪어야 할 고통으로 받아들입니다. 둘째, 니체는 위험한 질문을 던져 사람들이 정답이라고 생각했던 통념을 부정합니다. 정답에 매몰된 우리들을 혼란에 빠뜨리지요. 니체는 언제나 위험한 삶을 살아가라고 강권합니다. 셋째, 니체는 통념을 깨부숴야만 나만의 신념이 생길 수 있음을 보여줍니다.

니체는 『아침놀』에서 사상가를 네 등급으로 분류합니다. 저의 다른 책(『유라투스트라는 이렇게 말한다』)에서도 제시한 직이 있습니다. 첫째, 현상의 표면을 바라보는 '피상적 사상가'입니다. 둘째, 심층이나 현상의 이면을 깊이 캐어 연구하는 '심오한 사상가'입니다. 셋째, 사물의 근거를 파고들어 현상 밑의 바닥을 탐구하는 '철저한 사상가'입니다. 이들은 무조건 밑으로 파고들어 깊이만 추구하는 사상가보다 사물의 근본이나 뿌리를 파헤쳐 그것이 담고 있는 숨겨진 의미를 밝혀냅니다. 마지막으로 머리를 진흙탕에 박고 밑바닥을 뚫고 들어가서 파헤치고 뒤엎는 '지하의 사상가'입니다. 지하의 사상가는 '심오한 사상가'처럼 깊이를 추구하거나 '철저한 사상가'처럼 근본을 해명하지 않고 깊이 뿌리박고 있는 근거 자체를 뒤집어엎는 사상가입니다. 니체는 이들이야말로 사랑스러운 지하의 사상가라고 했습니다. 니체야말로 평생 지하의 사상가처럼 깊이 파고들어 이전의 철학적 전통을 뿌리째 전복시켜 잘못된 신념들을 파헤친 전복과 파괴의 스승입니다.

\

해설하는 사람이 되지 말라

그렇다면 니체는 무엇을 뒤집고 파괴했을까요?

첫 번째, 신체와 이성의 관계에서 서구 철학은 이성이 신체를 지배한다고 보았습니다. 이성을 중시하는 로고스의 철학입니다. 니체는 이런 신체와 이성의 관계를 뒤집습니다. 지금까지 믿었던 이성은 '작은 이성'이고 오히려 신체가 '커다란 이성'이라고 전복합니다. 그러니까 신체 중심 철학, 신체의 욕망을 긍정하는 디오니소스적 철학을 펼친 것이죠. 사실 니체는 죽기 전까지 몸이 좋지 않아 투병 생활로 극심한 고통을 경험했습니다.

두 번째, 니체가 전복한 대상은 신입니다. 존재하지도 않으면서 존재한다고 믿었던 형이상학적이고 초월적인 궁극의 진리와 가치 체계를 전복합니다. 니체는 남이 만든 해석 체계에 종속되어 노예처럼 살지 말고 너의 관점으로 세상을 다시 해석하라고 합니다. 니체는 아폴론적 합리성과 논리적 이성보다는 광기에 취해 신체적 욕망을 추구하는 디오니소스적 열정을 좋아합니다.

세 번째, 니체는 『선악의 저편』과 『도덕의 계보학』에서 말했던 선과 악의 개념을 폐기하고 나의 입장에서 좋고 나쁜지를 판단하라고 했습니다. 지금까지 우리는 너무 선악의 문제에 종속되어 개인적으로 좋

아하고 싫어하는 기준을 전면에 내세우지 못하고 살아왔다고 니체는
주장합니다. 그동안 사회가 정한 도덕과 윤리적 판단 기준에 종속되
어 노예적 삶을 살아왔음을 비판적으로 생각해보라는 것이지요. 선악
은 영어로 하면 모럴(moral)입니다. 스피노자 식으로 이야기하면 에티카
(Ethica), 즉 윤리를 의미하는 에식스(Ethics)입니다. 누군가가 정한 세상의
도덕에 얽매여 살지 말고 스스로가 주체적으로 판단해서 살아가라는
주장입니다.

　마지막으로 니체는 절대주의를 뒤집어 관점주의로 바꿉니다. 관
점주의는 세상은 바라보는 관점에 따라 다르게 보일 수 있다는 주장입
니다. 남이 만든 해석 체계나 정의에 빠져 살지 말고 내가 주체적으로
해석하고 주인이 되어서 세상을 바라보라는 것이지요. 기존 가치 체계
를 스스로 전복하지 않으면 오히려 내가 그것에 전복당한다는 사실을
니체는 깨달은 것입니다.

　"도덕이란 무엇인가?" 정답을 요구하는 질문 대신에 "도덕이 무엇
인지 묻는 의도가 무엇인가?" 또는 "누가 왜 도덕을 묻는가?" "우리가
믿는 도덕을 믿고 따라야 한다는 강제성은 누가 정한 것인가?"라고 묻
습니다. 니체는 하나의 답을 전제로 물어보는 질문에 다시 질문을 던
집니다. 그리고 니체는 이렇게 맹목적 믿음을 의심해보는 질문을 '계보
학적 질문'이라고 했습니다.

　어떤 것에 대해 정의하는 사람이 있다면 그 사람의 정의를 그대

로 받아들이는 것이 아니라, 그 사람이 정의하는 그 관점에 숨어 있는 의도를 물어보는 것이 계보학적 질문입니다. 계보학적 질문은 익숙한 것, 당연한 것을 더 이상 익숙하지 않도록, 당연하지 않은 것으로 바라보게 만드는 비판적 질문입니다. 계보학은 기원을 찾아 올라가 나의 조상이 위대하다는 점을 밝혀냄으로써 나를 정당화하려는 족보학과는 다릅니다. 계보학은 기원을 찾아 올라가기는 하지만 그 기원이 얼마나 별 볼 일 없는 것인지를 의문에 붙이고 비판하는 방법입니다(이진경, 『우리는 왜 끊임없이 곁눈질을 하는가』). 계보학적 질문은 누군가의 철학책을 읽고 그 철학자가 주장하는 메시지를 무조건 믿을 것이 아니라 그렇게 주장하는 사람의 근본적인 의도, 어떤 근거로 그렇게 생각하고 판단하는 것인지를 따져보고 파헤치는 질문입니다.

니체는 자신의 책을 읽고 그 책에 빠져 살아가면서 해설하는 사람이 되지 말라고 합니다. 철학자가 주장하는 메시지에 의문을 던지고 그것이 내 삶에 던져주는 의미를 따져보아야 합니다. 나의 삶을 어떻게 살아갈 것인지를 반추해보고 철학자의 메시지를 재해석할 때 비로소 나만의 세계를 구축해나갈 수 있습니다.

철학자는 체계를 생각하는 사람이 아니라 문제를 생각하는 사람이다.

니체는 자신의 이 말처럼 기존의 철학 체계를 부숴버리고 늘 문제를 던집니다.

\

나력

저는 이전에 쓴 책(『유라투스트라는 이렇게 말한다』, 『니체는 나체다』)에서 니체 철학의 핵심을 나력(裸力, naked strength)이라고 했습니다. 나력이 무엇을 의미하는지 간단하게 설명해보겠습니다. 한양대학교 유영만 교수. 여기서 한양대학교라는 소속을 떼고, 교수라는 직위를 떼면 남는 건 유영만이라는 이름 석 자입니다. 이처럼 한양대학교라는 울타리를 벗어나 이름 석 자로 바깥에 나가서도 보여줄 수 있는 본연의 경쟁력을 나력이라고 합니다.

나력은 몸으로 체득하는 변화입니다. 과거에 성공한 사람이 자신의 능력과 방법을 우상화함으로써 오류에 빠지는 '휴브리스(hubris)'에서 벗어나는 '슬기'입니다. 자신의 취약점인 트라우마를 카리스마로 전환하는 '광기'입니다. 자신을 포장하고 위장하는 거짓 자아에서 탈출하는 '용기'입니다. 견디기 어려운 역경을 뒤집어 독특한 경력으로 만드는 '끈기'입니다. 그리고 무성한 형용사의 거품을 걷어내고 본질과 핵심이 스스로 빛을 내는 '야성'입니다. 나무도 겨울에는 나목(裸木)이 되어 혹한의 추위를 견뎌내고 새봄에 싹을 틔우듯이, 니체 철학을 한마디로 말하면 나력을 키우는 방법에 관한 사유 체계라고 할 수 있습니다.

니체는 헌책방에서 우연히 쇼펜하우어의 『의지와 표상으로서의 세계』를 접하고 철학에 깊게 매료됩니다. 그는 이런 소감을 남기기도 했지요.

> 나는 그때 그 정력적이고 음울한 천재 철학가로부터 깊은 감명을 받고 내 몸을 전부 내맡겨버렸다. 그 책은 첫 줄부터 모든 말들이 하나같이 단념과 부정과 체념뿐이었다. 그 책을 통해서 나는 세계와 인생과 나 자신을 비추어볼 수 있는 큰 거울을 발견한 것이다. 그 책에서 나를 응시하고 있는 것은 예술이 지니고 있는 사심 없는 완벽한 태양의 눈이었다. 나는 질병과 치유, 추방과 피난처, 그리고 지옥과 천국을 보았다. 자기 인식과 자기 해체의 욕구가 나를 사로잡은 것이다.
>
> _니체, 「라이프치히에서 보낸 2년에 대한 회고」

니체는 쇼펜하우어의 글을 만나고 그를 스승으로 삼았습니다. 하지만 결국 쇼펜하우어는 니체에게 있어 극복하고 넘어가야 할 거대한 표적이 되었습니다. 니체는 1864년, 독일 본 대학교에 진학해 신학과 그리스 고전 문헌학을 배웠지만 적응하지 못하고 방황하다가, 라이프치히 대학으로 옮깁니다. 절치부심의 방황 끝에 1869년 학생 신분이던 그는 24세의 나이에 바젤 대학교 문헌학과의 최연소 교수가 됩니

나무도 겨울에는 나목이 된다. 그렇게 혹한의 추위를 견뎌내고 새봄에 싹을 틔운다.
니체 철학은 나력을 키우는 방법에 관한 사유 체계라고 할 수 있다.

다. 파울로 코엘료가 말하듯, '잘못 탄 기차가 때로는 목적지에 데려다 줍니다.'

한편 니체는 앙스트블뤼테(Angstblüte) 상황에서 다양한 저작을 남겼습니다. 앙스트블뤼테란 독일의 생물학 용어입니다. 앙스트(Angst, 不安)와 블뤼테(blüte, 開花)의 합성어로 전나무가 이전과 다르게 환경이 열악해져 생명이 위태로워짐을 느끼면 평소와는 비교가 안 될 정도로 유난히 화려하고 풍성하게 꽃을 피우는 현상을 의미합니다. '불안의 꽃'이라고 번역되며, 시련과 역경을 견딘 후에 얻은 깊은 내공을 의미하지요. 죽음을 앞둔 처절한 상황 앞에서 좌절하지 않고 생애 마지막 의지와 집중력을 총동원하여 꽃을 피우는 전나무처럼 정신병적 증세를 보였던 니체도 절망적인 위기 상황에서 불후의 명작을 남겼습니다.

사람은 정상적인 상황에서는 정상적으로 사고합니다. 하지만 정상적인 사고로는 더이상 직면한 위기를 극복할 수 없을 때 사람은 비상한 방법으로 머리를 쓰기 시작합니다. 정상에 간 사람은 이처럼 비정상적인 사유로 기존 사유 체계를 전복하는 과정에서 새로운 경지에 이른 사람입니다.

니체는 신체이자 나체이자 전체이다

저는 니체를 한자로 니체(尼體)로 써보았습니다. '니(尼)' 자가 시사하는 의미에 비추어 니체를 세 가지 다른 의미로 해석해봅니다.

첫째, '니(尼)'는 '가깝다' 또는 '가까이하다'라는 뜻이 있습니다. '니(尼)'라는 한자의 의미를 생각하다가 만약 니체를 '니체(尼體)'라고 명명한다면 니체 철학의 핵심을 포착할 수 있지 않을까 생각한 것이지요. 니체(尼體)는 '몸에 가깝다' 또는 '몸에 가까이 가다'로 해석할 수 있습니다. 몸에 가까이 간다는 의미는 몸을 둘러싸고 있는 허례허식이나 가식, 위장이나 포장을 걷어내고 벗은 몸, 즉 나체(裸體)로서의 나를 드러낸다는 의미입니다. 나체로 나를 드러내야 나의 정체(正體), 나의 전체(全體)를 알 수 있습니다.

둘째, '니(尼)'는 멈춤이나 정지를 의미합니다. 그러니 니체(尼體)는 몸(體)의 멈춤이나 정지(尼)를 뜻하겠지요. 이때 몸의 멈춤은 변화의 거부나 현실 안주를 의미하지 않습니다. 이것은 또 다른 나로 재탄생하거나 변신하기 위해 잠시 멈춰 서서 나아갈 방향을 점검하고 내 몸이 말하는 것을 들어보는 과정입니다.

셋째, '니(尼)'는 '비구니(比丘尼)'의 다른 이름입니다. 그래서인지 '화평하다'는 뜻도 담고 있습니다. 물질적 욕망이 춤을 추는 속세에서 벗어나

마음의 화평을 찾는 비구니에게서도 니체의 철학을 읽을 수 있습니다. '비구니'는 겉치레를 벗어던지고 내 안으로 들어가고 버림으로써 깨달음을 얻습니다. 그리고 끊임없이 묻고 또 자신과 대화를 나누지요.

움직이면서 한 생각이 아니라면 믿지 마라

저는 전복의 철학자 니체로 인해 네 번의 전복을 경험했습니다.

첫 번째는 이성을 지배하는 근원적인 힘이 뇌력이 아니라 체력임을 깨달은 사건입니다. 유학 시절 저는 뇌력도 체력 없이는 발휘하기 힘들다는 점을 몸으로 느꼈습니다. 그때부터 신체를 단련하기 시작해서 별일이 없는 한 지금까지도 밥 먹듯이 운동을 하는 습관을 만들었습니다. 모든 사유의 혁명은 신체성에서 비롯된다는 믿음을 갖게 되었습니다. 신체의 혁명이 사고방식의 혁명을 일으키는 근본적인 동력이라고 생각합니다. 뇌력은 체력에서 나온다는 확신도 이런 노력을 통해서 만들어진 산물입니다.

두 번째는 인식론적 혁명입니다. 박사 학위 논문을 쓸 때 통계적 방법을 활용하는 계량적인 논문을 쓰는 와중에 깨달은 인식론적 혁명입니다. 통계적 정교함을 추구해서 쓴 논문은 통계적으로는 유의미하지만, 실천적으로 무의미하다(Statistically significant, but practically no significant)

는 생각이 들자 회의감이 몰려왔습니다. 파리 앞다리의 움직임이 파리 몸통에 미치는 영향에 관한 연구로 석사 학위를 받는다고 해도 파리 앞다리를 몸통에서 떼어서 연구한 결과이기에 죽은 파리 앞다리를 통해 파리를 알 길이 없는 통계적 논문은 앎의 통증을 유발할 뿐입니다. 이런 인식론적인 혁명은 제가 그동안의 계량적인 연구를 폐기하고 삶의 질적 의미를 연구하는 학자로 거듭나게 해주었습니다.

> 가능한 한 앉아 있지 말라; 야외에서 자유롭게 움직이면서 생겨나지 않은 생각은 무엇이든 믿지 말라. ― 근육이 춤을 추듯이 움직이는 생각이 아닌 것도 믿지 말라. 모든 편견은 내장에서 나온다. 꾹 눌러앉아 있는 끈기 ― 이것에 대해 나는 이미 한 번 말했었다 ― 신성한 정신에 위배되는 진정한 죄라고.
>
> _니체, 『이 사람을 보라』

실천하는 생의 철학을 하지 않고 책상에 앉아 고민하는 관념적 철학을 거듭할수록 내 안에 쌓이는 것은 지식도, 지혜도 아닙니다. 수많은 편견만이 내장에서 만들어질 뿐이죠.

> 박식한 학자의 책에서는 또한 거의 언제나 억누르고 또 억눌린 어떤 것이 느껴진다: 어디에선가 "전문가"의 티를 내는 것이다. 그의 열성과 진지함, 원한, 그가 앉아서 생각을 짜내는 구석 자리에 대한 과대평가, 그의 곱사등에서 ―

모든 전문가는 곱사등을 가지고 있다. 학자의 책은 또한 언제나 굽은 영혼을 반영한다. 모든 전문 수공업은 구부리는 일을 하기 때문이다.

_니체, 『즐거운 학문』

　니체가 왜 이성보다 신체성을 강조하는지 짐작이 가는 대목입니다. 전문가는 책상머리에 오랫동안 앉아서 계속 연구만 하기 때문에 곱사등이 생기고 내장이 꼬여서 편견이 나온다는 겁니다. 그런 연구는 그만하고 격전의 현장에 몸을 던져 디오니소스적 광기로 무장된 신체성을 기반으로 연구 활동을 전개할 때 자기만의 새로운 철학적 사유 체계를 구축할 수 있습니다.

　이런 연장선상에서 제가 맞은 세 번째 전복과 파괴의 혁명은 관계론적인 혁명입니다. 서양 철학에서는 존재가 관계를 압도하는데 동양 철학은 반대로 관계가 존재를 결정합니다. 관계없는 존재는 없습니다. 듀이의 특정 상황 속에서 상호 작용하는 관계가 존재의 의미와 가치를 결정한다는 입장과 일맥상통합니다.

　마지막으로 제가 체험한 전복과 파괴는 가치론적 혁명입니다. 저는 과거에 목숨을 잃을 뻔한 교통사고를 당한 적이 있습니다. 그 후 가치관에 혁명이 일어나는 경험을 했습니다. 워커홀릭으로 살며 앞만 보고 직선으로 달리다가 하늘나라로 가기 직전에 기사회생하면서 삶의 가치에 대해 심각하게 고민해보게 된 것이지요. 직선의 가치관이 곡선의 가치관으로 바뀌고 직선적 사유는 곡선적 사유로 바뀌었습니다. 사고의 전복이 혁명적으로 일어난 것입니다.

니체는 나력을 회복하기 위해 세 가지 질문을 던집니다. 첫째, 나는 진정 나로 살고 있는가. 이 질문을 스스로에게 던져놓고 니체 자신처럼 뒤흔들라고 명령합니다. 거미가 거미줄에 먹이가 걸리면 거미줄을 주기적으로 흔들듯, 우리도 자신이 근거하는 신념이나 옳다고 믿는 가정을 뒤흔들어봐야 합니다. 그래야 잘못된 믿음의 근거를 발견할 수 있습니다. 두 번째, 낡은 나를 파괴하고 허위적 가치관의 굴레에서 벗어나고 있는가. 나를 옭아매는 초월적 가치관이나 형이상학적 신념의 덫에서 탈출하여 새로운 가치 체계 속에 나를 새롭게 건축하라는 메시지입니다. 세 번째, 나는 끊임없이 새롭게 재탄생하고 있는가. 니체가 이상적 인간상으로 설정한 '위버멘쉬(Übermensch)'처럼 부단히 변신을 거듭하라는 메시지입니다.

운명을 사랑한다는 것의 의미

모든 것은 가고, 모든 것은 되돌아온다. 존재의 바퀴는 영원히 돌고 돈다. 모든 것은 죽고, 모든 것은 다시 소생한다. 존재의 해(年)는 영원히 흐른다.

모든 것은 꺾이고, 모든 것은 다시 이어진다. 똑같은 존재의 집이 영원히 지어진다. 모든 것은 헤어지고, 모든 것은 다시 만나 인사를 나눈다. 존재의 바퀴는 이렇듯 영원히 자신에게 신실하다.

매순간 존재는 시작된다. 모든 여기를 중심으로 저기라는 공이 굴러간다. 중심은 어디에나 있다. 영원이라는 오솔길은 굽어 있다.

_니체, 『차라투스트라는 이렇게 말했다』

비록 힘들고 어려운 삶이 펼쳐지더라도 미래의 행복을 추구하는 목적을 위해 지금 이 순간을 수단적 도구로 전락시키지 말아야 합니다. 지금 어쩔 수 없이 견뎌내는 고통스러운 삶이 앞으로도 영원히 반복되기 때문에 "지금 인생을 다시 한 번 완전히 똑같이 살아도 좋다는 마음으로 살아라!"라고 차라투스트라는 외치고 있습니다. 지금 하고 있는 고생을 조금만 참고 견디면 언젠가는 좋은 날이 올 것이라는 가정과 믿음은 니체의 '영원회귀'에 비추어보면 완전히 잘못된 생각입니다. 지금 나의 삶의 자세와 태도가 앞으로 도래할 삶을 결정합니다. 비록 오늘의 삶이 생각대로 풀리지 않고 힘겹게 지나갔다고 해도 거기서 안간힘을 쓰면서 의미를 부여하고 가치를 창조하는 삶을 살아가야 합니다.

운명을 탓할 시간이 없습니다. 운명을 끌어안고 뜨겁게 사랑하는 아모르 파티(amor fati), 즉 운명애(運命愛, Love of Fate)가 필요한 이유입니다. 운명을 사랑한다는 것은 운명을 아름답게 창조하는 것입니다. 운명을 사랑하라는 말은 결국 자신의 삶을 사랑하라는 말입니다.

그런데 이때 질문을 빼놓지 않아야 합니다. 내가 사랑할 만한 삶이 무엇인지, 그런 삶을 위해서 나는 지금 어떤 노력을 기울이고 있는지 스스로에게 물어야 합니다. 니체의 '영원회귀' 논리에 따라, 어차피 지금 살고 있는 인생의 모든 순간이 앞으로도 영원히 반복될 것이라면 우리는 부정과 회의에 빠지지 말고 내 운명을 사랑해야만 합니다. 이전과 다른 삶을 살아가기 위해 부단히 변신하며 어제와 다른 나로 다시 태어나는 삶을 살아야 합니다.

니체는 힘든 삶을 살아가는 우리 모두에게 이상적인 인간상으로 위버멘쉬를 내세웁니다. 끊임없는 자기 변신을 통해서 나다움을 찾아 부단한 자기창조를 거듭하는 인간상이 바로 위버멘쉬입니다.

> 너는 너 자신의 불길로 너 자신을 태워버릴 각오를 해야 하리라. 먼저 재가 되지 않고서 어떻게 새롭게 되길 바랄 수 있겠는가!
>
> _니체, 『차라투스트라는 이렇게 말했다』

위버멘쉬는 자신을 불태워 재를 만들겠다는 각오로 매순간을 마지막 순간처럼 목숨을 걸고 살아가지요. 위버멘쉬에게 필요한 정신은 니체의 언어로 말하면 '힘에의 의지'입니다. '힘에의 의지'는 지금 이 상태에서 저 상태로 가기 위해서 위버멘쉬가 밧줄에 매달려 발버둥 치면서 살아가려는 그 의지입니다. 지금 상태를 벗어나 여기서 저기로 발

니체는 프랑스 남부 에즈 빌리지에서 바다가 내려다보이는 자그마한 길을 산책하며 사색을 즐겼다.
매순간 존재는 시작된다. 모든 여기를 중심으로 저기라는 공이 굴러간다.
중심은 어디에나 있다. 영원이라는 오솔길은 굽어 있다.

버둥 치며 성장하려는 의지입니다. 그것은 개인 차원에 머무르지 않고 인간관계에도 작용하는 의지입니다. 서로가 서로에게 영향을 주는 인간관계에서 생성되는 관계적 의지이기도 합니다. 만나면 마음이 통해서 저절로 에너지가 생기고 서로에게 힘이 되는 사람이 있습니다. 힘에의 의지는 개인의 의지기도 하지만 관계 속에서 힘을 주고받으며 시너지를 만들어가는 의지입니다.

도발적인 질문, 음표 없는 악보

'용접공(welder)'이라는 시계 브랜드가 있습니다. 제가 이 시계를 주목하는 이유는 발상이 남다르기 때문입니다. 정밀함을 추구하는 시계 산업의 섬세한 이미지와는 좀 대조적이지요. 이 시계를 주문하면 용접공이 쓰는 공구박스처럼 생긴 상자에 담아서 보내줍니다. 이 시계의 파격적인 발상은 시계 가운데 쓰여 있는 'since 2075'라는 문구입니다. 정상적인 영문법에 따르면 since라는 단어 뒤에는 과거 시제가 와야 하는데, 이 시계는 미래 시제를 썼습니다. 시계가 내세우는 슬로건은 "Welding of Time". 시간을 용접하겠다는 뜻입니다. 2075년까지 시간을 거슬러 올라가면서 우리가 보내는 매순간의 시간을 용접해서 2075년이라는 미래를 만들겠다는 발상처럼 들립니다. 니체 식으로 이야기하면 기존 정상적인 시간관념을 전복하고 비정상적인 역발상으로 평범한 시계를 색다르게 보이도록 했습니다. 만약 이 시계 회사가 'since 1975'처럼 평범하게 설립연도를 제시했다면 그 누구도 주목하지 않았을 것입니다. 모두가 당연하다고 생각하는 가정을 거두어낼 때 새로운 것이 탄생합니다.

누군가는 이런 도발적인 질문을 던졌습니다. 선풍기에는 꼭 날개가 있어야 할까? 색다른 질문은 저항을 부르기도 하지만 감동을 불러오기도 하지요. 정상적인 질문은 정상적인 답을 갖고 오지만 비정상적인 질문은 비정상적인 답을 찾아옵니다. 날개 없는 선풍기는 정상적인 사람들의 선풍기에 대한 고정관념을 보기 좋게 깨부순 순간 태어난 비정상적 사유의 산물입니다. 침이 없는 스테이플리스 스테이플러(stapleless stapler)의 탄생 과정도 마찬가지입니다.

전위예술 음악으로 세계적 명성을 떨쳤으며 백남준에게 큰 영향을 끼친 작곡가가 있습니다. 존 케이지입니다. 그가 작곡한 〈4분 33초〉라는 곡은 비정상적 사유가 얼마나 색다르고 창의적인 결과를 가져오는지 보여줍니다. 이 작품은 마르셀 뒤샹이 레디메이드(Readymade, 기성품)인 남자 소변기를 〈샘〉이라는 제목을 붙여 출시했던 것만큼이나 충격적입니다. 〈4분 33초〉는 3악장으로 되어 있지만, 이 곡의 악보에는 음표 하나 등장하지 않습니다. 악보에 적힌 것이라고는 'I. Tacet', 'II. Tacet', 'III. Tacet'뿐입니다. 타셋(Tacet)은 침묵을 의미합니다. 하지만 이

곡은 공연장에서 연주되고 있습니다. 연주자가 등장하고 객석엔 관객이 있습니다. 연주를 통해 나오는 소리를 소거하는 대신 자연과 일상에서 들을 수 있는 모든 소리가 음악이 됩니다. 연주자는 연주하고 청중은 그 음악을 들어야 한다는 고정관념을 깨고 우리 주변에서 들을 수 있는 모든 소리가 음악이라는 새로운 해석을 시도합니다. 음악에 대한 개념을 새롭게 정의한 것이지요.

니체가 말하는 전복과 파괴, 그리고 가치의 전도는 개념의 재정의에서 시작됩니다. 물론 그것도 음악이냐는 비난과 조롱도 없지 않았습니다. 하지만 존 케이지는 악기가 내는 소리만 음악이 된다는 고정관념을 거부했습니다. 소음을 포함해서 인간이 들을 수 있는 모든 소리가 다 음악이 될 수 있다는 새로운 음악 개념을 제시한 것이지요.

모든 혁신은 원래 그런 세계, 당연하다고 생각한 일상, 으레 그런 것이라고 치부해버린 세상에 문제를 던져 시비를 걸고 의문을 제기하는 가운데 일어납니다. 정의(定義)를 바꾸지 않으면 남이 정의한 세계에 갇혀 살 수밖에 없습니다. 혁명을 일으키고 혁신을 주도한 사람들의 공통점은 자기만의 정의로 세상을 다시 바라보았다는 점입니다. 정의를 바꿔야 세상이 다르게 보이기 시작합니다.

시작하지 않으면 아무것도 시작되지 않는다

> 모든 깊은 우물에 있어서 체험은 더디다. 무엇이 그 깊은 곳에 떨어졌는지를
> 알아내려면 오래 기다려야 할 것이다.
>
> _ 니체, 『차라투스트라는 이렇게 말했다』

더디게 다가오는 니체 철학의 심연은 우리들이 살아내기 위해 노력한 깊이만큼 다다를 수 있습니다. 이제 니체가 던진 철학적 화두를 나의 삶에 적용하고 실천하면서 삶의 철학자로 거듭나는 길이 남았습니다. "지금의 삶을 다시 한 번 완전히 똑같이 살아도 좋다는 마음으로 살아라." 나는 과연 어떤 삶을 살고 있는가, 질문해보아야 합니다.

> 모든 것의 시작은 위험하다. 그러나 무엇을 막론하고, 시작하지 않으면 아무
> 것도 시작되지 않는다.
>
> _니체, 『인간적인 너무나 인간적인 II』

위험한 사람은 생각하는 사람이 아니라 행동하는 사람입니다. 행동하는 사람만이 니체 철학을 실천하며 배울 수 있습니다.

루트비히 비트겐슈타인의 **언어철학**

언어의 쓸모를 바꿔서
창의적인 사람이 되는 방법

chapter
04

Ludwig Josef Johann Wittgenstein

1889. 4. 26.~1951. 4. 29.

체코에 "Words create worlds"라는 슬로건을 내건 서점이 있습니다. '단어가 세계를 창조한다'는 뜻인데, 이와 일맥상통하는 주장을 펼친 철학자가 있습니다. 오스트리아 태생의 언어철학자 비트겐슈타인입니다. 그는 "언어의 한계가 내 사고의 한계"라는 명언을 남겼습니다. 내가 갖고 있는 단어가 내가 창조하려는 세계를 결정한다는 것이지요. 다른 세계를 창조하려면 다른 단어가 필요합니다. 내가 사용하는 단어가 바뀌지 않으면 내가 창조하고 싶은 세계도 바뀌지 않습니다.

이번 시간에는 비트겐슈타인의 언어철학을 통해, 언어가 어떻게 우리의 사유를 지배하고, 세계를 확장하며, 나를 성장시킬 수 있는가 하는 문제를 생각해보려고 합니다.

언어적 해상도를 높이라

언어가 틀에 박히면 생각도 틀에 박혀서 생각지도 못한 뜻밖의 생각은 불가능합니다. 타성에 젖은 언어를 반복해서 사용하면 자신도 모르게 습관적으로 동원하는 언어의 틀에 갇힙니다. 언어적 점성(粘性)이 생겨서 다르게 생각하는 길을 원천 봉쇄당하지요. 언어적 점성이라 함은 귀뚜라미라는 단어를 떠올리면 으레 '귀뚤귀뚤'이라는 의성어가 연상되는 현상 같은 것이지요. 언어적 점성이 생기면 웬만한 노력으로는 그 점성을 깨고 다른 언어를 연상할 수 없습니다.

책을 많이 읽은 사람은 언어적 점성에서 벗어나 다양한 표현을 자유자재로 할 수 있습니다. 예를 들면 '책상 위에 책이 (   )'라는 문장의 (   ) 안에 들어갈 말을 한번 생각해보세요. 어떤 표현이 떠오르나요? '책이 놓여 있다', '책이 누워 있습니다', '책이 쌓여 있다' 정도를 생각해냈다면 그만큼 수평적 연결망의 다양화가 좁은 사람입니다. '책상 위에 책이 춤을 춥니다', '책상 위의 책이 다른 책과 대화를 나눕니다', '책상 위의 책이 침묵과 속삭입니다'와 같이 다양한 분기점을 보이는 것은 방대한 독서의 산물입니다. 풍부한 배경지식 간 연상 기회를 확대하면서 틀에 박힌 표현에서 계속해서 벗어나는 것이죠. 독서를 통해 다양한 언어를 익히고 사고의 깊이와 지평을 심화하고 확산한 결과입니다.

우치다 타츠루의 『소통하는 신체』에 '언어의 해상도'라는 개념이 나옵니다. 해상도가 좋은 카메라로 사물을 찍으면 사진 이미지가 선명하지요. 반면 해상도가 낮은 카메라로 찍은 사진은 형체가 분명하지 않고 뿌옇습니다. 글도 마찬가지입니다. 해상도가 높은 글을 읽으면 무엇을 설명하는지 선명하게 이미지가 그려집니다. 인간의 감정도 미적분 하듯이 잘게 쪼개서 구체적으로 묘사할 수 있는 사람은 그만큼 어휘력이 풍부한 사람입니다.

언어적 해상도가 높은 사람은 자신의 생각과 느낌에 상응하는 적확한 단어를 선정해서 구체적으로 기술할 수 있습니다. 반대로 어휘력이 짧은 사람은 감정 표현에 동원할 수 있는 단어가 극히 제한되어 있습니다. 그 사람이 쓴 글을 봐도 어떤 감정 상태인지를 알 길이 없습니다. 언어의 해상도를 높이는 방법은 여러 분야의 책을 편식 없이 읽고 적확한 개념을 적재적소에 사용하는 아름다운 문장을 많이 만나는 것입니다.

콩으로 30가지를 요리하는 비결

"Words create worlds"라는 문장은 "Words create foods"라는 문장으로 대체해도 같은 언어적 사용 원리가 작동합니다. 즉 내가 아는 언어의 한계가 내가 만들 수 있는 요리의 가짓수를 결정하는 것이지 요. 콩을 주제로 한 달 동안 매일 다른 음식을 만들어야 한다면 어떨까 요? 저는 이런 요리를 만들어볼까 합니다.

1일 콩

2일 나물

3일 콩나물

4일 콩나물국

5일 콩나물무침

6일 콩나물도리탕

7일 콩나물무쳐튀김

8일 콩나물무쳐튀김찜

9일 콩나물무쳐튀겨볶음

10일 콩나물무쳐튀겨쪄데침

11일 콩나물무쳐튀겨끓여조림

12일 콩나물무쳐빨아삶아끓여찜

13일 콩나물무쳐끓여던저받아튀김

14일 콩나물수육포떠또떠막떠다떠탕

15일 콩나물삶아건져담가말려찢어중탕

16일 콩나물끓여식혀덥혀익혀말려푹쪄찜

17일 콩나물다시무쳐끓여돌려주고받아데침

18일 콩나물다시무쳐다시끓여다시받아다시찜

19일 콩나물먹어뱉어다시삼켜다시게워그걸무침

20일 콩나물심어길러뽑아갈아끓여삶아데쳐때려탕

21일 콩나물말아돌려풀어볶아삶아끓여갈아모아튀김

22일 콩나물훔쳐들켜튀어잡혀맞아터져부어그걸밟아국

23일 콩나물꼬셔벗겨입혀볶아데쳐튀겨씻어빨아말려조림

24일 콩나물때려울려달래그걸볶아삶아무쳐조려다려불러탕

25일 콩나물끓여식혀무쳐줬다뺏어다시끓여식혀무쳐푹삶아탕

26일 콩나물잘라붙여갈라쪄무쳐던져받아놓쳐버려그걸주어볶음

27일 콩나물꼬아말려붙여늘려그걸잘라갈아뿌려주어팔아키워부침

28일 콩나물끓여말려갈아불려국쒀개줘때려뱉어모아삶아빨아신선로

29일 콩나물심어길러모아팔아골라골라때돈모아부어마셔망해도길러찜

30일 콩나물죽여살려밟아찢어꿰매눌러당겨돌려뽑아잘라갈라볶아말아국

Words create worlds에서 'worlds'를 기업에서 개발하고 싶은 신제품이나 서비스(products & services)로 바꾸어놓고 생각해보면 언어가 얼마나 중요한지를 체감합니다. 내가 사용하는 단어의 세계가 내가 상상하고 만들 수 있는 제품과 서비스를 결정합니다. 아무리 위대한 생각과 아이디어가 있어도 이를 표현할 수 있는 적절한 단어를 모른다면 이

전과 다른 제품과 서비스는 창조되지 않습니다. 어제와 다른 제품과 서비스는 어제와 다르게 표현할 수 있는 어휘력이 결정합니다.

다양한 경험을 해도 그 경험을 포착할 만한 적절한 개념을 가지고 있지 않다면, 그것은 알 것 같기도 하고 모를 것 같기도 하며 기억이 날 것 같기도 하지만 기억이 나지 않습니다. 결국 색다른 경험이 계속 축적되어도 그 경험이 내포하는 소중한 의미를 직확한 언어로 포착할 수 없습니다. 그렇게 되면 경험은 더 이상 나에게 의미를 가지지 못하고 사라지고 맙니다. 똑같이 여행을 다녀와도 누군가는 여행에서 마주친 체험을 자기만의 개념으로 포착하여 많은 사람들의 공감대를 자극하는 한 권의 책을 써냅니다. 하지만 누군가는 겨우 "재미있었다", "즐거웠다", "감동적인 광경이었다" 정도로밖에 표현하지 못합니다.

세상은 어떤 개념 렌즈로 바라보느냐에 따라 다르게 보이고 이해됩니다. 세상을 다르게 보고 남다르게 생각하고 싶다면 이전과는 다른, 남과는 다른 개념을 가지고 있어야 합니다. 언제나 세상은 내가 보유한 개념적 넓이와 깊이만큼 이해되고 해석될 수 있을 뿐이니까요.

언어는 '의미'가 아니라 '사용'이다

언어의 유일한 기능은 어떤 대상을 지시 혹은 서술하는 데 있으며, 따라서 한

세상을 다르게 보고 남다르게 생각하고 싶다면 이전과는 다른,
남과는 다른 개념을 가지고 있어야 한다.
세상은 내가 보유한 개념적 넓이와 깊이만큼 이해되고 해석될 수 있을 뿐이다.

언어의 의미는 그것이 지시하는 대상과 일치한다.

_비트겐슈타인, 『논리철학논고』

언어는 그것이 지시하는 대상을 그림처럼 1 대 1의 대응 관계로 정확하게 재현(representation)하는 기능을 가지고 있다는 주장입니다. 이런 점에서 비트겐슈타인의 전기 언어철학을 언어그림 이론이라고 합니다. 언어그림 이론은 "세계는 사물들의 총체가 아니라 사실들의 총체다", 그러니까 세계는 물이나 나무처럼 사물들로 구성된 것이 아니라 '물이 흐른다' 또는 '나무가 흔들린다'처럼 사물이 만들어가는 사실의 세계라는 것입니다. 여기서 언어는 낱말이 아니라 문장임을 알 수 있습니다. "차가 달린다"는 문장은 실제로 차가 달리는 모습을 그림처럼 지시하거나 묘사하고 있습니다.

언어그림 이론은 언어가 세계를 구성하는 사실들을 그림처럼 분명하게 반영할 때 의미가 있다고 보는 것입니다. 언어의 의미는 그것이 지시하는 대상과 1 대 1로 일치하는지의 여부에 달려 있습니다. 결론적으로 언어그림 이론은 지시하는 대상이 없거나 지시하는 대상과 정확히 일치하지 않는 언어는 무의미하다는 파격적인 주장인 셈이지요. 이런 주장에 따르면 "철수가 밥을 먹는다"거나 "영자가 글을 쓰고 있다"와 같은 말은 그것이 지시하는 대상과 정확하게 일치합니다. 비트겐슈타인은 언어는 현실을 고스란히 묘사해주는 그림과 같다고 생각하고 "말할 수 없는 것에 대해서는 침묵해야 한다"고 했습니다. 언어로 그림처럼 묘사할 수 없는 대상은 철학적 탐구 대상이 아니라고 생각한 것이죠. 언어는 세계를 구성하는 사실들을 얼마나 정확하게 그림처럼 묘사해내느냐에 따라 그 의미와 효용가치가 달라진다는 이론입니다. 그런데 과연 우리가 쓰는 모든 언어를 그림처럼 표현할 수 있을까요? 비트겐슈타인도 이런 자신의 생각에 결정적인 문제가 있다는 것을 깨닫게 됩니다.

비트겐슈타인은 '말할 수 없는 것에는 침묵해야 한다'는 말로 자신의 철학적 작업이 끝났다고 생각하고 케임브리지를 떠나 오스트리아 시골 마을에서 약 6년간 교사 생활을 합니다. 그런데 그때 그는 자신의 언어가 시골 아이들과 소통이 잘 되지 않는다는 것을 깨닫습니다. 자신이 경험적으로 터득한 언어의 세계와 시골 아이들이 일상적으로 사용하는 언어의 세계 사이에는 넘을 수 없는 벽이 존재함을 알게 됩니다. 말할 수 없는 것에 대해서 더 이상 침묵으로 일관할 수 없게 된 것이지요. 일상 언어에는 말할 수 없는 것들이 더 많다는 점을 깨닫고 자신의 언어그림 이론에 결정적으로 문제가 있음을 인식합니다. 비트겐슈타인은 이전까지 고수해온 자신의 개념을 폐기 처분합니다. 그리고 다시 새로운 개념을 물색합니다. 그것이 바로 '그림'이라는 개념에서 '게임'이라는 개념으로 언어철학적 사고를 전환한 역사적 사건입니다.

"물먹지 말고 물처럼 살아라"는 말은 어떤 대상을 지시하거나 서술하는 게 아니라 어떤 교훈을 다의적 의미로 전달하고 있지요. 언어 그림 이론으로 설명할 수 없는 의미를 내포하고 있습니다. "물이 흐르고 있다"는 문장은 지시하는 대상과 정확히 일치합니다. 하지만 "물먹지 말고"의 '물'은 "물이 흐르고 있다"는 문장에 쓰인 '물'과 전혀 다른 의미를 담고 있습니다. 동일한 '물'이지만 그 말이 쓰이고 있는 콘텍스트, 즉 맥락에 따라 전혀 다른 의미를 내포합니다.

비트겐슈타인이 새로운 개념을 물색한 끝에 발표한 작품이 『철학적 탐구』입니다. 그의 후기 철학의 핵심은 "언어에 관해서 알려거든 의미를 묻지 말고 사용을 물어라"라는 말에 집약되어 있습니다. 전기 철학에서는 언어를 안다는 것을 언어가 지시하는 사실적 대상을 그림처럼 동일하게 그려내는지의 여부를 아는 것으로 정의했다면, 후기 철학에서는 게임처럼 어떤 맥락에서 어떤 규칙과 용법으로 쓰이고 있는지의 여부를 아는 것이 언어를 아는 것이라고 했습니다. 그래서 비트겐슈타인의 후기 철학을 '언어게임 이론'이라고 합니다. 한마디로 한 낱말의 의미는 그것의 쓰임새에 달려 있다는 것입니다.

언어의 의미를 알고 싶으면 그 언어가 어떤 맥락에서 쓰이고 있는지 용도를 물어보라는 것입니다. "잘한다"는 말은 남다른 성취를 이룬 사람에게 할 때는 칭찬이지만 기대 밖의 예상치 못한 잘못을 저지른 사람에게 할 때는 비난하는 말입니다. 즉 '잘한다'는 언어는 그것이 사용되는 문맥에 따라서 전혀 다른 의미를 드러내게 되는 것이죠. 언어는 의미가 아니라 사용이 결정합니다.

규칙은 의문의 대상이 아니다

게임은 그림과 다르게 게임에 참가하는 사람들이 지켜야 될 규칙이 존재합니다. 장기 게임에서 차(車)와 포(包)가 가는 길이 다른 것은 게임을 만들 때 천명한 약속입니다. 몇 가지 예외적인 경우는 있지만 차는 상하 및 좌우로 마음대로 원하는 곳에 다닐 수 있고, 포는 다른 장기짝 한 개를 반드시 넘어야만 움직일 수 있습니다. 이를 어기고 차를 포처럼 또는 반대로 움직이는 사람이 있다면 그 사람과는 더 이상 장기를 즐길 수 없겠지요. 그래서 비트겐슈타인이 『철학적 탐구』에서 "내가 규칙을 따를 때, 나는 선택하지 않는다. 나는 규칙을 맹목적으로 따른다"고 한 것입니다.

규칙이 정해져 있다면 그것에 의문을 던지지 않고 무조건 믿고 따를 때 게임을 지속할 수 있습니다. 규칙은 의문과 비판의 대상이 아니라 맹목적 믿음과 순종의 대상입니다. 규칙을 의심하는 순간 게임도 즐길 수 없고 같이 게임을 하는 사람과 소통도 할 수 없습니다. 게임을 가장 잘 배우는 방법은 물론 재미있게 즐기는 방법은 규칙을 맹목적으로 따르는 것이 기본입니다. 마찬가지로 특정한 공동체에서 언어를 사용하는 방식은 그 사람들이 사전에 정한 규칙에 따라 맹목적으로 그와 같은 방식으로 사용하는 것입니다. 그 규칙을 왜 그렇게 사용하느냐고 질문하는 순간 그 사람은 해당 공동체에 있는 사람과 언어를 사용해서 소통할 수 없습니다.

\

말은 문맥 속에서 몇 번이고 다시 태어난다

어린아이가 처음 말을 배울 때 문법을 먼저 배운 다음 그 문법에 따라 말하지 않습니다. 어른들이 사용하는 말을 그대로 따라서 배울 뿐이죠. 여기서 문법은 비트겐슈타인이 말하는 규칙입니다. 문법 즉 규칙은 선택하지 않고 당연히 배워야 될 것으로 가정합니다. 같은 생활양식을 가지고 살아가는 사람들은 언어의 사용 방식에 관한 일정한 규칙을 공유합니다. 삶의 양식이 다른 공동체로 옮겨가면 다른 언어 사용 규칙을 따라야 합니다.

명절이나 생신을 맞이해 부모님을 찾아뵈려고 할 때, 부모님께 전화를 드리면 '바쁘고 거리도 먼데 안 와도 괜찮다'라고 하실 때가 있지요. 그런데 이 말이 정말 오지 말라는 뜻일까요? 그렇게 해석했다면 언어의 맥락적 의미를 잘못 파악한 것입니다. 실제로는 '그럼에도 불구하고 오면 좋겠다'는 속마음이 담긴 표현이지요. 엄마가 전화해서, "너 어디야?" 할 때 이 말은 어떤 의미일까요? 단순히 네가 지금 있는 장소를 묻는 것이 아닙니다. 그 의미까지를 포함해서 지금 무엇을 하고 있는지, 언제쯤 집에 오는지, 밥은 먹었는지, 몸 컨디션은 어떤지 등의 다양한 의미를 함축하고 있지요. 아는 사람을 만났을 때 하는 "식사하셨어요?"라는 질문 역시 실제 밥을 먹었는지를 묻고 있기도 하지만 단순한 인사말의 한 방편이기도 하지요.

인류학자 에드워드 홀은 『침묵의 언어』라는 저서에서 언어에는 저맥락 언어와 고맥락 언어가 있다고 했습니다. 우리말처럼 의도를 함축적인 언어로 우회적으로 표현하는 문화를 고맥락 문화(high context culture)라고 하고, 직설적이고 분명하게 자기 의사를 전달하는 문화를 저맥락 문화(low context culture)라고 합니다. 우리말에는 본심을 겉으로 드러내지 않고 은연중에 드러내서 상대방이 알아서 이해해주기를 바라는 표현이 유독 많습니다. 그래서 발화자가 쓰는 단어나 문장에 담긴 단서 파악에 신중을 기할 필요가 있습니다.

'번역할 수 없는 말들의 사전'이라는 부제가 붙은 『한국문화 특수 어휘집』에 따르면 한국에는 그 낱말이 쓰이는 사회문화적 맥락을 벗어나서는 결코 이해할 수 없는 말들이 있다고 합니다. 문법적 규칙만으로는 단어의 의미를 포착할 수 없는 맥락의존적 말이 많은 것이지요. 단어와 단어로 이루어진 문장의 의미는 단순히 단어들의 의미의 합이 아닙니다.

농담이 농담으로 인정받기 위한 조건

비트겐슈타인의 언어게임 이론은 문맥에 따라 동일한 말이라도 그 의미가 달라진다는 점을 강조합니다. 우리 주변에 보면 상황에 따라 말의 의미를 포착해서 맥을 잘 짚는 사람이 있는가 하면, 어떤 말이 왜 여기서 사용되고 있는지 그 의미를 잘 파악하지 못하고 맥을 못 추는 사람이 있습니다. 후자를 숙맥(菽麥)이라 합니다. 그런데 언어를 매개로 이루어지는 이 맥락적 사유가 잘 이루어져야 상대와의 소통이 잘 되는데 숙맥일 경우 관계 맺기에도 문제가 생기겠지요.

모든 발언(發言)은 언제나 맥락을 배경으로 그 의미가 전달되고 이해됩니다. 어떤 맥락에서 그런 발언을 했는지를 알면 발언자의 진의(眞意)를 파악할 수 있습니다. 하지만 발언이 이루어진 맥락을 거세하고 텍스트 메시지만을 드러내면 발언자의 진의와 관계없이 심각한 의문의 표현으로 오해될 수도 있습니다. 농담이 농담으로 받아들여지기 위해서는 전달자의 진의와 진의에 대한 청중의 의미 해석이 맞아떨어져야 합니다. 만약 메시지가 사용된 맥락을 이해하지 못할 때 농담은 진담으로 받아들여져 성적 비하 발언이나 청중을 무시하는 언사로 오해되기도 하지요.

한 강연자가 로댕의 〈생각하는 사람〉 이미지를 잠시 보여주고 바로 감춘 다음 방금 본 작품과 똑같은 자세를 취해보라고 요구합니다. 놀라운 사실은 이때 작품과 똑같은 자세를 취하는 사람이 거의 없다는 것입니다. 강연자는 다시 〈생각하는 사람〉 이미지를 보여주고 방금 자신들이 취한 자세가 얼마나 실제와 다른지를 실감하고 생각해볼 기회를 줍니다. 사진 속의 로댕은 오른쪽 팔꿈치를 왼쪽 허벅지 위에 올려놓고 생각하지만 대부분의 사람들은 편한 대로 오른쪽 팔꿈치를 책상에 올려놓거나 오른쪽 허벅지 위에 올려놓습니다.

사람들은 대체로 세상의 변화나 주변에서 일어나는 일들을 주의 깊게 관찰하지 않는다는 것을 알 수 있습니다. '대충' 보고 '대충' 생각하지요. 실험 뒤에 강연자가 이런 농담을 합니다. "오늘 로댕의 〈생각하는 사람〉과 똑같은 자세로 '생각하는 사람'이 없는 것으로 봐서 '생각이 없는 인간'들만 강연에 참석한 것 같아요." 그런데 이 말을 듣고 화를 내는 사람이 있을 수 있습니다. 강사가 "우리에게 생각이 없는 인간"이라고 비난을 했다고 항의를 할 수 있습니다. 농담으로 던진 발언이 누군가에게는 진담으로 다가간 것이지요. 강연을 처음부터 듣지 않고 중간부터 들은 사람일 수도 있고, 말의 맥락 자체를 오해한 사람일 수도 있습니다. '생각이 없는 인간'이라는 말은 전후좌우 배경 설명과 맥락적 이해 없이 사용될 때는 비하 발언이 될 수 있습니다. 하지만 이 말은 그것이 쓰인 맥락에 따라 가벼운 농담이 되기도 합니다.

개념 없는 사람

비트겐슈타인은 '언어의 한계가 사고의 한계를 규정한다'고 했지요. 여기서 '언어의 한계'는 여러 의미로 받아들일 수 있습니다. 새로운 개념을 주기적으로 습득하는 노력을 게을리 할 경우 언어적 한계가 올 수 있고, 기존 개념을 이전과 다르게 의미를 부여해서 재개념화하는 노력을 하지 않아도 언어적 한계에 봉착합니다. 색다른 개념과 부단히 접속할 뿐만 아니라 익숙한 개념의 색다른 용법을 배우는 노력을 전개할 때 언어적 한계는 어느 정도 극복할 수 있습니다.

우리말 중에 외국어로 번역이 불가능한 미묘한 뉘앙스의 차이가 있는 말들이 있습니다. 언뜻 비슷해 보이는 단어들의 뜻과 서로 다른 차이를 알고 있다고 생각하지만 막상 그것을 설명해보라고 하면 말하지 못할 때가 많습니다. 방망이와 몽둥이는 어떤 차이가 있을까요? 방망이는 태어날 때부터 목적과 용도가 정해져 있습니다. 빨래방망이, 야구방망이처럼요. 몽둥이는 용도가 정해져 있지 않습니다. 이 세상의 모든 것이 다 몽둥이로 변신할 수 있습니다. 마개와 뚜껑이라는 단어도 있지요. 화가 날 때 뚜껑이 열린다고 하지, 마개가 열린다고는 하지 않습니다. 뚜껑은 겉 표면만 둘러싸고 있는 것입니다. 탄산음료 병의 뚜껑이나 물병 뚜껑, 소주나 맥주병 뚜껑처럼 겉에서 용기 안에 들어 있는 내용물이 밖으로 나오지 못하도록 겉 표면을 둘러싸고 있는 게 뚜껑입니다. 반면에 마개는 와인병의 코르크처럼 안으로 들어가서 내용물의 유출을 방지하는 것입니다. 그것을 제거하는 행위의 차이를 생각해보면, 마개는 잡아서 뽑아내는 것이고 뚜껑은 돌려서 따는 것입니다.

　이번에는 좀 더 난이도가 높은 단어를 볼까요. 엉덩이와 궁둥이는 어떤 차이가 있을까요? 궁둥이는 여러분이 의자에 앉았을 때 의자하고 내 살이 닿는 접촉 부위만을 말합니다. 볼기의 아랫부분으로 앉으면 바닥에 닿는 부분입니다. 나머지 의자에 닿지 않는 궁둥이 부위에서 허벅지 위쪽 부위 정도까지를 엉덩이라고 합니다. 한자로 둔부(臀部), 영어로 히프(hip)라고 하지요.

　이번에는 한자 표현을 예로 들어볼까요. 직업을 표현한 말 중에 회사원(會社員)과 예술가(藝術家), 대사(大使), 판검사(判檢事)와 변호사(辯護士), 그리고 교사(教師)는 각각 원(員)과 가(家), 다른 의미의 사(使, 事, 士, 師)로 끝나는 한자를 쓰고 있습니다. 이런 직업의 보편적 차이를 알기 위해서는 한자의 차이를 구분할 필요가 있습니다. 우선 원(員)으로 끝나는 직업, 예를 들면 회사원(會社員), 공무원(公務員), 종업원(從業員), 세관원(稅關員), 미화원(美化員), 경비원(警備員), 특파원(特派員), 상담원(相談員), 판매원(販賣員), 안내원(案內員), 승무원(乘務員), 은행원(銀行員), 교환원(交換員), 취재원(取材源). 집배원(集配員)은 특정 조직에 소속되어 있어 일정한 시간에 출근해서 주

언어의 한계가 생각의 한계를 결정한다.

어진 시간 동안 일을 하고 퇴근하는 직업입니다. 한마디로 특정 조직이나 기관의 일원(一員)이 된 사람입니다. 일원이 된 사람은 반드시 남의 집으로 출근해야 된다는 부담감이 있습니다. 물론 남의 집으로 출근하는 일이 즐거운 사람도 있겠지만 일원이 된 사람은 지켜야 할 규칙과 의무가 있고 책임을 지고 일정한 기간 안에 주어진 목표를 달성해야 됩니다. 일원이 된 사람은 각자 맡은 분야에서 독창성을 발휘할 수 있는 가능성이 남아 있지만 어느 정도 매일 반복되는 일을 습관적으로 하는 사람이라는 공통점이 있습니다.

이에 반해서 '가(家)'로 끝나는 직업은 '원(員)'으로 끝나는 직업과 어떻게 다른가요? 평론가(評論家), 소설가(小說家), 문학가(文學家), 사상가(思想家), 연출가(演出家), 비평가(批評家), 작곡가(作曲家), 예술가(藝術家), 성악가(聲樂家), 조각가(彫刻家), 건축가(建築家), 미식가(美食家), 탐험가(探險家), 수필가(隨筆家), 여행가(旅行家), 저술가(著述家), 역사가(歷史家), 만화가(漫畵家), 무용가(舞踊家), 서도가(書道家) 등 무수히 많은 직업이 가(家)로 끝납니다. 이들 직업이 '-원(員)'의 직업에 비해 가장 두드러진 특징은 특정 기관에 소속되어 활동하기보다 한 분야에서 일가(一家)를 이룬 사람이라 자기 집(家)이 있다는 점입니다. 일원이 된 사람과 일가를 이룬 사람의 가장 중요한 차이는 지금 하고 있는 일이 내 일인지 아니면 남의 목적을 달성하기 위한 일인지의 여부에 달려 있습니다. 일원이 된 사람은 소속된 조직이나 기관에서 이미 결정된 일을 일정한 방식으로 해내야 되지만 일가를 이룬 사람은

저마다의 독창적인 방식으로 자기 색깔과 스타일을 드러내지 않으면
자기다움을 상실하고 곧 존재 이유를 잃어버립니다. 이들은 비교 기준
이 다른 사람이 아니라 어제의 나입니다. 화가 빈센트 반 고흐는 피카
소와 비교하지 않고, 소설가 밀란 쿤데라는 톨스토이의 스타일을 모방
하지 않습니다. 오로지 자기만이 할 수 있는 스타일을 개발하는 일에
몰두할 뿐이죠. 경쟁 상대는 오로지 어제의 나입니다. 나아지기 위해
다른 방법으로 개발하지 않으면 경지에 다다르지 못합니다.

『언 다르고 어 다르다』의 저자 김철호는 비애(悲哀)의 비(悲)가 일시
적이고 옅은 슬픔이라면 애(哀)는 슬픔보다 서러움 또는 설움에 가깝다
고 합니다. "슬픔이 비교적 짧게 지나가는 감정인 데 비해 설움은 웬만
해서는 사라지지 않는 길고도 깊은 감정"이라는 것이지요. 그래서 우
리는 애절(哀切)한 애원(哀願)이나 애걸복걸(哀乞伏乞)하는 사람 앞에서 속수
무책인 경우가 많습니다. 애인(愛人)과 연인(戀人)은 똑같이 사랑하는 사
람을 지칭하지만 미묘한 뉘앙스의 차이가 존재합니다. 애인은 주로 구
어체 문장에서 연인은 문어체 문장에서 고풍스럽게 사용된다고 그 차
이를 구분하기도 하지만, 결정적 차이는 애인은 사랑하는 어떤 상대
를 지칭하지만 연인은 사랑하는 남녀 두 사람을 지칭한다는 것입니다.
"다정한 연인이 손을 잡고 있다"는 어색하지 않지만 "다정한 애인이 손
을 잡고 있다"는 말은 어색하지 않나요?

나의 한계를 극복하는 언어를 경작하라

새로운 언어가 필요할 때, 세종대왕처럼 새로운 문자를 다시 창제할 필요는 없습니다. 지금 쓰는 언어를 다르게 사용하면 새 언어가 창조되는 것입니다. 익숙한 사용 방식을 바꿔 낯설게 사용할 때 동일한 언어라고 할지라도 전혀 다르게 와닿습니다. 물론 단어 자체를 부분적으로 변형해서 색다른 의미로 재창조하는 방법도 있습니다. 아니면 기존 단어의 조합이나 배치를 바꿔 낯선 의미를 만들 수도 있습니다.

언어 경작을 통해서 언어의 한계를 극복하는 것이지요. 첫 번째 방법은 단어를 뒤집어 생각의 물구나무를 서보는 것입니다. '역경(逆境)'을 뒤집으면 '경력(經歷)'이 된다거나 '금지'를 뒤집어 '지금' 하면 된다는 말과 같은 언어유희가 여기에 해당됩니다. 좀 더 예를 들어볼까요. 남다른 '경력'을 쌓으려면 남다른 '역경'을 경험해야 합니다. '교육(教育)'을 뒤집으면 '육교(陸橋)'가 됩니다. '교육'은 지금 여기서 미래로 가는 '육교'를 건설하는 업입니다. '기자(記者)'를 뒤집으면 '자기(自己)'가 되고, '기사(記事)'를 뒤집으면 '사기(詐欺)'가 되며, '사설(辭說)'을 뒤집으면 '설사(泄瀉)'가 됩니다. '기자'는 '자기'가 쓴 '기사'나 '사설'에 이름을 걸고 글을 쓰는 사람입니다. 그렇지 않은 '기자'가 쓴 '기사'는 '사기'가 되고, '사설'은 '설사' 해놓은 관념의 파편에 지나지 않을 수도 있습니다. '일생(一生)'을 목숨

걸고 살지 않으면 '생일(生日)'조차 맞이할 수 없으며. '성숙(成熟)'하는 시간을 의도적으로 마련하지 않으면 절대로 '숙성(熟成)'되지 않습니다. 세상의 소음과 '단절(斷絕)'하지 않으면 인생이 '절단(絕斷)'날 수 있으며, '성품(性品)'을 곱게 가꾸지 않으면 '품성(品性)'마저 망가집니다. '수고(手鼓)'하지 않으면 '고수(高手)'가 될 수 없으며, '체육(體育)'으로 몸을 단련하지 않으면 '육체(肉體)'를 잃을 수 있습니다.

두 번째 방법은 시작 또는 끝나는 말을 같은 단어로 조합해서 의미도 기억하기 쉽게 만드는 방법입니다. '뒷길이나 옆길로 빠져 헤맬 때도 있었고 갓길이나 샛길로 가끔 샐 때도 있었네'같이 단어를 조합하는 방법입니다. '살길을 찾다 숨길조차 막히고 발길 닿는 대로 하염없이 걸었었지'라는 말처럼 '길'이라는 말로 운율을 맞추면서도 새로운 의미를 만드는 방법입니다. 이를테면 이런 식이죠. '세상에는 6가지 지식이 존재한다. 숙성된 지식을 만드는 묵은지(知), 모든 지식의 토대가 되는 근거지(知), 문제 해결에 도움이 되는 결정적인 한 가지(知), 공동체 발전에 기여하는 이바지(知), 기존 통념을 깨는 뚱딴지(知). 색다른 상상력의 세계로 인도하는 별천지(知), '초심으로 출발해서 뒷심으로 마무리되는데 초심이 뒷심으로 연결되는 중간에 중심이 있다. 중심이 흔들리면 초심도 뒷심도 발휘할 기회를 상실한다. 중심은 신념이다. 신념이 흔들리면 모든 게 흔들린다. 신념(信念) 없는 개념(槪念)은 관념(觀念)에 지나지 않는다. 개념에 자신의 철학과 열정, 그리고 용기를 추가하지 않으면 개념은 현실 변화에 전혀 도움이 되지 못하는 관념의 파편에 지나지 않을 수 있다.' 이런 개념 놀음의 원동력은 풍부한 어휘력, 동의어와 반의어에 대한 지식, 그리고 한자의 의미를 이해하는 능력입니다.

세 번째 방법은 언어적 운율을 맞춰서 의미를 극대화하는 언어유희입니다. 단순히 단어의 물리적 운율을 맞추는 두 번째 방법과는 다릅니다. '스치면 인연이요 스미면 연인이 된다'는 말은 의미론적 운율을 띠는 사례입니다. '한계는 한 게 없는 사람의 핑계다', '공사다망(公私多忙)하면 다 망(亡)한다', '이기적(利己的)으로 살아야 기적(奇蹟)이 일어난다', '체험 없는 개념은 관념이고, 개념 없는 체험은 위험하다', '지성 없는 야성은 야만이고, 야성 없는 지성은 지루하다'는 말도 의미론적 운율을 맞춘 언어유희에 해당됩니다.

네 번째 방법은 동음이의어, 즉 같은 한글이지만 다른 한자로 색다른 의미를 찾아보는 언어유희입니다. '사고(事故)를 쳐야 이전과 다른 사고(思考)가 생긴다', '운동하는 동안은 동안(童顔)이다' 같은 말을 예로 들 수 있겠습니다. 시작하는 말이나 끝나는 말을 통일시켜 글의 운율을 줄 뿐만 아니라 발음은 동일하지만 한자어로는 다른 의미를 갖고 있는 개념을 연결시켜 편집하면 색다른 의미가 생겨납니다. 이를 테면 다음과 같은 것이지요. '사색(思索)과 사색(死色), 사고(思考)와 사고(事故)를 비교하면서 글을 편집하는 것이다. 사색(思索)하는 시간을 갖지 않으면 사색(死色)이 될 수 있다. 사색은 홀로 사유(思惟)하는 시간을 통해서 삶의 의미를 반추하는 사고(思考) 과정이다. 사고(思考)하지 않으면 심각한 사고(事故)가 날 수 있다. 남다른 사고를 하기 위해서는 남다른 길, 길 밖의 길을 가야 한다. 길을 벗어나면 다른 사고(思考)를 할 수 있지만, 남들이 달려간 도로를 벗어나면 심각한 사고(事故)가 난다.'

다섯 번째 방법은 단어를 일정한 의미 단위로 분할해 본래 단어가 지니고 있는 의미를 더욱 풍부하게 만들어주거나 색다른 의미를 부여해서 전혀 다른 느낌을 갖게 만드는 언어유희입니다. '끄트머리'라는 말을 '끝'과 '머리'의 합성어라고 생각하거나 '의미심장'은 '의미'가 '심장'에 꽂힌다고 해석하는 경우입니다. 우리말과 한자에 대한 어휘력은 물론 영어 어휘력도 편집력을 향상시키는 데 많은 도움을 줍니다. 한번 예를 들어볼까요? '영어 단어 Live를 뒤집으면 Evil이 된다. 올바른 삶(live)을 살지 않으면 죄악(evil)이 될 수 있다는 의미로 해석할 수 있다', 'Life 안에는 if라는 말이 들어 있다. 삶은 수많은 가정법과 가능성으로 구성되는 과정인 것을 알 수 있다', 'together라는 영어 단어는 to+get+her의 약자이다. 우리가 투게더(together)하는 이유는 그녀(her)를 얻기 위해서(to get)다. 기업의 입장에서 그녀는 고객이고, 강연하는 사람 입장에서 그녀는 청중이며, 정치가 입장에서 그녀는 국민이다. 고객, 청중, 국민과 더불어 살아가는 삶이 되려면 그들의 마음을 얻어야 된다' 등 우리가 이미 알고 있는 말들 속에서 또 다른 의미는 언제고 다시 발견될 수 있습니다.

마지막 방법은 벨기에의 초현실주의 화가 르네 마그리트가 개발한 데페이즈망(dépaysement) 기법을 차용하는 방법입니다. 데페이즈망은 익숙한 이미지의 낯선 조합을 의미합니다. 익숙한 '얼룩말'과 '사자'를 합성하면 낯선 '얼룩말 사자'가 탄생하는 것과 같은 것이죠. 익숙한 개념의 낯선 조합도 같은 효과를 가져옵니다. 우리에게 익숙한 '지식'과 '산부인과의사'를 조합하면 낯선 '지식산부인과의사'가 탄생합니다. '체인지(體仁智)'라는 단어를 발음하면 영어의 'Change'와 같습니다. 나를 비롯해 세상을 '체인지'하려면 우선 몸으로 체험(體)해보면 가슴으로 공감(仁)되며 머리로 정리가 되어 지혜(智)가 탄생된다는 의미를 담고 있습니다. 변화는 책상에 앉아서 머리로 지식을 습득해서는 일어나지 않습니다. 직접 내가 몸을 움직여 시행착오를 겪고 가슴으로 느낄 때 깊은 깨달음과 함께 지혜가 체화된다는 것이지요. 체화된 지혜만이 나를 바꾸고 세상을 바꿀 수 있습니다.

언어(言語)가 만드는 형언(形言)할 수 없는 모국어(母國語)의 세계는 배워도 끝이 없는 무한 탐구 영역입니다. 중언부언(重言復言)해서도 안 되고 유언비어(流言蜚語)를 퍼뜨려도 안 되는 세계, 미사여구(美辭麗句)를 동원한 설명(說明)과 감언이설(甘言利說)로 시도하는 설득(說得)도 통용되지 않는 다양한 품사(品詞)의 세계입니다. 경험담(經驗談)이나 목격담(目擊談), 횡설수설(橫說竪說)이나 천일야화(千一夜話)만으로도 강변(强辯)할 수 없는 언중유골(言中有骨)의 세계이자 잘난 체하고 과장하며 떠벌리는 고담준론

(高談峻論)의 세계도 아닙니다. 분명한 논리와 이론적 무장을 통해 끊임없이 배우고 넘어야 할 산이 바로 언어의 세계입니다.

경지에 이른 사람은 언어 사용 방식이 남다릅니다. 나와 남을 구분해주는 것도, 나를 유일한 나로 만들어주는 것도 언어 사용 방식에 달려 있습니다. 우리는 작가, 화가, 음악가 등 소위 예술가로 일컬어지는 사람들만이 자기만의 언어로 독창적인 세계를 열어간다고 생각하지요. 하지만 평범한 우리 역시 나의 언어를 갖는다면 모두가 단독적인 삶을 하나의 예술 작품으로 만들기 위해 애쓰는 예술가인 것입니다.

마지막으로 문정희 시인의 「동백꽃」이라는 시로 비트겐슈타인의 언어에 관한 공부를 마칩니다.

나는 저 가혹한 확신주의자가 두렵다

가장 눈부신 순간에
스스로 목을 꺾는
동백꽃을 보라

지상의 어떤 꽃도
그의 아름다움 속에다
저토록 분명한 순간의 소멸을

함께 꽃피우지는 않았다

모든 언어를 버리고

오직 붉은 감탄사 하나로

허공에 한 획을 긋는

단호한 참수

나는 차마 발을 내딛지 못하겠다

전 존재로 내지르는

피 묻은 외마디의 시 앞에서

나는 점자를 더듬듯이

절망처럼

난해한 생의 음표를 더듬고 있다

마이클 폴라니의 **인격적 지식관**

철학과 열정이 담긴 지식으로
설득하는 방법

chapter
05

Michael Polanyi

1891. 3. 11. ~ 1976. 2. 22.

마이클 폴라니는 물리화학자이면서 철학자이기도 합니다. 노벨상 후보로 거론될 정도로 뛰어난 화학자였던 그는『원자반응』,『과학·신앙 및 사회』,『개인적 지식』등의 저술을 남겼습니다. 저는 그중 과학철학 분야에서 기념비적 저작으로 꼽히는『개인적 지식』에 대해 이야기해보려 합니다. '개인적 지식'의 원어는 'personal knowledge'입니다. 이 말은 사실 개인적 지식이라기보다 '인격적 지식'으로 표현하는 것이 좀 더 적절할 듯합니다. 폴라니는 평생에 걸쳐서 지식이 인격적 지식일 수밖에 없음을 다양한 방식으로 주장하면서 독창적인 사유 체계를 구축한 사람입니다.

모든 지식은 내가 이미 가진 신념과 이론에서 벗어나 탄생되지 않습니다. 관찰하면서 내 머리 속으로 들어오는 어떤 현상은 이미 내 머릿속에 그런 현상을 포착할 수 있는 개념이나 이론의 프레임으로 걸러진 결과입니다. "신념을 모든 지식의 원천으로서 인정"해야 한다고 한 마이클 폴라니의 주장을 생각해볼 필요가 있습니다. 신념이 추가되지 않은 개념은 관념의 파편에 불과할 수도 있기 때문입니다.

마이클 폴라니는 지식의 습득과 형성에 인간 주체의 참여 의지와 열정, 그리고 주체적인 의미 부여의 과정이 어떻게 이루어지는지를 밝혀내는 데 일생을 바쳤습니다.

> 우리를 유쾌하게 하는 아름다움과 우리를 황홀하게 하는 심오함을 인정하지 않은 채 우리가 그러한 이론을 받아들이는 이유를 정확히 설명할 수는 없다.
>
> _마이클 폴라니, 『개인적 지식』

유쾌한 아름다움과 황홀한 심오함은 이론 창조자의 뚜렷한 신념과 열정이 반영된 예술적 평가에서 나오는 심미적 판단입니다. 과학이 엄밀성을 추구한다는 명목하에 인간이 추구하는 예술적 감성을 거세하고 주체의 신념과 열정도 없는 논리적 지식을 만들고자 했던 당대의 과학관에 마이클 폴라니가 왜 그토록 반기를 들었는지를 알아보려고 합니다.

열정 없는 지식이 가능한가

마이클 폴라니는 헝가리 부다페스트의 유대인 집안에서 태어났습니다. 독일 칼스루어 공과대학과 베를린 대학에서 물리학과 화학을 전공하고, 1919년 카이저 빌헬름 연구소에 물리화학 연구원으로 들어갔지만 나치가 등장하자 영국으로 이주합니다. 영국 맨체스터 대학 물리화학과 교수와 사회과학대 학장을 지내고 옥스퍼드 대학과 머튼 칼리지에서 펠로우를 역임했습니다. 그리고 『개인적 지식』을 비롯해서 몇 권의 기념비적 작품을 남겼습니다.

특별히 제가 마이클 폴라니의 인격적 지식에 관심을 가지는 이유는 그것이 제가 지향하거나 추구하는 지식관을 아주 적나라하게 잘 드러내주는 개념이기 때문입니다. 마이클 폴라니의 지식관에 관한 철학을 탈비판철학(Post-Critical Philosophy)이라고 하는데, 이것은 우주를 관찰과 측정이 가능한 거대한 기계로 파악하는 뉴턴의 기계론적 근대과학을 비판합니다. 검증되지 않은 신념이나 가정, 권위나 전통은 확실한 지식의 방해물로 간주하는 근대 철학적 전통 역시 탈비판철학의 비판 대상입니다. 탈비판철학은 주체의 적극적 헌신이나 개입을 제거하고 복잡한 것을 작은 단위로 분석해서 이해하려는 환원주의적 객관주의에 반기를 듭니다.

폴라니의 탈비판철학은 특히 지식을 창조하는 과정에 주체가 적극적으로 참여하거나 헌신적으로 몰입하는 행위가 지식 창조 과정에 열정과 신념을 개입시켜 지식의 타당성과 객관성을 훼손한다는 주장은 지식의 본질적 성격을 오해하는 데에서 비롯된다고 비판합니다. 폴라니는 주체의 헌신과 확신을 배제하고는 지식의 본질 규명이 불가능하고 지식 탐구 자체를 수행하기 어렵나는 입장입니다. 모든 과학자의 지식은 과학자의 철학과 신념과 열정이 첨가되지 않는 지식이라야 객관적 지식으로 인정받았습니다. 하지만 '객관적 지식'이라는 것이 정말 가능할까요?

알고 있지만 설명할 수 없는 지식

지식의 전수나 습득 또는 창조의 과정은 선입견이나 신념이 개입되지 않는 기계적 과정이 아닙니다. 지식 창조 주체의 신념과 열정, 그리고 강한 의지가 반영되는 과정입니다. 객관적인 제3자의 입장에 머물면서 사람을 감동시킬 수 있는 용기 있는 지식을 창조해낼 수 없습니다. 주체의 결연한 결단과 강한 신념 및 불굴의 의지가 반영되는 지식이라야 용기 있는 결단을 촉구할 수 있는 힘 있는 지식이 됩니다. 지식의 창조와 전수는 지식 창조자의 주체적이고 인격적인 참여를 통해 이루어집니다.

인격적 지식이 비판하는 지식관은 크게 네 가지로 정리됩니다. 첫째, 모든 지식을 다 언어적으로 진술해야 분명하게 전문용어로 정리할 수 있다고 생각하는 형식화를 비판합니다. 그것은 모든 지식을 언어를 매개로 문서화하려는 발상입니다. 하지만 문서화시킬 수 있는 지식은 전체 지식 중에서 겨우 20퍼센트밖에 되지 않습니다. 나머지 80퍼센트는 언어화시킬 수 없는 암묵적 지식(tacit knowledge)입니다. 암묵적 지식은 '알고 있지만 설명할 수 없는 지식'입니다. 폴라니는 우리는 알고 있는 것보다 더 많은 것을 알고 있다고 믿습니다. 다만 알고 있는 것 중에서 안다고 표현할 수 있는 지식이 극히 일부분일 뿐이라는 것이죠.

두 번째는 복잡한 현상을 구성하는 부분을 분석하고 그 결과를 종합하면 전체를 이해할 수 있다는 환원주의적 입장에 대한 비판입니다. 이는 집을 이해하기 위해서는 집을 구성하는 다양한 건축 재료의 특성을 다 합치면 된다는 발상입니다. 그런데 건축 자재를 단순히 다 합친다고 집이라는 아름다운 건축미가 탄생되지 않습니다.

세 번째는 가치중립적 탐구가 가능하다는 전통적 신념에 대한 비판입니다. 어떤 지식을 만드는데 당사자의 신념과 철학과 가치관과 같은 주관이 개입하지 않게 만드는 방법이 존재할까요? 폴라니의 비판적 문제의식이 제기되기 이전에 사람들은 으레 과학적 지식은 가치중립적이어야 한다는 신념을 믿었습니다. 심장은 집에다 두고 차가운 머리만 가지고 나와서 지식을 창조하는 탐구 과정에 참여할 수 있을까요? 모든 과학적 탐구는 탐구 과정에 참여하는 사람들이 믿고 있는 가치판단 기준이 개입될 수밖에 없습니다. 주관 없이 객관도 없습니다.

마지막으로 마이클 폴라니가 비판하는 지식관은 모든 지식은 다 관찰 가능하고 계량화할 수 있다는 믿음입니다. 물리적으로 관찰 가능하고 경험적으로 검증 가능한 것만을 지식으로 인정하는 계량화를 반대합니다. 관찰 불가능한 지식은 당연히 경험적으로 검증이 불가능합니다. 알고 있지만 언어적 표현이나 수학적 공식으로 분명하게 계량화시킬 수 없는 지식이 너무 많지 않습니까.

경기도 파주에는 세계적으로 유명한 선일금고라는 회사가 있습니다. 지금은 돌아가셨지만, 이 회사의 설립자이자 대표이사였던 김용호 회장은 어떤 금고를 가져다놓아도 다 열었습니다. 어떻게 그 많은 금고를 열 수가 있느냐고 물어보면 "요렇게 조렇게, 이렇게 저렇게?"라고 하며 손으로 금고의 눈금판을 돌리는 모습만 보여줄 뿐입니다. 자신만의 노하우를 감추는 것이 아니라 설명할 수 없기 때문입니다. 금고를 여는 방법을 책상에서 머리로 배우지 않고 온몸으로 익혔기 때문이지요. 금고 유형별로 저마다 다른 원리를 무수한 실험과 모색 끝에 손에 와닿는 미묘한 감각을 터득한 것입니다. 금고를 여는 노하우는 말로 표현할 수 없고 글로 가르칠 수 없습니다. 오로지 금고를 여는 사

몸이 기억하는 체험적 느낌은 언어적 표현의 대상을 넘어선다.

람만이 미묘한 감각의 차이를 몸으로 느낄 수 있을 뿐입니다.

몸이 기억하는 체험적 느낌은 언어적 표현의 대상을 넘어섭니다. 유명 호텔에 근무하다 독립해서 초밥집을 낸 안효주 씨가 있습니다. 이분은 초밥을 만들기 위해 손으로 밥을 잡으면 정확히 밥알 350개를 잡습니다. 놀라운 사실은 두 번째 손에 잡은 밥알의 개수도 350개, 여러 번 반복을 해도 어김없이 350개입니다. 매번 밥알 350개를 정확하게 집어내는 방법을 언어로는 표현할 수 없고 가르칠 수도 없습니다. 오로지 반복해서 연습하며 손에 담기는 밥알의 미묘한 감촉을 통해서 아는 수밖에 없습니다. 머리로 배울 수 없는 암묵적 지식은 정성과 수고, 몰입과 집중을 통해 몸이 기억하도록 반복하는 수밖에 없습니다.

증명할 수 없는 지식의 가치

'암묵적 지식'은 폴라니가 고안한 개념입니다. 알고 있지만 쉽게 설명할 수 없는 지식입니다. 어머니의 '손맛' 같은 것이죠. 손맛을 배우려면 어떻게 해야 될까요? 엄마표 김치맛을 터득하려면 엄마하고 장기간 합숙을 하는 수밖에 없습니다. 엄마가 레시피를 아무리 자세하게 작성해도 담길 수 없는 것이 있습니다. 암묵적 지식이지요. 문서화해서 언어를 통해 외면화시킬 수 없는 지식입니다. 마이클 폴라니는 형식화, 객관화, 문서화, 계량화라는 이름에 반대 입장을 표명한 것이지요. 반면에 명시적 지식은 매뉴얼이나 문서로 외면화된 지식입니다. 하지만 순수한 명시적 지식은 존재하지 않으며 모든 지식은 암묵적이거나 암묵적 지식에 뿌리를 두고 있습니다.

암묵적 지식과 명시적 지식은 분리되어 존재하는 두 가지 지식이 아닙니다. 편의상 구분한 것일 뿐입니다. 일종의 양쪽 스펙트럼으로 존재한다고 보면 좋을 거 같습니다. 왼쪽 극단에는 명시적 지식이 있고 오른쪽 극단에는 암묵적 지식이 위치한다고 생각해본다면, 엄마표 김치맛을 내는 데 필요한 지식은 암묵적 지식입니다. 다만 그것을 명시적 언어로 드러낼 수 있는 측면이 있고 그럴 수 없는 측면이 있을 뿐입니다.

폴라니는 우리가 알고 있다고 생각하는 것보다 우리는 더 많이 알고 있다고 주장하지요. 다만, 알고 있는 바를 언어로 표현할 수 없을 뿐이라고요.

> 사실은 우리가 증명할 수 없음에도 불구하고 분명 알고 있는 그 지식이야말로 우리가 증명할 수 있는 모든 지식의 토대이며, 또 그것의 타당성을 보장해주는 것임에도 불구하고 그것을 간과해버렸다.
>
> _마이클 폴라니, 『개인적 지식』

알고 있는 지식은 전체 빙산의 일각에 지나지 않습니다. 빙산 중 겉으로 드러나 있는 20퍼센트, 그것이 바로 명시적 지식이고, 보이지 않는, 수면 밑에 잠재되어 있는 80퍼센트가 바로 암묵적 지식입니다. 문제는 조직에서 지식을 전략적으로 관리하기 위해서 보이지 않는 암묵적 지식보다 보이는 명시적 지식을 창조하고 공유하는 환경과 시스템을 구축히는 데 거의 대부분의 시간을 보낸다는 것입니다. 증명할 수 있는 지식은 증명할 수 없는 지식에 비해 극히 미약함에도 불구하고 증명할 수 없다는 이유로 과학적 탐구 대상에서 제외시켜버리는 오만을 떨고 있는 것이지요.

보이지 않는 것이 보이는 것을 결정한다

폴라니에 따르면, 보조식(subsidiary awareness)과 초점식(focal awareness)이라는 개념은 암묵적 지식과 명시적 지식에 상응합니다. 예를 들면 망치로 못을 박을 때 나는 망치로 내리치는 못대가리에 의식적으로 초점을 둡니다. 못을 쥐고 있는 손을 망치로 내리치지는 않을까 하고 유심히 살피지 않으면 불의의 사고를 당할 수도 있습니다. 널빤지에 못을 똑바로 박기 위해서는 수많은 다른 동작들이 협업을 하지 않으면 안 됩니다. 망치로 내리치는 힘을 조절해야 하고, 그 사이에 못을 잡고 있

증명할 수 있는 지식은 증명할 수 없는 지식에 비해 극히 미약함에도 불구하고
증명할 수 없다는 이유로 과학적 탐구 대상에서 제외된다.

는 손은 못이 삐딱해지지 않도록 힘을 주어야 합니다. 망치를 잡고 있
는 손이 어느 정도 각도와 회전을 유지한 상태에서 못 상단 부분을 정
확히 내리쳐야 못을 잡고 있는 손도 다치지 않고 못이 널빤지에 똑바
로 박힙니다. 못을 널빤지에 박기 위한 동작 중에 언어로 표현할 수 없
지만 보이지 않는 가운데 못 박는 일을 도와주는 것이 바로 보조식입니
다. 겉으로 드러나 있는 초점식은 명시적 지식이고, 보이지 않는 가운
데서 못을 똑바로 박을 수 있도록 도와주는 모든 인식을 보조식이라고
하며 거기서 탄생하는 지식을 암묵적 지식이라고 합니다.

　암묵적 지식과 보조식의 도움을 받지 않는 명시적 지식과 초점식
은 없습니다. 전문가의 초점식은 수많은 변수가 동시에 관여하면서 하
나의 결과물을 만들어내는 완벽한 하모니의 결과로 보이는 인식입니
다. 심지어 못을 박는 과정에서 호흡 조절만 잘못 해도 망치는 초점을
잃고 전혀 다른 방향으로 내리칠 수 있습니다. 보이지 않는 배경이 저
마다의 위치에서 본분을 다할 때 전경으로 드러나는 게 초점식입니다.
전경으로 드러난 초점식은 보이지 않는 배경에서 관여하는 무수한 보
조식 덕분에 빛나게 보일 뿐입니다.

　예를 들면 책을 쓰기 위해서 자료를 수집하고 서론을 쓰고, 본론
의 내용을 구조화시켜 정리하고 결론을 쓴 다음 제목을 정하는 활동은
초점식입니다. 하지만 어떻게 서론을 쓰는지, 서론을 쓰기 위해서 생
각하고 고민하는 과정, 서론에 동원하는 다양한 논리적 근거는 어떤 과

정을 통해서 일관성 있게 정리가 되는지, 제목은 어떻게 정해진 것인지, 본문의 구조는 어떤 방법을 통해서 그렇게 구조화된 것인지, 결론은 왜 그런 내용으로 화룡점정하게 되었는지를 일일이 다 밝혀내서 언어로 설명하기는 불가능합니다. 이런 모든 일들이 동시에 머릿속에서 돌아가면서 자신도 모르는 사이에 아이디어가 나왔다가 사라지고 어떤 아이디어는 채택되어 기존 아이디와 합병되면서 제3의 새로운 아이디어로 뻗어나갑니다. 왜 이렇게 정리되는지 명시적으로는 설명해낼 수 없습니다. 이런 과정에 관여되는 인식이 보조식이고 보조식으로 창조되는 지식이 암묵적 지식입니다.

치료의 대상, 치유의 대상

초점식과 보조식은 질환(disease)과 질병(illness)의 차이에 상응합니다. 질환은 '치료(curing)'의 대상이자 초점식이며 명시적 지식으로 표현이 가능합니다. 질병은 치유 또는 '보살핌(caring)'의 대상이자 보조식이며 암묵적 지식의 영역입니다.

질병은 질환을 앓으면서 살아가는 경험이다. 질환 이야기가 몸을 측정한다면, 질병 이야기는 고장 나고 있는 몸 안에서 느끼는 공포와 절망을 말한다.

질병은 의학이 멈추는 지점에서, 내 몸에 일어나고 있는 일이 단순히 측정값
들의 집합이 아님을 인식하는 지점에서 시작한다. 내 몸에 일어나는 일은 내
삶에도 일어난다. 내 삶에는 체온과 순환도 있지만 희망과 낙담, 기쁨과 슬픔
도 있으며, 이런 것들은 측정될 수 없다. 질병 이야기에 그 몸 같은 것은 없으
며 오직 내가 경험하는 내 몸만이 있다.

_아서 프랭크, 『아픈 몸을 살다』

체온은 명시적 지식이지만 체온으로 느끼는 낙담과 기쁨, 그리고
슬픔은 모두 감정 언어로 번역해낼 수 없는 암묵적 영역입니다. 어떤
사람의 혈압 수치가 140에 90이라서 고혈압이라고 진단할 때, 고혈압
은 질환인데 그것을 받아들이는 사람의 두려움이나 불편함, 불안감 같
은 심리적 문제는 질병입니다. 질환은 환자가 지금 당장 초점을 두는
초점식이라서 명시적 언어, 즉 수치로 표현이 가능한 데 반해 질병은
환자가 질환을 보고 느끼는 다양한 심리적 감정의 변주가 보조식으로
관여할 뿐입니다. 혈압을 떨어뜨리기 위해 고혈압 약을 처방하는 의사
의 진료는 치료에 해당하지만 고혈압으로 겪는 심리적 불안감과 두려
움을 보살펴주는 의사의 진료는 치유입니다. 겉으로 드러난 증상과 질
환을 일으킨 원인에 대한 치료는 초점식이고 명시적 영역입니다. 대부
분의 의사가 진료 대상으로 삼는 부분이죠. 하지만 환자가 진짜 원하
는 것은 초점식으로 드러난 객관적 수치가 아니라 그 수치가 환자에게

미치는 불안감과 알 수 없는 두려움을 해소하고 질환을 받아들여 이겨내려는 적극적인 자세를 북돋아주는 치유에 있습니다.

알프스산맥의 뚜르드 몽블랑에 트레킹을 간 적이 있습니다. 그때 중등산화를 신고 갔습니다. 발목 위 복숭아뼈까지 덮어 발목을 보호하는 등산화가 중등산화입니다. 그런데 발목을 보호하는 내피가 복숭아뼈를 계속 자극해서 물집이 생겼습니다. 언덕을 오를 때는 큰 통증이 없는데, 내리막길에서는 똑바로 걸을 수 없을 정도로 통증이 느껴졌습니다. 옆으로 몸을 틀어서 한 발 한 발 디뎌야 할 정도였지요. 이런 저의 사정도 모르고 가이드는 시간이 촉박한데 왜 빨리 내려오지 않느냐고 야단을 치는 것입니다. 이때 옆에서 저를 계속 봐왔던 동료가 뜻밖의 제안을 합니다. 신발을 바꿔 신자고 말입니다. 동료의 신발은 부드러운 헝겊 소재로 만들어서 제 신발보다 훨씬 덜 자극적이었습니다.

최고의 벗은 상대의 아픔을 가슴으로 생각하며 발 벗고 나서서 도와주는 사람입니다. '발 벗'이야말로 최고의 벗입니다. 살피지 않으면 보살필 수 없습니다. '살핀다'는 것은 그 사람이 품고 있는 말 못할 아픔을 계속 관찰하는 애정과 관심의 표현입니다. 상대가 겪는 아픔을 상상으로나마 경험해보고 어떤 조치를 취하면 저 아픔이 치유될 수 있을까를 곰곰이 생각해보지 않으면 이런 보살핌의 행위는 이루어질 수 없습니다. 보살핌은 초점식으로 드러나지 않고 명시적 지식으로 표현할 수 없는 상대방에 대한 지극한 사랑입니다. 끊임없이 계속 살펴본 다음에 온 마음을 동원해 상대방의 마음을 어루만질 때, 언어화시킬 수 없는 엄청난 암묵적 지식이 탄생합니다.

몸이 입증하는 것들

'살의 아날로그'는 몸으로 느끼는 감촉입니다. 대상에 대한 가장 정직한 느낌은 언어로 표현할 수 없습니다. 기껏해야 언어로 표현할 수 있는 정도까지만 표현이 가능할 뿐이죠. 표현이 불가한 특정한 상황에서 직감적으로 다가온 느낌이나 찰나의 순간에 문득(聞得) 드는 생각, 시행착오를 겪으면서 깨달았던 교훈이나 체험적 노하우를 고스란히 언어로 전환하거나 번역할 수 없습니다. 여전히 몸에 남아 있는 깨달음의 흔적은 언어화를 거부합니다.

우리 섬의 어른들은, 비록 오뉘죽의 맛에 날카롭지는 못했어도, 소금 그 자체의 맛에는 너나없이 귀신들이었다. 소금 한 알갱이를 입에 넣으면, 섬의 동쪽 염전 소금인지 서쪽 염전 소금인지, 초여름 소금인지 늦가을 소금인지, 어김없이 알아맞혔다.

_황현산, 『밤이 선생이다』

존 듀이의 '질성적 사고'를 이야기하면서 언급한 대목이지요. 오랜 경험의 반복으로 혀가 감각을 기억하고 알아맞히는 현상을 언어적 표현의 차이로 분간해내기는 불가능에 가깝습니다. 맛의 차이로 소금의 출처와 시기를 판별하는 능력은 논리적 설명의 대상이 아니라 체험적 각성의 과정입니다. 소금 맛을 분간해내는 어른들의 노하우는 어떤 지식이나 이론을 체계적으로 축적한다고 생기는 게 아니라 저마다 다른 상황 속에서 무수히 많은 시행착오를 경험하면서 몸으로 깨닫는 지혜에 가깝습니다. 역시 언어화시킬 수 없는 체화된 앎의 세계, 가르칠 수도 없고 일정한 틀을 갖춘 매뉴얼로도 문서화시킬 수 없는 앎입니다.

몸이 입증하는 것은 살이 직접 접촉하면서 느끼는 감각적 체험의 흔적입니다. 머리로 기억하는 경험이 아니라 몸이 직접 접촉하며 얻는 느낌을 논리의 이름으로 판별해내기 어렵습니다. 누군가에게 첫눈에 반했던 경험을 돌이켜 생각해보면 왜 그렇게 한눈에 반했는지 설명할 수 없을 때가 많지 않나요? 느낌은 앎 이전에 오면서 앎을 능가하는 심오한 직관과 통찰을 내포하고 있습니다.

마이클 폴라니의 언어로 이야기하면 암묵적 지식입니다. 존 듀이의 언어로 이야기하면 질성적 사고가 동반되는 이차적 경험입니다. 질성적 사고는 논리적 앎이 아니라 감각적 느낌으로 다가오는 사고입니다. 우리가 결혼 상대를 결정할 때 마치 여러 변수를 놓고 논리적으로

하나하나 따져가며 판단하는 것처럼 보이지만 가장 중요한 의사 결정
은 느낌에 의지할 때가 많습니다. 말로 설명할 수 없지만 이 사람 정도
면 평생을 같이 살아도 되겠다는 느낌이 올 때 이전의 논리적 사고로
결정했던 많은 변수들을 덮어버리지요. 이런 첫 느낌이 질성적 사고이
고 암묵적 지식인 것입니다.

밤하늘 별의 세계에 도달하지 못할지라도

마이클 폴라니에 따르면 과학자가 하는 일은 객관적인 입장을 견
지한 채 제3자의 자세로 섬에 머물며 관조하는 게 아닙니다. 과학 연구
는 뜨거운 열정과 정서적 몰입으로 위대한 작품을 탄생시키는 예술적
작업입니다. 그런데 전통적인 실증과학은 이런 과학적 발견을 편파적
의견이 개입되어 오염된 것으로 간주하지요. 이런 관점에 우리 모두는
'싫증'을 내야 합니다. 모든 탐구는 탐구 주체의 열정과 신념과 가치판
단이 강하게 개입하는 예술적 창작 과정입니다.

폴라니가 과학은 예술적 작품이라고 선동하는 이유도 여기에 있
습니다. 예술가는 자신이 소중하다고 생각하는 대상에 목숨과도 바꿀
수 있는 열정을 보여주고 정열적으로 몰입합니다. 과학자 역시 마찬가
지입니다. 자신이 지적으로 소중하다고 생각하는 발견에 열정을 불태

우지요. 그것이 바로 과학자가 보여주는 발견적 열정(heuristic passion)입니다. 발견적 열정을 가로막을 수 있는 장애물은 없습니다. 배우고 싶은 열망이 강한 사람에게 장애물은 없다고 하지 않습니까. 한번 앎의 바다에 빠지면 그 어떤 외부적 힘도 멈추게 할 수 없습니다. 그만두고 싶어도 그만둘 수 없는 욕파불능(欲罷不能)의 상태로 돌입합니다. 배움에의 갈망과 앎에 대한 강한 호기심, 그리고 미지의 세계로 뛰어들어보겠다는 불굴의 의지와 열정은 한계를 만나도 쉽게 포기하지 않고 더욱 적극적으로 온몸을 던져 발견의 욕구를 불태웁니다.

한계는 책상에서 알 수 없습니다. 오로지 내 몸을 던져 한계 상황에서 도전을 반복할 때 감각적으로 느낄 수 있을 뿐입니다. 한계를 몸으로 만나본 사람만이 거기서 도전을 멈추고 다른 미지의 세계로의 도전을 반복합니다. 알 수 없는 불가지의 세계를 도달할 수 없는 불가능의 세계로 설정하지 않고 끊임없이 도전을 반복하면서 어제와 다르게 깨달음을 얻으려는 지적 열정(intellectual passion)을 불태울 뿐입니다.

밤하늘에 빛나는 별의 세계에 비록 도달하지 못한다고 할지라도 늘 어제와 다른 동경심을 품고 오늘도 도전을 반복할 뿐입니다. 내가 추구하는 미지의 세계가 무엇인지 분명하게 알고 있으며, 거기에 이르는 길이 정확한 절차나 프로세스로 사전에 철저하게 계획되어 있다면 오히려 인생은 살아갈 재미가 없지 않겠습니까. 불확실한 의미의 바다이면서 언제 어떤 파도가 닥칠지 모르는 상황이지만, 포기하지 않고 삶의 의미를 끈질기게 추구(persistent pursuit)하는 지적 열정을 잃지 않는다면 생각지도 못한 색다른 세계를 발견(discovery)할 수 있습니다.

믿지 않으면 알 수 없다

지금까지 읽고 경험하면서 자신도 모르게 형성된 지적 프레임워크(intellectual framework)가 세상을 바라보는 나의 관점을 좌우합니다. 기존 프레임만으로는 새롭게 부각되는 의미의 바다를 이전과 다르게 해석해낼 수 없습니다. 세상을 바라보는 관점에는 언제나 내가 선호하는 감각적 색채(emotional color)가 물들어 있습니다. 어떤 감각적 프레임으로 세상을 바라보는지에 따라 세상은 이전과 전혀 다르게 보일 것입니다. 문제는 나의 감각적 편향성은 경계 너머의 세계를 경험하면서 이전과 다른 감각적 자극을 받지 않으면 고착화된다는 것입니다.

질 들뢰즈는 '넘어섬'의 경험이란 지각 불가능한 것과의 피할 수 없는 마주침(『차이와 반복』)이라 했습니다. 그와 같은 마주침의 경험이 있어야 이전과 다른 감각적 색채로 물들여집니다. 끊임없이 지금 여기의 세계를 넘어서려는 안간힘이 필요한 이유이지요. 성과가 있을 것이라고 확신할 수 없지만 그럼에도 그것이 나의 무지함을 깨우치는 감동과 감탄의 인식으로 이끌어줄 것으로 믿어 의심치 않습니다. 결정된 것이 아무것도 없는 불확실한 세계지만 그럼에도 뭔가를 발견하려는 열정은 마침내 언어로 표현할 수 없는 경이로운 기적을 만나게 해줍니다. 그것이 나를 비롯해 우리들이 살아가는 지금 여기서 어떤 의미와 시사점이 있는지를 따져 묻는 가운데 한 개인의 신념과 철학, 열정과 믿음이 축적된 믿음의 체계로서의 과학적 이론이 산고 끝에 세상으로 나옵니다.

청출어람이 가능하려면 일단 기존 지식 체계를 완전히 내 것으로 만들고 그것이 갖고 있는 한계나 문제점을 비판적으로 계승하고 발전시키면서 다음 단계로 도약하는 과정이 필요합니다. 스승의 학문적 성과나 성취를 일단은 믿어야 합니다. 믿지 않으면 미지의 세계로 향하는 앎은 싹트지 않습니다. 알고 나서 믿는 것이 아니라 믿어야 앎의 강도(強度)가 올라갑니다. 사투 끝에 도달한 스승의 경지를 믿고 충성을 다해 따라갈 때 서광 속에 휘몰아치는 깨달음의 광휘가 몰아칩니다. 알기 전에 믿지 않으면 앎도 생기지 않고 그 어떤 행동도 할 수 없습니다. 믿음이 있어야 앎에 대한 열정도 뜨거워집니다.

아우구스티누스의 말을 빌리자면, "믿지 않으면 알 수 없습니다 (nisi credideritis, non intelligitis)."

밤하늘에 빛나는 별의 세계에 도달하지 못한다고 할지라도
늘 어제와 다른 동경심을 마음에 품고 도전을 반복할 뿐이다.

열정적 기여와 충동적 개입의 차이를 구분하라

믿음은 나를 누군가에게 또는 어떤 대상에게 내맡기는 결단이기도 합니다. 학문적 선각자가 사용하는 도구나 전제 또는 가정을 믿지 않으면 그것의 신빙성을 다른 도구나 지식에 의존해서 검증을 반복할 수밖에 없습니다. 그 검증 과정은 끝나지 않는 무한의 과정입니다.

예를 들면 한강 다리의 안전성을 검증하기 위한 한 가지 방법으로 하중을 시험하는 도구나 기계를 사용합니다. 그럼 그 도구나 기계의 안전성도 검증해야겠지요. 그렇게 검증을 무한 반복하는 과정에 빠져버리고 맙니다. 해당 공동체가 쌓아놓은 암묵적 지식을 비롯해서 학문적 전통을 일단 믿어야 다음 단계의 앎으로 향하는 문이 열립니다. 이런 믿음 역시 명시적 언어로는 표현이 불가능한 암묵적 신념일 때가 많습니다. 보이지 않는 가운데서 해당 학문 공동체에서 공유되는 암묵적 신념은 머리로 이해하는 믿음이 아니라 오랫동안 같이 생활하면서 몸으로 느끼고 수용한 믿음입니다.

그렇다면 주체의 믿음과 신뢰, 신념과 열정, 헌신적 참여로 창조된 개인적 지식은 주관적 지식을 넘어 어떻게 보편타당성(universal validity)을 지닌다고 말할 수 있을까요? 지식 형성의 과정은 주관적인 선호도에 좌우되지 않고 올바른 추측과 반박을 통해 책임감을 갖고 열정적으로 파고드는 과정입니다. 미지의 세계를 탐구해서 밝혀내는 지식은 개인적 발견의 즐거움을 넘어 다른 사람에게도 인정받을 수 있기를 염원한다는 점에서 창조된 지식은 보편타당성을 지닌다고 말할 수 있습니다.

> 주체는 그가 헌신하는 것 이상을 말할 수 없다.
>
> _마이클 폴라니, 『개인적 지식』

주체가 책임을 지고 보편타당성을 주장하는 지식은 그의 열정과 헌신을 불러옵니다. 이미 내 몸속으로 들어와 존재의 일부로 자리 잡은 지식은 한계를 모르고 불타오르기 시작합니다. 지나가다 우연히 든 편파적 생각을 충동적으로 펼치는 무책임한 행동과는 거리가 멉니다. 현실이나 실재(reality)를 무대로 살아가는 사람이 자신이 직면한 문제 상황을 그 어디서도 경험할 수 없는 단독적인 상황으로 인식하고 여기서 해결 대안을 찾을 수 있다는 믿음이 생깁니다. 이 믿음을 보편적 진리로 만드는 과정에 주체의 헌신적 기여나 몰입이 따릅니다. 헌신적 기여나 몰입은 열정적으로 촉진하는 책임감 있는 인격적 기여이지 참여하지도 않고 수동적으로 관조하는 자세로 바라보며 규제 원리에 따라 해석하는 주관적 또는 충동적 개입이 아닙니다.

열정 공동체

줄탁동시(啐啄同時)라는 말이 있습니다. 밖에서 어미 닭이 달걀을 쪼고 달걀 안의 병아리는 밖으로 나오기 위해 안간힘을 쓰는 노력이 거의 동시에 일어날 때 달걀은 위대한 생명 탄생의 터전이 됩니다. 그렇지 않고 특히 어미 닭은 열심히 밖에서 자극을 주는데 안의 병아리가 별다른 움직임을 보이지 않을 때 달걀은 타인의 힘으로 깨져버리고 프라이라는 요리로 전락할 수도 있습니다.

밖에서 쪼는 어미 닭은 스승의 설득적 열정에 해당하고 안에서 밖으로 나오려는 병아리의 안간힘은 제자의 발견적 열정에 상응합니다. 두 사람의 열정이 만나는 그 교차 지점에서 엄청난 창조의 불꽃이 튀면서 가르치고 배우는 교학상장(敎學相長)의 학문 공동체가 탄생합니다. 배우려는 열망과 미지의 세계로 이끄는 가르침의 열정이 암묵적으로 공유되고 공감되는 가운데 학문 공동체의 연대는 더욱 튼실해집니다. 이런 학문 공동체를 마이클 폴라니는 연회(conviviality)라고 합니다.

인식과 관심을 같이하는 사람들이 함께 머리를 맞대고 문제 상황이나 이슈에 대해 토론하고 대안을 모색하는 가운데 서로 다른 관점들이 충돌과 갈등을 일으키기도 하지만, 그럼에도 불구하고 같은 방향을 향해 함께 노를 저어 간다는 느낌이 들 때 공동체 구성원은 형언할 수 없는 즐거움과 행복감을 느낍니다. 함께한다는 공감대가 바탕에 흐르고 서로를 존중하고 존경하는 자세로 끝없이 대화가 이어지며, 자신이 이들과 함께한다는, 이 그룹에 소속되어 있다는 강한 연대감이 사람들의 마음을 뜨겁게 달굽니다. 이런 연회 속에 스승과 제자의 뜨거운 열정이 막 부딪히면서 불확실하지만 미지의 세계로 떠나는 앎의 향연은 멈추지 않고 계속됩니다.

질 들뢰즈의 **우발적 마주침**

우발적 마주침에서
색다른 깨우침을 얻는 방법

chapter
06

Gilles Deleuze

1925. 1. 18~1996. 11. 4.

모든 철학자는 개념을 창조하는 데 많은 노력을 기울입니다. 하지만 들뢰즈만큼 독창적인 개념을 창조한 철학자는 없을 것입니다. 들뢰즈는, 철학이란 개념을 형성하고 창안하는 예술(art)이라고 합니다. 그만큼 철학자는 기존 개념으로 더 이상 철학적 문제의식을 해결할 수 없을 때 새로운 개념을 창조해서 자신의 철학적 주장을 담아내지요. 문제는 이런 개념으로 직조해낸 그들의 사유 체계를 평범한 사람들은 해독하기가 쉽지 않다는 것입니다.

들뢰즈의 『철학이란 무엇인가』, 『프루스트와 기호들』, 『의미의 논리』, 『차이와 반복』, 가타리와 함께 쓴 『천개의 고원』 같은 책은 일반인이 접근하기에는 한없이 어려운 이야기들을 담고 있습니다. 하지만 어렵다고 그냥 모른 척하기에는 귀담아들을 이야기가 많습니다. 그래서 이번 시간에는 들뢰즈가 만든 개념 중에 몇 가지를 선정해서 가급적 쉽게 설명해보려고 합니다.

딴짓을 해야 딴생각이 난다

많은 사람들이 막연하게 꿈을 꾸지요. 지금과 다르게 살고 싶다. 또 학교에서, 직장에서 사람들은 늘 남과는 다르게 좀 생각해보라는 말을 쉽게 합니다. 생각을 바꿔서 행동을 바꿀 수 있을까요? 행동이 바뀌지 않는 원인이 생각을 바꾸지 못하는 데 있을까요? 행동을 바꾸지 않아서 생각이 바뀌지 않은 것은 아닐까요?

'딴짓을 해야 딴생각이 들 수 있다'는 이야기를 철학자 질 들뢰즈의 '우발적 마주침론'에 비추어 생각해보려고 합니다. 프랑스의 작가 폴 브루제는 "생각하는 대로 살지 않으면, 사는 대로 생각하게 된다"라고 했습니다. 하지만 생각하는 대로 사는 게 생각처럼 쉽지 않다는 것을 이미 많은 사람들은 알고 있지요. 저는 폴 브루제의 말을 이렇게 바꿔보았습니다. "생각하는 대로 살기 어렵다. 사는 대로 생각하자."

생각을 바꿔서 행동을 바꾸라고 주문하지만 나이가 들수록 그 일은 불가능에 가깝습니다. 오히려 행동을 바꾸면 의외로 생각이 바뀔 수 있습니다. 생각은 모든 체험적 자극의 합작품입니다. 지금 내가 가지고 있거나 하고 있는 생각은 이제까지 살아오면서 만든 내 삶의 결론입니다. 그래서 내 생각을 바꾸기 위해서는 내 삶을 바꿔야 합니다. "삶을 바꾸지 않고 생각을 바꿀 수 없다. 내 생각은 내가 살아온 삶의 결론이다." 이것이 저의 주장입니다.

미국의 작가 리타 메이 브라운은 이렇게 말하기도 했습니다. "같은 짓을 되풀이하면서 다른 결과를 기대하는 것은 정신착란이다." 행동을 바꾸지 않고 앉아서 생각을 바꾸려는 노력은 무의미합니다. 어제와 다르게 반복하는 행동만이 어제와 다른 생각을 낳습니다. "어제와 다른 마주침이 없으면서도 색다른 깨우침을 만나려는 발상은 정신병 말기 증세다." 다르게 살고픈 소망이 진심이라면, 이런 정신병 증세를 앓기 전에 어제와 다른 낯선 상황과 마주침의 경험을 축적해가야 합니다. 낯선 마주침 없이 책상에서 배운 관념은 격전의 현장에서 무기력하게 흩어지고, 차가운 지성의 칼날은 뜨거운 현실 문제 앞에서 속수무책으로 무너지고 말 것입니다.

사유는 비자발적인 한에서만 사유일 수 있고 사유 안에서 강제적으로 야기되는 한에서만 사유일 수 있다. 사유는 이 세계 속에서 불법 침입에 의해 우연히 태어날수록 절대적으로 필연적인 것이 된다. 사유 속에서 일차적인 것은 불법 침입, 폭력, 적이다.

_들뢰즈, 『차이와 반복』

삶을 바꾸지 않고 생각을 바꿀 수 없다.
내 생각은 내가 살아온 삶의 결론이다.

관성에 따라 생각을 반복했던 편안한 기존 사유 체계에 사유의 씨앗이 갑자기 날아 들어오는 불법 침입이 발생할 때 우연한 마주침으로 인한 위대한 깨우침이 일어난다는 것입니다.

사고와 사건

들뢰즈에 따르면 사건을 일으켰을 때 이어지는 반응이나 사고를 당했을 때 연상되는 생각은 모두 불법 침입에 의해 우연히 태어난 것입니다. 흔히 사건은 의도적으로 일으킨 행동이고 사고는 의지와 관계없이 당한 일로 이해되는데, 들뢰즈가 이야기하는 사건은 조금 다를 수 있습니다. 예를 들면 하늘에 먹구름이 끼는 건 자연 현상이고 물리적인 현상입니다. 그런데 그 먹구름이 나한테 사건으로 다가올 때가 있습니다. 그 먹구름은 소나기를 암시하고 예고하는 조짐이나 징후입니다. 오늘 소풍을 가야 되는데 학교에서 문자가 옵니다. '먹구름이 끼어 비가 예상되므로 소풍이 연기되었습니다.' 이때 먹구름은 나에게 엄청난 사건입니다. 먹구름은 늘 존재해온 동일성의 반복이라고 생각하지만 소풍을 못 가는 아이에게는 어제와 오늘의 먹구름은 전혀 다른 의미가 되지요. 사건 속에는 사연이 숨어 있고 그 사연이 이전과 다른 사유의 싹을 자라게 합니다.

혼히 교통사고는 사고라고 하지 사건이라고 하지 않습니다. 대개는 내가 의도적으로 일으킨 일이 아니라 갑자기 당한 일이기 때문입니다. 하지만 교통사고가 사건이 되는 일도 있습니다. 부정한 방법으로 보험료를 수령하기 위해 일부러 교통사고를 일으킨 경우 사건이 됩니다.

하나의 사건은 유심히 살펴보면 그것을 계기로 이전 삶에 전혀 다른 '갈라짐'을 만들어 색다른 출발점이 되는 경우가 많습니다. 목표를 향해 직선으로 앞으로만 질주하던 삶에 사건이 발생함으로써 그 순간부터 이전과 다른 방향으로 '구부러짐'이 발생합니다. 철학자 이진경은 "사고가 많은 인생은 그 사고의 수와 크기만큼 안타깝고 불행하지만, 사건이 많은 삶은 그 사건의 수와 크기만큼 풍요롭고 행복하다"(『삶을 위한 철학수업』)고 했습니다. 사고는 나의 의도와 상관없이 당하고 또 그로 인해 어쩔 수 없이 감당해야 하는 일들이 생깁니다. 하지만 사건은 스스로 작심해서 만든 일이기에 의미심장한 가치가 많아집니다. 물론 반대의 경우도 생길 수 있습니다. 사고 속에서 우연히 깨달은 각성이 생기고 사건으로 인해 생각지도 못한 일을 만나 사사건건 피곤해질 수도 있습니다. 사건은 의미를 해석해야 되는 문제이고, 사고는 시급하게 처리해야 될 문제라서 사고처리라고 합니다. 사실과 진실의 차이가 또 사건과 사고의 차이에 상응하는 이유입니다.

차이와 반복에 대한 다른 정의

들뢰즈는『차이와 반복』에서 '개념적 차이'와 '차이 자체'라는 개념을 제시합니다. 개념적 차이점은 남자와 여자, 소나무와 참나무, 손전등과 전조등 같이 한 대상과 다른 대상과의 비교를 통해 상대적 다름으로 파악되는 차이입니다. 이런 개념적 차이로는 대상의 본질적이고 절대적인 차이를 구분할 수 없습니다. 남자라는 표상 체계 안에는 수없이 다른 남자가 있고, 남자마다 고유한 특성이 있지만 개념적 차이는 이런 차이를 무시합니다. 비슷한 맥락에서 나무라는 개념으로 세상의 모든 나무를 대표하는 순간 저마다의 나무가 지닌 고유한 차이를 인정하지 않습니다. 한편 다른 생물과 다른 나무를 구분하고 분류하는 기준을 표상이라고 합니다. 표상으로 생각하기 시작하면 세상의 모든 존재가 내포하고 있는 미묘한 차이를 드러낼 수 없습니다. '개념적 차이'로는 대상의 고유한 절대적 차이를 드러낼 수 없는 것이죠.

예를 들면 소금이라는 개념을 다시 왕소금과 깨소금으로 구분한다고 해도 왕소금과 깨소금은 소금이라는 동일한 개념에 속합니다. 하지만 그것이 탄생한 배경과 과정의 차이, 짠맛의 강도 차이는 여전히 추출해낼 수 없습니다. 소금이라는 동일한 표상으로 기존 소금을 모두 같은 소금이라고 생각하는 발상을 들뢰즈는 '동일성의 사유'라고 합니다. 소금에 대한 표상은 지금까지 우리가 경험한 소금에 대한 이미지를 종합해서 지각한 결과입니다. 소금에 대한 기존 표상을 버리지 않고 소금을 색다른 사유로 구분해낼 수 있는 방법은 없습니다. 소금마다 고유한 절대적 차이를 감각적으로 깨닫기 위해서는 반복해서 소금 맛을 보는 수밖에 없습니다. 그때 비로소 소금 맛의 미묘한 강도의 차이를 구분해냄으로써 소금 그 자체의 차이를 밝혀낼 수 있습니다.

다른 대상과의 비교를 통해서 알게 되는 개념적 차이와는 다르게 '차이 자체'는 세상의 모든 존재가 다른 것과 근본적으로 구분되는 절대적인 차이입니다. 개별 대상의 고유한 차이는 반복과 강도로 설명할 수 있습니다. 『차이와 반복』은 결국 모든 존재 자체가 태생적으로 지니고 있는 절대적이고 근본적이며 고유한 차이를 드러내고 이전과 다르게 살고 싶을 때 그 차이를 반복하며 나만의 고유한 정체성이 무엇인지를 지각하는 과정이라는 것에 대해 이야기하고 있습니다. 똑같은 된장찌개라는 동일한 개념 체계로 포착된 음식 맛도 반복해서 먹다 보면 된장찌개에 포함된 재료들의 미묘한 맛의 차이와 요리 방식의 차이가 드러납니다.

들뢰즈에게 반복은 흔히 말하는 일상적 반복과는 다릅니다. 차이는 반복을 통해서만 더욱 확연하게 드러납니다. 반복이란 되풀이하여 지각되는 강도의 차이를 통해 개별 대상의 차이 자체를 발견하는 과정입니다. 이때 강도란 언어적으로 표현하기 어렵지만 다른 대상에서는 결코 경험할 수 없는, 개별 대상의 차이 자체로 인해 지각되는 고유한 감각적 경험을 말합니다. 예를 들어 피아노 연주를 처음 들었을 때는 그 연주자만의 미묘한 연주 스타일의 차이를 감각적으로 경험할 수 없지만 반복해서 듣다 보면 다른 연주자가 흉내 낼 수 없는 그만의 고유한 특색을 알아차릴 수 있습니다. 반복해서 들어봐야 저마다의 피아노 연주가 지니고 있는 차이 자체를 감각적으로 포착해낼 수 있는 것이죠. 이때 피아노 연주마다 다르게 감각되는 경험적 느낌의 차이를 강도라고 하고, 그 강도의 차이를 발견하는 과정이 바로 반복인 셈입니다.

철도와 고속도로, 그리고 오솔길

들뢰즈가 말하는 차이와 반복에 비추어 세 가지의 교육 패러다임을 비교해보면 그 개념을 좀 더 쉽게 이해할 수 있습니다. 우선 철도 패러다임을 생각해봅시다. 전통적으로 교육은 학교에서 이루어진다고 생각했습니다. 학교는 공장처럼 규격화된 인재가 달성해야 될 목표를 사전에 규명하고 여기에 이르는 최단거리를 찾아 최대한 그 길을 효율적으로 빨리 가도록 하는 기계적 노동의 현장이었습니다. 학교를 기계로 바라보는 관점에서는 학생은 기계의 부속품이고 가르치는 사람은 그것들이 효율적으로 활용되게 하는 관리자인 것이죠. 학생은 사전에 정해진 철도나 고속도로를 따라 목적지에 가급적 빠르게 도착해야 합니다. 철도를 달리는 기차가 학교라면 학교는 정해진 시간에 정해진 목적지를 향해 일사불란하고 질서정연하게 움직여야 합니다. 목적지도 딱 한 군데로 이미 결정되어 있습니다.

철도 패러다임의 교육은 들뢰즈가 말하는 동일성을 계속 반복하는 재현(representation)의 교육입니다. 재현의 교육은 A를 가르치면 학생도 A로 기억하고 암기해서 가르친 대로 배우는 교육입니다. 어제와 똑같은 내용을 똑같은 방법으로 최단 기간 내에 달성하는 효율 극대화를 추구하는 기계적 교육 패러다임입니다.

한편 학교를 고속도로에 비유하면 정해진 목적지에 도달해야 한다는 점은 철도와 동일합니다. 철도와 고속도로의 교육 패러다임에서는 속도와 효율이 핵심 원리로 작용합니다. 다만 고속도로는 철도와 같이 출발지는 정해져 있지만 목적지에 가는 방법은 여러 가지가 있을 수 있습니다. 부산이 목적지라고 할 때 철도는 선택할 수 있는 노선이 단 한 가지밖에 없지만, 고속도로는 일단 하나의 노선을 결정했다고 해도 중간에 변화를 줄 수 있습니다. 목적지에 이르는 고속도로가 한 가지가 아닐 수 있고, 어느 구간에서는 잠깐 국도를 이용할 수도 있습니다. 목적지에 이르는 방법이 어느 정도 열려 있는 것이지요.

반면 학교를 오솔길에 비유하면 속도와 효율은 중요하지 않습니다. 오솔길을 걸어가는 사람은 남이 걸어가지 않은 길을 얼마든지 개척해서 갈 수 있기 때문에 목적지에 빨리 도착하는 것은 별로 중요하지 않지요. 오솔길을 걸어가는 방법은 때에 따라서 대단히 비효율적이지만 대신에 사색의 길이 될 수도 있습니다.

철도와 고속도로가 지향하는 교육 패러다임은 원인과 결과가 단선적으로 연결되어 있는 직선형 패러다임입니다. 투입하는 요소가 결정되면 결과는 정확히 예측할 수 있습니다. 하지만 오솔길 패러다임은 언제 어디서 어떤 낯선 마주침을 겪을지 예측할 수 없습니다. 목적지로 가는 도중에 아예 목적지가 바뀔 수도 있습니다. 빠르게 직선으로 달려가서 목표를 달성하는 효율성의 패러다임은 오솔길에서는 무의미합니다. 철도와 고속도로는 가다가 길에 문제가 생기면 피해 갈 수 있는 별다른 방법이 존재하지 않습니다. 단선적으로 이어지는 직선 주로가 갖는 치명적 한계입니다. 하지만 오솔길을 걷다 길이 막히면 다른 새로운 길을 걸으면 됩니다. 우발적 마주침이 가장 많이 일어나는 우연성의 보고이자 터전이 바로 오솔길입니다.

철도 패러다임에서 일어나는 우발적 마주침이나 우연성은 치명적인 손상이나 피해를 입히는 위협적인 요소이자 위험천만한 일입니다. 하지만 오솔길에서는 우발적 마주침을 통해서 색다른 깨우침을 얻습니다. 들뢰즈는 "배운다는 것, 그것은 분명 어떤 기호들과 부딪히는 마주침의 공간을 만들어간다는 것이다"(『차이와 반복』)라고 했습니다. 오솔

오솔길을 걸어가는 사람은 남이 가지 않은 길을 얼마든지 개척해서 갈 수 있다.
목적지에 빨리 도착하는 것은 중요하지 않다.

길을 걷다 보면 낯선 기호가 난무합니다. 사건과 사고도 수시로 일어납니다. 똑같은 길임에도 어제와 다른 기호가 주변에 널려 있습니다. 해석을 기다리고 의미를 부여해주기를 원하는 마주침의 공간이 바로 기호의 천국, 오솔길입니다.

일방적 가르침으로는 우발적 깨우침이 발생하지 않는다

오솔길을 걸어가는 사람이 학습자라면 오솔길을 둘러싸고 있는 삼라만상은 스승입니다. 오솔길에서는 누가 선생이고 학생인지 구분하기 쉽지 않습니다. 모두가 스승이고 배우는 사람입니다. 우발적 마주침을 통해 나에게 깨우침을 주는 모든 사람이나 사물, 또는 현상이 다 스승입니다. 정해진 목표를 효율적으로 달성하려는 철도와 고속도로 패러다임에 비해 오솔길 패러다임은 목적지로 가는 여정에서 우연히 깨닫는 부산물에 더 의미심장한 교육적 시사점이 존재합니다. 시행착오와 우여곡절을 겪으면서 스스로 길을 찾아가는 여정은 비효율적인 탐색이요 시도이지만 탐험과 도전의 과정이기도 하지요. 오솔길 교육 패러다임은 어제와 다른 차이가 무한 반복되는 차이 생성의 교육입니다.

오솔길 패러다임에서는 정해진 로드맵이나 철저하게 따라야 할 매뉴얼이 존재하지 않습니다. 오히려 매뉴얼은 오솔길에서 일어나는 우발적 학습을 방해하는 장애물일 뿐입니다. 통제할 수 없는 우연한 마주침이 가장 많이 존재하는 배움의 터전이 바로 오솔길입니다.

오솔길 패러다임에서는 들뢰즈와 가타리가 『천개의 고원』에서 말한 '리좀(Rhizome)'이 생길 가능성이 그만큼 높아집니다. 리좀은 중심이 없고 시작도 끝도 없는 항상 중간, 사물의 틈, 존재의 사이, 간주곡을 의미합니다. 리좀은 체계성과 계획성보다 우연성과 무목적성을 선호합니다. 정해진 구조나 위계를 따라가지 않습니다. 나무뿌리가 어디로 뻗어가서 어떤 다른 나무뿌리와 만날지는 아무도 모릅니다. 우연한 접속을 통해 생각지도 못한 뜻밖의 결과를 부단히 창조하는 과정이 바로 리좀입니다. 리좀은 언제나 예측할 수 없는 사이나 경계에서 꽃을 피웁니다.

> '사이'라는 것. 나를 버리고 '사이'가 되는 것. 너 또한 '사이'가 된다면 나를 만나리라.
>
> _이성복, 『네 고통은 나뭇잎 하나 푸르게 하지 못한다』

리좀을 통해 새로 태어나는 모든 창조는 사이와 사이가 우연히 접속되는 과정에서 일어납니다. 리좀은 다양한 개념과 우발적으로 만나 이제까지 존재하지 않는 새로운 개념을 만들어냅니다. 전공의 경계를 넘나들면서 사이와 사이로 미끄러져 들어가며 무한 리좀을 양산하는 과정 속에 공부의 즐거움이 존재합니다. 그곳이 바로 오솔길 패러다임입니다.

들뢰즈에 따르면 가르치고 배우는 방법에는 두 가지 유형이 있습니다(『차이와 반복』). '나처럼 해봐형 교육'과 '나와 함께 해보자형' 교육입니다. '나처럼 해봐형 교육'은 가르치는 전문가의 전문성이 배우는 비전문가의 기준이자 정답입니다. 비전문가는 전문가의 전문성을 그대로 따라서 모방하는 데 전력투구합니다. 전문가는 전문성을 습득하는 구체적인 절차와 실무적 지침이 들어 있는 매뉴얼을 비전문가에게 제시하고 그대로 따라 할 것을 강조합니다. 이에 반해서 '나와 함께 해보자형 교육'은 전문가의 전문성은 비전문가에게 그대로 모방할 수 있는 노하우가 아니라고 규정합니다. 나아가 전문성은 전문가가 비전문가에게 일방적으로 가르쳐서 습득시킬 수 있는 것이 아니라고 보지요. 또한 전문가의 전문성은 비전문가가 그대로 모방하거나 이상적으로 지향해야 될 기준이나 표준이 되지 못한다고 생각합니다.

철도와 고속도로 패러다임은 '나처럼 해봐형 교육' 패러다임을 선호합니다. 정해진 길이 있고 그 길을 잘 따라가는 학생들의 노력만 뒤따라준다면 별다른 문제가 발생하지 않습니다. 하지만 오솔길 패러다임은 계획된 대로 풀리지 않는 우발성의 연속입니다. 처방적 교육 매뉴얼이 통용되지 않습니다. 머리를 맞대고 스승과 제자가 복잡한 난국을 돌파할 다양한 아이디어를 내어 이리저리 실험하고 모색하면서 주어진 난관을 돌파하는 수밖에 없습니다. 일방적 가르침으로는 우발적 깨우침이 발생하지 않습니다. 우발적 마주침만이 색다른 각성이 동반되는 깨우침을 낳습니다.

낯선 마주침을 경험하라

동일한 것을 반복하면 차이가 드러나지 않고 사건도 발생하지 않습니다. 들뢰즈에게 사건은 반복할 때마다 이전과 다른 차이를 드러내며 일어나는 모든 현상입니다. 똑같은 셰익스피어의 책을 읽어도 읽을 때마다 다른 차이를 발견하면 그때마다 셰익스피어 읽기는 사건이 됩니다. 모든 사건은 낯선 의미를 포함하고 있습니다. 해석해서 이해해야 되는 무언가를 품고 있다면 그것은 기호입니다. 사건은 반드시 낯선 기호를 품고 해석을 기다립니다. 들뢰즈가 말하는 기호는 나한테 색다른 의미로 다가오는 모든 현상입니다. 낯선 기호가 나타나지 않으면 들뢰즈가 말한 사유의 불법 침입은 발생하지 않습니다. 그렇기 때문에 이전과 동일한 생각을 반복하게 되는 것이죠.

기호가 나에게 다가와서 그 의미가 무엇인지를 묻는다는 의미는 다양한 면으로 생각해볼 수 있습니다. 예를 들면 퇴근하고 집에 왔는데 늘 반겨주던 반려견이 가만히 엎드려 있다고 가정해봅시다. 반려견이 반겨주면 그건 기호가 아닙니다. 아무런 반응이 없는 반려견이 낯선 기호입니다. 주인은 생각하게 됩니다. 왜 반려견이 가만히 웅크리고 있는 것일까? 그것은 색다른 마주침이자 사건입니다. 낯선 기호를 내장하고 있어서 의미를 해석하게 만드는 일대의 사건인 것이죠. 우리가 공부하는 과정은 나한테 다가오는 낯선 기호를 해석하는 과정입니다.

기호를 품고 있는 사건은 주로 『천개의 고원』에서 들뢰즈와 가타리가 말한 '아장스망(agencement)'일 때 발생합니다. 아장스망은 영어의 '배치(arrangement)'라는 말로 번역되기도 하는데, 이것은 기존 사물의 낯선 조합과 우연한 마주침으로 형성된 낯선 환경입니다. 들뢰즈가 말하는 사유의 불법 침입이 발생하는 원인도 이 아장스망 덕분입니다. 이전에 접해보지 못했던 낯선 마주침을 통해 기존 사유 체계의 기반을 뒤흔드는 사유의 불법 침입이 발생하는 사건의 무대가 아장스망입니다. 아장스망이 바뀌지 않으면 낯선 마주침도 발생하지 않고 낯선 마주침이 없으면 색다른 깨우침도 일어나지 않습니다. 결국 아장스망은 낯선 사유가 잉태되는 색다른 배치입니다.

그런데 대부분의 전문가는 낯선 사람과 마주치는 기회보다 자신이 파고들어가는 깊이 있는 분야에서 비슷한 사람을 만나 비슷한 방식으로 대화하고 비슷한 문제를 비슷한 방식으로 해결하는 동일성을 반복합니다. 점점 아장스망을 마주칠 가능성은 희박해집니다. 한 분야의

추상표현주의 미술의 선구적 대표자인 잭슨 폴록의 흔적을 엿볼 수 있는
뉴욕 폴록-크래이스너 하우스 앤 스터디 센터(Pollock-Krasner House and Study Center)의 바닥.
익숙한 배치, 아장스망을 바꾸지 않으면 새로운 상상력은 탄생하지 않는다.

전문가는 다른 분야의 전문가와 마주쳐야 합니다. 그래야 자기 전공 분야에서 느끼지 못했던 깨우침을 얻을 수 있습니다.

　　마주침이 일어나면 깨우침도 일어나고 더불어 뉘우침과 가르침이 생깁니다. 이런 마주침이야말로 피뢰침처럼 정문일침의 따끔한 충고를 줄 수 있는 새로운 생각의 원천으로 작동합니다. 다른 환경과 마주치고 이제까지 가보지 못한 곳을 방문해보며 아장스망을 바꿔나가야 나의 사고도 한곳에 정체되어 있거나 한 분야에 갇혀서 살지 않습니다. 회사원의 아장스망은 아침에 일어나 출근해서 저녁 때 집에 오는 틀에 박힌 패턴의 반복입니다. 회사원이 자신의 아장스망을 바꾸기 위해서는 쉬는 날에는 평소 가보지 않은 곳을 가보고, 어떤 날은 늘 가던 길이 아닌 다른 길로 출근하고, 집이 아닌 다른 곳에 가서 잠을 자보는 등 낯선 환경과의 마주침의 기회를 늘려야 합니다.

　　아장스망이라는 개념을 쉽게 이해할 수 있도록 한 가지 사례를 들어보겠습니다. '막걸리'라는 단어를 생각하면 퍼뜩 어떤 단어나 이미지가 떠오르나요? 파전, 등산이 생각나지는 않나요? 만약 이 단어들을 떠올렸다면, 막걸리와 관련된 여러분의 아장스망이 바뀌지 않은 것입니다. 상상력이 누구나 다 하는 수준에서 더 나아가지 못한 것이 그 증거입니다.

　　막걸리에 대한 새로운 연상을 하려면 막걸리를 이전과 다른 방식으로 마셔야 합니다. 예를 들면 막걸리를 출근하기 전 새벽에 두세 병

정도 마시고 취해봅니다. 취한 덕분에 회사도 못 가는 사고를 치겠지요. 이제 막걸리 하면 연상되는 단어라고 하면 새벽을 떠올리겠지요. 막걸리에 대한 아장스망이 바뀐 것입니다. 막걸리는 늘 비 오는 날―파전―등산이라는 배치를 떠난 적이 없었는데, 막걸리를 새벽에 그것도 안주로 스테이크를 먹었다면 세계 최초로 막걸리―새벽―스테이크―출근 못하는 사고라는 아장스망이 생깁니다. 막걸리에 대해 이전과는 전혀 다른 관점에서 글을 쓸 수 있는 원동력이 생겼습니다.

늘 만나서 어울려 다니던 익숙한 배치를 바꾸지 않으면 새로운 상상력의 가치는 탄생되지 않습니다. 가치 창조는 배치의 재조합에서 비롯된다는 것이 바로 아장스망의 위력입니다.

철판과 보름달

공업고등학교를 다닌 저는 고등학교 시절 용접을 하다 용접기의 온도 조절을 잘못해서 철판에 구멍을 뻥 뚫은 적이 있습니다. 기능사 2급 자격시험이었는데, 저는 시험을 다 치르기도 전에 불합격될 것이라고 확신했습니다. 그래서 어차피 떨어진 게 분명하니 용접봉으로 철판에 구멍을 더 크게 뚫어버렸습니다. 이때의 경험 때문인지 저는 철판만 생각하면 보름달이 연상됩니다. 모든 상상이 창조를 낳는 것은 아닙니다. 체험적 상상력이어야 창조로 연결될 가능성이 많습니다. 체험이 동반되지 않는 상상은 공상이나 환상, 몽상이나 망상일 가능성이 크지요.

철판과 보름달은 익숙한 배치나 어울림이 아닙니다. 전혀 다른 이질적 사물이나 현상을 조합해서 이전과 다른 마주침을 체험하게 만드는 사유의 텃밭이 아장스망입니다. 지금 생각을 바꾸려면, 그 생각과 관련돼서 무의식적으로 연결되는 연상력을 바꾸려면, 이전에 해온 방식과는 다른 방식으로 부딪치고 마주쳐야 합니다. 체험의 반경과 깊이를 바꿔서 이전과 다르게 파고들거나 다른 곳으로 떠나지 않는 이상 나의 연상 능력의 수준과 깊이도 변화되지 않습니다. 낯선 배치를 만나야 사유가 배반하지 않고 새로운 가치를 창조하기 시작합니다.

들뢰즈가 아장스망이라는 어려운 단어를 사용하여 우리한테 말하려 한 것은 무엇일까요. 우리가 일상적으로 마주치는 사물, 현상, 어떤 환경과 위치를 바꿔서 배치하지 않으면 가치가 달라지지 않고 우리의 생각이 달라지지 않는다는 것입니다. 아장스망을 바꾸면 어제와 다른 모습으로 살 수 있습니다. 오늘은 버스나 전철을 타지만 내일은 자전거를 타고 목적지까지 가보면 어떨까요. 늘 함께하는 점심 식사 파트너를 바꿔보고, 한번도 가보지 않은 식당에서 낯선 메뉴를 시켜봅니다. 오로지 소설책만 읽는 취향일지라도 어느 날은 경제학 코너에 가서 책을 골라볼 수 있습니다. 이렇게 조금씩 낯선 자극이 내 몸으로 스미면서 색다른 사유가, 창의적인 생각이 움트기 시작할 것입니다.

들뢰즈가 말하는 창조는 없었던 무(無)에서 새로운 유(有)를 만드는 게 아니라 이미 존재하고 있는 유(有)와 유(有)의 배치를 바꾸면 여기서 다시 새로운 유(有)가 생성된다는 것입니다. 그러면 이제 우리의 생각도 이전과 다른 방식으로 바뀔 수 있다는 것을 들뢰즈는 말하고 있습니다. 그래서 들뢰즈를 생성의 철학자라고도 합니다.

반복이 그 사람의 정체성을 만든다

아장스망과 연결시켜서 들뢰즈가 창조한 개념이 다양체(multiplicity)입니다. 멀티(multi)와 주름을 뜻하는 '플리(pli)'라는 단어의 합성어입니다. 주름이 많이 축적되어서 생긴 결과물이 다양체입니다. 이제까지 살아오면서 마주친 흔적이 씨줄과 날줄로 엮여 생긴 주름이 다양체입니다. 내 몸에 각인된 다양한 흔적과 주름이 만든 역사적 산물인 것이죠. 공부는 익숙한 주름을 제거하고 낯선 환경에 몸을 던져 배치를 바꾸고 없었던 흔적과 주름을 만들어가는 지난한 과정입니다.

앉아서 가만히 있으면 관념적 사유에 갇히는 위험에 빠질 수 있습니다. 아장스망은 이제껏 경험해보지 못한 낯선 환경에 몸으로 부딪치면서 잠자고 있는 감각을 흔들어 깨우는 무대입니다. 아장스망이 바뀌면 익숙했던 정신 근육과 신체 근육이 바뀌면서 내 몸에 낯선 주름이 축적되는데 그 결과 생긴 흔적의 산물이 다양체입니다. 한 사람의 정체성은 그 사람이 살아오면서 어떤 다양체를 몸에 각인시켜왔는지가 결정합니다.

수영선수 박태환은 물과 몸이 만나는 아장스망을 통해 자신에게 최적의 다양체를 만들어오면서 세계적인 수영선수가 되었습니다. 수영하는 데 익숙한 다양한 주름을 개발한 덕분에 수영장은 그에게 너무나도 편안한 아장스망입니다. 그런데 박태환 선수에게 갑자기 피겨스케이트 선수 김연아처럼 빙판에서 스케이팅을 하라고 하면 어떻게 될까요? 불가능하지는 않지만 많은 시간과 노력을 투자해서 빙판에 익숙한 다양체를 다시 만들어야 합니다. 다양체는 한 사람이 살아가면서 어떤 일을 어디서 어떻게 해나가는지에 따라서 고유한 방식으로 형성되어가는 정체성의 흔적입니다.

저는 대학교에서 교육공학을 가르치는 교수로서 제가 주로 만나는 아장스망은 대학교, 연구실, 강의실이며, 이곳에서 읽고 글 짓고 책 쓰며 연구하고 강의하는 주름이 매일 누적되어 저의 다양체가 형성됩니다. 동일한 일이 반복된다고 생각되지만, 심지어 같은 책을 읽을지라도 어제와 다르게 읽고 쓰며, 같은 이름의 강의일지라도 매일 미묘한 차이가 있습니다. 이런 차이가 반복되면서 어제와 다른 나의 다양체가 생성됩니다. 하지만 근무처가 병원 진료실로 바뀌면 어떻게 될까요?

이전까지는 주로 학생을 가르치고 가르치는 방법을 연구하는 교수로서 지내다가 환자를 진단하고 처방하는 의사로 변신하는 순간 이전에 없었던 새로운 다양체를 생성할 것입니다.

생각지도 못한 생각의 지도자가 되려면

세상을 이끌어가는 사람은 앉아서 생각을 오랫동안 하는 사람이나 아이디어를 내는 사람이 아닙니다. 하찮은 아이디어라고 할지라도 이리저리 시도하면서 우발적 깨우침을 얻는 사람이 리더가 됩니다. 생각대로 안 될 때 사람은 배우고 깨닫습니다. 생각만 해본 사람은 그런 깨달음의 경지로 가지 못합니다. 앉아서 깊이 생각할수록 실천할 가능성은 희박해지고 다양한 아이디어를 제시할지라도 책상에 앉아서 그것의 실효성을 판단할 수는 없습니다. 직접 몸으로 부딪쳐봐야 생각의 오류를 발견할 수 있습니다. 그때 비로소 난국을 돌파하는 색다른 방법도 떠오릅니다.

생각대로 안 될 때 생각지도 못한 생각이 떠오릅니다. 생각지도 못한 생각을 떠오르게 하는 방법이 바로 지금까지 이야기한 들뢰즈의 아장스망, 즉 사물이나 현상 또는 환경과 시스템의 배치를 바꾸는 방법입니다. 딴짓을 하면 딴생각이 떠오른다는 점, 놀라운 생각은 책상에서 나오지 않고 다양한 시행착오를 겪는 일상의 삶에서 나옵니다.

위대한 생각과 위대한 아이디어는 생각일 뿐이고 아이디어일 뿐입니다. 나가서 행동해봐야 생각지도 못했던 생각지도를 그리는 방법을 알게 되고 거기서 세상을 이끌어갈 위대한 생각의 지도자가 탄생합니다.

움베르토 마투라나의 **방랑하는 예술가론**

몸을 움직여
행동지식을 창조하는 방법

chapter
07

Humberto R. Maturana

1928.9.14~

움베르토 마투라나는 칠레의 인지생물학자입니다. 그는 특이하게도 심리학이 아니라 생물학을 근간으로 인간의 앎과 삶과 행동의 관계를 연구했습니다. 마투라나의 철학을 한마디로 이야기하면 "몸은 머리의 명령을 듣지 않는다"가 될 것입니다. 해가 바뀔 때 많은 사람이 하는 결심 중의 하나는 '운동하기'입니다. 하지만 야심차게 시작해서 작심삼일의 유혹을 넘긴다 해도 이후 운동을 지속하는 사람은 그리 많지 않습니다. 머릿속에서는 계속 운동을 하라고 명령을 내림과 동시에 운동을 지금 당장 하지 않아도 되는 이유나 핑계를 찾아서 합리화하기도 합니다.

몸은 여전히 머리의 명령에 굴복하지 않고 있습니다. 사람은 생각한 대로 행동하지 않고 몸에 밴 행동지식대로 행동한다는 사실을 마투라나의 주장에 비추어 생각해보려고 합니다. 여기서 주장하는 많은 내용은 마투라나와 바렐라가 함께 쓴 『앎의 나무』라는 책을 참고했습니다. 인용문 중에 따로 출처를 표시하지 않은 것은 이 책에서 가져왔음을 밝혀둡니다.

몸은 머리의 명령을 듣지 않는다

마투라나의 이야기를 하기 전에 먼저 『이기적 유전자』를 쓴 리처드 도킨스의 입장을 살펴볼까 합니다. 그의 입장과 비교해보면 마투라나의 생각을 보다 분명하게 이해할 수 있습니다. 왜냐하면 유전자의 역할과 생명체의 성장 과정에 대해서 두 사람은 정면으로 반대되는 입장을 표명하기 때문입니다.

리처드 도킨스는 인간은 유전자의 자기복제에 불과하다고 주장합니다. 인간이라는 생명체는 유전자의 생존기계 정도밖에 안 된다고 생각합니다. 사람이 어떤 노력을 해도 변하지 않고, 그 사람의 유전자에 그 사람의 미래가 이미 숨어 있다고 바라보는 관점입니다. 그런데 마투라나는 이와 대조되는 입장을 취합니다. 오히려 유전자는 수많은 세포 구성 요소의 하나에 불과하다는 것이지요. 모든 생명체는 환경과 끊임없이 상호작용하는데 문제는 언제 어떤 환경에서 누구와 상호작용하면서 적응 활동을 계속해나갈 것인지를 예측할 수가 없다는 데 있다고 합니다.

마투라나는 생명체의 모든 진화를 자연표류(natural drift)로 설명합니다. 산 정상에서 물줄기가 흐르기 시작했다고 가정할 때 물이 흘러내려오다가 바위도 만나고 나무뿌리와 각종 풀, 그리고 구덩이 등을 만나면서 언제 어디로 흘러갈지 예측할 수 없는 상태를 자연표류라고 합니다. 이렇게 저렇게 흘러 다니면서 여기 부딪쳤다가 저기 부딪치고, 또 부딪치는 과정에서 환경과 만나면서 생명체의 신체 구조가 바뀌고, 다시 바뀐 신체 구조가 거꾸로 환경을 바꿔나가는 상호작용을 통해서 생명체는 진화를 거듭하지요. 이것이 마투라나의 '방랑하는 예술가론'입니다. 자연과 사투를 벌이면서 때로는 우발적 마주침과 무한 표류를 경험하면서 자기 존재의 고유함을 어떻게 지켜왔는지를 유구한 생명체의 역사를 통해 밝혀갑니다. 나아가 자신들이 창안해낸 독특한 개념체계와 사유 체계로 생명체의 인식과 행동과 존재의 삼각관계를 파격적인 방식으로 풀어내고 있지요.

한 가지 예를 들어 마투라나의 '앎'과 '삶'과 '함'의 관계를 풀어보겠습니다. 지하철을 타고 집에 가는데 마침 옆에 이상형의 남자가 앉아 있다고 가정해봅시다. 어느 역에서 내릴지 모르지만 내리는 역에서 커피 한잔 하시겠습니까? 라고 데이트를 요청하고 싶지만 생각처럼 입은 열리지 않습니다. 그 말을 할까 말까 고민하는 사이에 그 남자는 지하철에서 내리고 말았습니다. 이런 사람이 있을 수 있습니다. 자리에 앉자마자 바로 행동으로 옮기는 것입니다. 시간 되시면 편안한 역에 내려서 커피 한잔 하시겠습니까? 생각을 거듭하며 머뭇거리지 않고 바로 실행에 옮기는 것이지요.

마투라나에 따르면 앎(knowing)은 함(doing)과 구분되는 독립적인 활동이 아니라 앎은 그 자체가 효과적인 행위라고 합니다. 앎은 이미 함입니다. 몸에 밴 행동지식이 있는 사람은 생각한 바를 바로 행동으로 옮깁니다. 그동안 생각한 바를 몸으로 실천하면서 생긴 행동지식이 그와 같은 행동을 하는 데 원동력이 됩니다. 리더십을 발휘하여 세상을 바꾸는 사람은 이런 행동지식이 많은 사람입니다.

지식 자체는 세상을 바꾸지 않습니다. 몸에 밴 행동지식을 많이 가진 사람이 그만큼 행동하면서 또 다른 앎을 축적하고 변화를 만들어 내는 것이지요. 몸은 머리의 명령을 듣지 않고, 오히려 몸이 잘 숙련되다 보면 머리에 명령을 내립니다. 정신이 나태하도록 내버려두지 않지요. 몸을 계속 움직여서 정신을 바꿉니다. 우리는 생각한 대로 행동하지 않고 몸에 밴 행동지식대로 행동합니다.

앎은 생명체가 안간힘을 쓰면서 살아가기 위해 보여주는 생존 방식입니다. 인식의 과정은 한 생명체가 주어진 환경에서 살아가기 위해 보여주는 행동 방식인 것이지요. 즉 인식은 행동 방식으로 탄생된, 행동과 분리할 수 없는 지식입니다. 외부 세계를 객관적으로 인식한 앎을 근거로 행동하고 완벽한 계획을 수립한 다음 실행에 옮기는 선지후행(先知後行)의 지행일치(知行一致)를 거부하는 인지생물학적 인식론을 주장하는 마투라나의 핵심적인 주장을 생각해봅니다. 그가 주장하는 앎은 철학적 인식론을 연구하듯 현실과 무관한 창백한 연구실에서 탄생되지 않았습니다. 그의 인지생물학적 인식론은 생명체의 기나긴 역사적 발자취를 추적하면서 자신이 살아가는 생태계 현장에서 오랫동안의 관찰과 통찰로 건져 올린 사회역사적 산물입니다.

운명대로 살아가는 생명체는 하나도 없다

마투라나에 따르면 생명체는 기본적으로 자신(auto)을 제작(poiesis)하는 오토포이에시스(autopoiesis), 즉 자기생성의 역동적 실체입니다. 모든 생명체가 지니고 있는 세포에 비추어 오토포이에시스를 생물학적으로 다시 정의하면 끊임없는 생성 활동을 하면서 '자기가 자기 자신을 만들어내는 세포 활동 자체'를 뜻합니다. 자기생성 체계로서 세포는 주변 환경과 부단히 상호작용을 거듭하면서 자신을 역동적인 다른 개체로 구성하는 핵심 주체입니다.

생물을 특징짓는 것은 자기 자신을 말 그대로 지속적으로 생성하는 데 있다.

이런 뜻에서 우리는 생물을 정의하는 조직을 자기생성 조직이라고 부르고자 한다.

자기생성 개념에 따르면 유전자가 결정한 대로 환경 변화에 관계없이 운명대로 살아가는 생명체는 없습니다. 모든 생명체는 환경이나 다른 생명체와의 부단한 상호작용을 통해 어제와 다른 나로 자기변신을 거듭하면서 끊임없이 자기를 생성합니다. 어떤 모습으로 어떻게 생성할지는 지금 여기서 결정할 수 없습니다.

자기생성 체계의 가장 독특한 점이란 말하자면 자기 옷을 스스로 여민다는 사실, 곧 자신의 역동성을 바탕으로 자신을 주위 환경과 다른 것으로 구성한다는 사실이다.

자기생성을 지속하기 위해서는 에너지가 필요합니다. 그 에너지원이 바로 구조접속(structural coupling)입니다. 구조접속이 끊어지면 생명체의 자기생성을 위한 에너지원이 차단된다는 의미입니다. 개체와 환경의 구조접속이 끊어짐으로써 에너지원의 유입이 끊기면 생명체로서의 고유한 특성을 더 이상 생성할 수 없어지고 결국은 생명성을 상실하게 됩니다.

이런 점에서 생명체의 자기생성을 위한 분투노력은 살아가기 위

생명체는 혼자 외롭게 독립적으로 존재하는 것이 아니다.
환경과의 구조접속을 통해 에너지를 주고받으며 자기를 부단히 생성한다.

한 생존투쟁이며 한 생명의 특이성이 형성되는 과정입니다. 생명체가 살아가면서 보여주는 모든 활동은 다른 생명체나 환경과 무관하게 홀로 작동하는 독립적인 활동이 아닙니다. 생명 활동은 자신을 제외한 모든 생명체 그리고 생명체가 살아가는 주변 환경과 구조접속이 된 채로 이루어집니다. 그렇다면 여기서 말하는 구조접속이란 무엇일까요?

> 개체와 환경의 재귀적 상호작용은 둘의 상호섭동으로 나타난다. 이런 상호작용에서의 환경의 구조는 자기생성 개체의 구조에 변화를 유발할 뿐, 그것을 결정하거나 명령하지 않는다. 이것은 거꾸로 환경에 대해서도 마찬가지다. 개체와 환경이 해체되지 않는 한, 이런 재귀적 상호작용은 구조변화를 서로 주고받는 역사를 만들어낸다. 이것이 바로 우리가 구조접속이라고 부르는 것이다.

다시 말해서 구조접속이란 생명체가 주변 환경과 재귀적으로 상호작용하면서 자신의 생명 조직을 잃지 않고 부단히 자신의 신경계 구조를 변화시키는 활동입니다. 주변 환경이 생명체에 주는 모든 자극을 섭동(攝動)이라고 합니다. 여기서 '재귀적'이라는 말은 생명체와 환경이 주고받는 상호작용이 일방향적으로 한 번에 끝나는 것이 아니라 지속적으로 일어나는 것을 뜻합니다. 즉 섭동으로 인해 생명체의 구조가 변화되고, 반대로 이 생명체의 구조변화는 환경의 구조변화에 영향을 되돌려줍니다. 변화된 환경의 구조는 다시 생명체의 구조변화에 영향을 주고받는 끊임없는 상호작용 속에서 생명체가 살아간다는 뜻인 것이지요. 구조접속을 통한 생명체의 구조변화와 환경의 구조변화는 서로의 구조를 변화시키는 무한 표류를 거듭합니다. 언제 어떤 생명체가 또 다른 생명체나 환경과 구조접속을 통해 어떤 구조변화를 일으킬지를 모르기 때문에 구조변화의 표류라고 합니다.

구조접속과 인간의 성장

구조접속을 보다 쉽게 설명해보겠습니다. 무거운 바벨을 들고 벤치 프레스를 하면 가슴 근육이 생기고 데드 리프트를 하면 어깨 등 근육과 기립근, 그리고 허리와 허벅지 근육의 구조가 변합니다. 너무 무거운 바벨을 들다가 허리 근육 왼쪽 부위에 무리가 가면 당분간 왼쪽에 힘을 주지 못하고 오른쪽 허리 근육으로 버티면서 살아가게 되는데, 이렇게 되면 신체 구조에 변화가 일어납니다. 또 의자에 앉았는데 의자가 오른쪽으로 기울어지는 문제가 있으면 내 몸은 자연스럽게 의자의 기울기에 맞춰 구조변화를 일으킵니다. 의자의 구조와 내 몸의 구조가 접속해서 주어진 환경 변화에 적응해가지요.

생명체의 구조변화는 일생일대의 큰 사건일 수도 있고 견딜 수 없는 고통의 역사일 수도 있습니다. 섭동은 한 생명체의 신체에 구조변화를 일으키지만 구조변화를 겪는 당사자 입장에서는 견딜 수 없는 아픔의 연속일 수도 있습니다. 이전 상태와 다르게 변화된 신경계의 구조는 다시 현 상태에 적응하기 위해서 힘든 시간을 견디면서 일정 기간의 적응 노력을 하게 됩니다. 생명체의 구조접속을 통한 자기생성은 생명체가 살아 있는 한 계속되는 영원한 미완성입니다.

자기생성은 말 그대로 자기 혼자 자기를 생성하는 과정이 아닙니다. 끊임없이 환경과 만나서 주어진 환경이 요구하는 구조대로 나의 사고나 신체 구조를 바꾸면서 제2의 나로 거듭나는 과정이고 그 생성 과정에 에너지를 지원해주는 것이 바로 구조접속입니다.

삶은 구조접속을 할 때마다 생각이 바뀌는 공부 여정이고, 자기생성을 계속해나가는 혁명적인 사건의 연속입니다. 우리는 모두 알게 모르게 우발적인 구조접속을 통해서 자기를 부단히 생성해나가는 생명체입니다. 한 생명체는 환경과 우발적으로 구조접속을 하면서 미래에 어떤 사람이 될지 예측할 수 없는 상태로 끊임없이 성장하고 발전해나갑니다. 이것이 바로 마투라나가 말하는 방랑하는 예술가론입니다.

생명체는 자기 삶의 조건을 스스로 창조한다

다원의 진화론에 따르면 인간은 자연선택(自然選擇, natural selection)의 결과입니다. 자연선택이란 특수한 환경하에서 생존에 적합한 형질을 지닌 종이, 그 환경하에서 생존에 부적합한 형질을 지닌 종에 비해 생존과 번식에서 이익을 본다는 이론입니다. 자연도태(自然淘汰)라고도 합니다. 다원의 자연선택을 진화론적으로 계승한 사람이 바로 리처드 도킨스입니다. 자연환경에 적응을 잘하는 생명체일수록 유전자 역시 잘 보존될 수 있다는 입장이 바로 도킨스의 진화론적 관점이지요. 도킨스에 따르면, 우리는 유전자가 만든 생존기계, 그것도 이기적으로 작용해서 자신에게 유리한 방향으로 작용하는 이기적 생존기계입니다. 어떤 노력을 해도 나는 변하지 않습니다. 내 운명은 이미 유전자가 결정했기 때문입니다. 내가 나의 노력으로 결정되지 않고 유전자가 결정하는 헤테로포이에시스(heteropoiesis)로 보면서 유전자를 나를 결정하는 절대적 신으로 바라봅니다.

그런데 마투라나에 따르면 생명체의 성장은 유전자가 품고 있는 방식으로 진행되지 않고 각각의 개체가 어떤 섭동 작용으로 구조에 변화가 생기면 그 생명체가 몸담고 있는 환경의 구조변화로 이어지고, 이러한 구조변화는 또다시 생명체들의 구조변화를 촉발합니다. 그렇게

두 개체의 상호작용이 반복적으로 이뤄지면서 서로의 상태가 예측할
수 없을 정도로 역동적으로 변화해갑니다.

> 생물이 환경 안에서 겪는 개체 발생적 구조변화는 언제나 환경의 표류와 어
> 울리는 구조적 표류일 것이다.

구조적 표류의 연속은 생명체의 진화를 전혀 다른 관점으로 바라
보게 만듭니다. 미래 어느 시점에서 어떤 구조변화를 일으킬지 알 수
없기 때문에 구조적 표류이고 이것이 결국 진화를 자연표류로 바라보
게 만드는 원동력입니다.

> 생물이 삶을 시작해서 죽기까지 자기가 속한 부류의 정체 및 자신과 환경의
> 구조접속을 보존한 채 겪는 과정이다. (중략) 개체 발생은 생물과 환경이 주
> 고받는 상호작용의 역사 속에서 상호작용이 유발하는 생물의 구조변화를 통
> 해 선택된 경로를 밟는다.

생명성은 결국 환경과 주고받는 구조접속 과정에서 발원됩니다.
산꼭대기에서 양동이로 물을 쏟아붓는다고 할 때 쏟아진 물이 어느 방
향으로 흘러갈지, 어떤 자국을 내며 어떤 움직임을 보여줄지는 아무도
예측할 수 없습니다. 물이 흘러가다 만나는 장애물, 부는 바람과 땅의

굴곡 상태에 따라 물은 예측불허의 방향으로 흘러가면서 흔적을 남깁니다.

> 자연표류란 오직 그때그때 갈 수 있는 길만을 따라간다. 자연표류 속에서 유기체들의 모습은 때때로 큰 변화 없이 이어지는가 하면 때때로 여러 갈래로 나누어지기도 하는데, 이것은 유기체와 환경이 그때그때 어떤 관계를 맺고 있느냐에 달렸다. 유기체와 환경은 따로따로 변한다. 곧 유기체는 생식 단계마다 변화하고 환경은 또 다른 역동성에 따라 변화한다.

유기체가 지금 이 순간 환경과 어떤 관계를 맺고 있느냐에 따라 유기체가 주어진 환경 속에서 어떤 방향으로 표류를 지속할지를 결정합니다. 유기체가 설정한 방향이나 의도대로 표류 통로를 결정할 수 없습니다. 유기체의 표류 방향은 유기체와 환경이 시시각각 맺고 있는 관계의 양상에 따라 결정됩니다. 오로지 지금 이 순간 생명체가 누구와 어디서 어떤 만남을 통해 관계를 만들어가는지만 볼 수 있을 뿐, 앞으로 어떤 구조접속을 통해 자기생성을 이어갈지는 아무도 모릅니다. 생명체는 자연표류를 거듭하는 예측불허의 방랑하는 예술가입니다.

> 진화란 자기생성과 적응이 보존되는 가운데 일어나는 자연표류다. (중략) 진화란 오히려 방랑하는 예술가와 비슷하다. 그는 세상을 떠돌아다니며 여기저

기에서 실 한 가닥, 깡통 한 개, 나무 한 토막을 주어 그것들의 구조와 주위 사
정이 허락하는 대로 그것들을 합친다. 그가 그렇게 합치는 데에는 특별한 이
유가 없다. 그저 그렇게 할 수 있을 뿐이다. 그가 떠돌아다니면서 서로 어울
리게 연결해놓은 부분들이나 형태들로부터 온갖 복잡한 형태들이 생겨난다.
여기에는 어떤 계획도 없으며 그저 자연스럽게 표류하는 가운데 생겨났을 뿐
이다.

    환경이란 정지된 상태에서 생명체에게 일방적으로 영향을 미치
는 고정된 존재가 아닙니다. 마찬가지로 생명체도 고정된 환경에서 정
해진 유전자 구조에 따라 사전에 결정된 통로를 통과하는 정태적 개체
가 아니지요. 환경 속에서 살아가는 생명체들이 상호작용을 주고받으
면서 끊임없이 역동적으로 변화되듯, 생명체도 환경 변화에 맞물려 저
마다 다른 변화를 거듭합니다. 이런 상호작용을 통한 변화로 생명체는
자기 존재의 조건을 창조하고 다음 구조변화의 기반을 만들어갑니다.
지금 어떤 상황에서 구조접속을 하고 있는지에 따라서 다음 환경 변화
에 대응하는 구조접속 방식을 결정합니다.
    생명체와 환경이 주고받으며 변화를 일으키는 역동적 구조접속
과 이것으로 맺는 생명체와 환경의 관계에 대한 통찰은 다윈의 자연선
택설이나 도킨스의 유전자 결정론으로 설명할 수 없는, 생명체의 정체
성을 새롭게 모색할 수 있는 길을 열었습니다. 구조접속을 통한 생명

체의 표류하는 예술성이 생명체의 정체성을 결정하는 중요한 흐름이라는 인식을 갖게 된 것입니다. 생명체는 정해진 운명대로 살아가지 않고 지금 여기서 새로운 자기 삶의 조건을 스스로 창조해나가는 역동적인 주체입니다.

앎은 생명체가 살아가는 방식이다

마투라나가 바라본 앎의 세계와 본질은 기존의 심리학적 앎이나 철학적 인식과 어떤 점에서 다를까요? 마투라나는 단순히 외부 세계를 지각하는 인식 주체의 객관적인 인식 현상만을 탐구 대상으로 삼지 않습니다. 그는 인식 현상의 본질을 해명하기 위해서 생명의 기원으로 파고들어갑니다. 그는 원시생명체에서 고등동물까지 최초의 생명이라고 할 수 있는 세포 활동을 관찰하면서 인식이란 외부 세계를 객관적으로 드러내는 표상이나 재현이 아니라 생명체가 또 다른 생명체나 환경과 상호작용하면서 일어나는 구조접속을 통한 끊임없는 자기생성 활동 과정으로 정의합니다.

인식 능력이 없다고 가정하는 단세포 생물에서 출발해 수십억조 개의 세포들이 결합한 '메타 세포체'로 변화한 생명체들, 특히 가장 고등의 신경계 세포를 지닌 사람까지 추적 조사하면서 이들은 도대체 어

생명체는 정해진 운명대로 살아가지 않는다.
지금 여기서 새로운 자기 삶의 조건을 스스로 창조해나가는 역동적 주체이다.

떤 방식으로 세상과 사물을 인식하고 행동하면서 자신들의 행동방식을 문화적으로 전수하고 있는지에 대해 질문을 던집니다.

"학습이란 유기체의 작업 방식과 환경의 작업 방식이 줄곧 어울려 있는 구조접속의 표현"이라고 했습니다. 생명체는 수동적으로 외부 세계를 객관적으로 인식한 다음 어떤 행동을 보여줄 것인지를 결정하지 않습니다. 인식한 다음 행동하는 것이 아닙니다. 그들의 인식 행위 자체가 이미 환경이나 다른 생명체와 부단히 상호작용하면서 효과적으로 행동하는 방식이지요. 따라서 생명체의 앎은 그 생명체가 살아가는 방식과 무관하지 않습니다. 앎은 삶과 분리되거나 독립된 채 별도의 장소에서 관념적으로 이루어지지 않습니다. 격전의 삶의 현장에서 체득되고, 그렇게 체득된 앎은 삶을 바꾸는 원동력으로 직결됩니다.

"유기체의 인식 활동이란 유기체가 살아가는 구조접속의 영역 안에서 감각 작용적 상관 관계로서 일어나는 활동"이라는 것입니다. 사람을 포함해서 모든 생명체가 인식하는 세계는 수백만 개의 운동 뉴런과 수천억 개의 중간 뉴런, 수천만 개의 감각세포로 구성된 신경계를 통해 인식할 수 있는 범위 내에서 다른 사람들과 함께 만들어낸 세계일 뿐입니다. 신경계로 인식할 수 있는 범위는 생명체에 따라 다르고 인식 방식도 전혀 다릅니다. 저마다의 신경계로 사물을 인식한 결과도 차이가 납니다. 어떤 신경계로 바라본 인식 결과가 객관적이라고 말할 수 없습니다.

신경계란 생물의 계통 발생적 역사를 거쳐 유기체 안에 확립된 특별한 세포 집단이며 감각 부위와 운동 부위의 여러 지점들을 접속하는 구실을 한다.

모든 생명체는 저마다의 계통 발생적 역사를 갖고 저마다의 방식으로 감각 부위와 운동 부위를 연결하는 지점을 개발해왔습니다. 아메바의 신경계는 자기 고유의 먹이를 인식해서 잡는 행동 방식을 개발해왔고, 말미잘은 말미잘 나름의 신경계를 감각적으로 인식하고 행동해서 먹이를 잡는 방식을 개발해왔습니다. 물론 가장 고등동물이라고 생각하는 사람 역시 사람의 특이성을 가장 잘 드러내는 신경계를 개발하여, 외부의 사물을 인식해서 때로는 위험에 대처하고 사전에 준비하는 행동 방식을 개발해왔습니다. 앎은 언제나 주어진 상황에서 어떻게 행동해야 되는지를 고민하면서 발전해왔습니다. 앎이 곧 삶이 되고 그 속에서 어떻게 행동하는 것이 가장 효과적인지를 몸으로 익힙니다.

존재와 행동과 앎의 삼위일체

신경계(그리고 유기체)는 어느 누가 설계한 것이 아니다. 이것은 개체들이 자기 상태들의 역동성을 바탕으로 겪어온 계통 발생적 표류의 결과다. 따라서 신경계란 자신의 내부 관계들을 통해 정의되는 개체로 보아야 한다.

모든 생명체는 신경계가 받아들일 수 있는 감각 작용만큼 세계를 인식할 수 있습니다. 신경계가 인식할 수 없는 불가지(不可知)의 세계는 여전히 무궁무진합니다. 신경계는 계통 발생적 표류를 거듭해오면서 자기만의 방식으로 세상을 인식하고 행동하는 방식을 개발해왔습니다. 특정 생명체가 지금 여기서 세계를 바라보고 인식하며 행동하면서 존재 자체의 특이성을 신장시키는 가능성은 신경계가 외부 세계와 구조변화를 겪는 정도에 따라 달라지지요. 단세포 생물이든 고등동물이든 신경계가 외부 사물을 지각한 다음 머리로 행동하는 방식을 결정하는 것이 아닙니다. 오히려 오랜 구조적 표류를 겪으면서 몸에 밴 행동방식, 즉 행동지식이 결정적인 순간이 왔을 때 행동을 유발하는 것이지요.

> 살아있다는 사실 자체가(생물로서의 구조접속을 끊임없이 유지하는 일) 바로 그 생물의 존재 영역에서 일어나는 인식 활동이다. 경구로 나타내자면, 삶이 곧 앎이다. 다시 말해 생명 활동이란 생물로서 존재하는 데 효과적인 행위이다.

말미잘이 파도치는 물결 속에서도 먹이를 잡는 행동은 외부 사물을 인식한 다음 잡겠다고 생각해서 일어난 결과가 아닙니다. 아메바가 먹이를 보고 달려드는 것은 잡아먹겠다고 결심해서 행동에 옮기는 것이 아닙니다. 생명 활동이란 생물이 존재하기 위해 오랫동안 습관적으로 반복해서 생긴 효과적인 행동입니다.

앎이란 곧 효과 있는 행동이다. 그래서 함이 곧 앎이며, 앎이 곧 함이다.

앎을 행동과 분리시켜 연구한 패러다임이 바로 지행일치(知行一致) 패러다임입니다. 지행일치 패러다임은 왜 아는 대로 행동하지 않느냐고 따집니다. 이 패러다임은 아는 만큼 행동한다고 가정합니다. 하지만 몸이 머리의 명령을 듣지 않듯이 사람은 머리로 아는 만큼 행동하지 않습니다. 행동하지 않는 이유는 그 원인이 다양합니다.

인식이란 효과적인 행위다.

즉 한 생물이 특정 환경에서 자신의 세계를 산출함으로써 그 환경에서 생존을 지속케 해주는 행위로 인식을 이해하는 것입니다. 생명체마다 감각기관이 인식하는 세계는 저마다 다릅니다. 이런 점에서 제이콥 폰 윅스쿨과 토마스 A. 세벅이 제시한 '벨트(welt)'와 '움벨트(Umwelt)'의 차이에 주목할 필요가 있습니다. 벨트를 객관적인 세계라고 한다면 움벨트는 주관적 세계라고 할 수 있습니다.

움벨트는 각각의 동물들이 지니고 있는 신경계로 세상을 인식하고 느끼는 감각의 세계입니다. 사람의 움벨트는 개미나 모기의 움벨트와 다릅니다. 모든 생명체는 각자의 방식으로 세계를 인식한다고 했지요. 누구의 인식이 더 적절하다거나 맞다고 할 수 없습니다. 주디스 콜과 허버트 콜은 『떡갈나무 바라보기』에서 움벨트라는 개념을 받아들여 동물들이 바라보는 세계가 저마다 다름을 해명합니다. 움벨트가 시사하는 바는 모든 생명체는 감각기관이 달라서 자기만의 방식으로 세상을 인식한다는 점입니다. 다만 한 생명체의 신경계가 아직 인식하지 못하는 세계는 우주 자연 삼라만상에 여전히 널려 있습니다. 인식하지 못하는 세계가 인식하는 세계보다 더 있다는 가능성 앞에 인식의 한계를 깊이 통감해야 합니다. 내가 인식하는 세계가 절대적인 세계이고 다른 생명체가 인식하는 세계는 그렇지 않다는 오만도 버려야 합니다.

박쥐가 초음파로 상대를 인식하지만 사람은 그런 능력이 없습니다. 개는 냄새로 멀리 떨어진 또 다른 생명체를 인식할 수 있는 감각기관을 갖고 있지만 사람은 갖고 있지 않습니다. 모든 생명체는 저마다의 감각 체계를 가지고 자기만의 방식으로 세계를 인식하고 행동하며 존재가치를 드높여갑니다. 이것이 바로 생명체가 보여주는 인지 활동의 본질이며 주어진 환경에 효과적으로 대응하는 행동방식입니다.

\

머리는 거짓말을 합니다

앎과 삶이 분리되어 있지 않고 그 삶으로 앎을 만들어나가는 철학은 앎과 삶이 구분되지 않는 지행합일(知行合一)의 패러다임입니다. 책상에 앉아 배운 앎으로 세상을 재단하고 평가하는 지행일치의 패러다임이 아니라 몸으로 터득하는 삶으로 앎을 축적하려는 노력입니다. 예를 들면 가수 중에 자신이 직접 겪은 우여곡절과 파란만장한 경험을 노래로 작곡해서 아름다운 선율로 되살리는 가수가 있고, 일찍부터 음악학교에 가서 다양한 몸동작과 가창 기법을 수련해서 화려한 테크닉으로 노래를 하는 가수가 있습니다. 전자가 지행합일의 가수라면 후자는 지행일치의 가수입니다.

자기 삶의 경험을 바탕으로 강의를 하면 감동을 주는 강사로 거듭날 수 있고, 자기 삶으로 책을 쓰면 독자의 심금을 울리는 작가가 됩니다. 자기 삶으로 그림을 그리면 시공간을 초월하는 위대한 화가가 되고, 자기 삶으로 작품을 만들면 누구든 예술가가 됩니다. 삶이 곧 앎이 되는 사람, 앎이 곧 삶이 되는 지행합일의 패러다임은 마투라나가 주장하는 '앎은 효과적인 행위'라는 주장과 일맥상통합니다.

삶에 관한 근본적인 해답은 우리 몸에서 이루어진다. 그때 몸은 버려진 악기

우리는 서로의 다름을 인정하고 차이를 존중하는 가운데 하나의 공동체로 태어난다.
공동체는 서로의 다름과 차이를 극복하고 피워낸 합작품이다.

처럼 저절로 울린다. 그러나 대부분의 사람들은 그것이 정신인 줄 알고 있다.

_이성복, 『네 고통은 나뭇잎 하나 푸르게 하지 못한다』

몸으로 깨달은 앎은 비록 완벽하게 언어로 번역할 수는 없지만 그 것이야말로 근본적인 해답으로 작용하는 경우가 많습니다. 특히 위기 속에서 사투를 벌이며 깨달은 체험적 지혜는 이성과 논리적 증명 이전 에 몸으로 깨닫는 감각적 지각입니다. 감각적 지각이 바로 마투라나가 말하는 몸에 밴 행동지식입니다.

몸은 거짓말을 하지 않지만 머리는 거짓말을 합니다. 몸에 밴 행 동지식이 축적되면 마음이 움직이기 전에 몸이 먼저 반응을 합니다. 몸이 정신을 지배합니다. 몸이 머리의 명령을 듣지 않는 이유는 몸으 로 체득한 앎이 머리에 없기 때문입니다. 그런데 우리는 사실 마음이 몸을 통제한다고 가정하고 마인드 컨트롤 훈련을 받습니다. 마인드 컨 트롤은 몸이 따라줄 때나 가능한 전략입니다. 몸이 말을 듣지 않을 정 도로 피폐해지면 몸은 마음의 통제권역을 벗어납니다.

신체성이 고갈된 상태에서 인간의 정체성은 심각한 위협을 받습 니다. 몸은 마음이 거주하는 우주입니다. 몸이 망가지면 자기가 거주 할 마음의 집이 없어지기 때문에 마음이 몸을 통제할 기력도 없어지는 것입니다.

타인과 함께할 때 가능한 세계

어제와 다른 존재로 거듭나는 일은 나 혼자서는 불가능합니다. 마투라나가 이야기하는 자기생성도 결국 나와 다른 자기와의 구조접속을 통해 에너지를 얻어야 합니다. 그렇게 구조접속을 통해 서로의 구조변화를 겪으며 함께 구축한 세계에서 우리라는 공동체가 태어납니다.

우리가 타인과 영향을 주고받으면서 세계를 산출하는 바로 그 과정 속에서 우리는 우리가 되는 것이다.

우리는 서로의 다름을 인정하고 차이를 존중하는 가운데 하나의 공동체로 태어납니다. 공동체는 서로의 다름과 차이를 극복하고 피워낸 합작품입니다. 생명체는 이기적 생존을 목표로 살아가면서도 이타적인 사랑을 베풀며 공생하는 삶을 추구합니다.

타인과 공존하고 싶으면 그들에게 확실한 것 또한 (그것이 아무리 하찮게 보인다 해도) 우리 것만큼 정당하고 타당함을 깨달아야 한다. 우리의 확실성이 그렇듯이 타인의 확실성 또한 한 존재영역에서 (그것이 우리에게 아무리 매력 없게 보인다 해도) 그들이 보존한 구조접속의 표현이다. 따라서 공존하려면 더 넓은 관점을 가져야만 한다. 곧 양쪽이 만나 공동의 한 세계를 내놓을 존재 영역을 찾아야만 한다.

나의 영역만 주장하는 독재적 입장 표명이 아니라 내 것만큼 다른 사람의 존재가치도 소중함을 인정하고 그 존재가 서주할 공간을 비워두는 배려가 뒤따를 때 공존의 가능성은 그만큼 높아집니다. 구조접속을 통해 함께 거듭나는 과정은 내 몸과 마음의 구조를 기꺼이 바꾸겠다는 결단과 타자를 위해 기꺼이 내 것을 고수하지 않겠다는 판단이 같이 작용하는 동행입니다. 지금 당장 여기서의 삶을 넘어 여기보다 더 넓은 세계가 있음을 상정하고 거기에 이르는 여정을 함께하기 위해 기존의 나를 버리고 새로운 나로 거듭나는 자기생성이 계속될 때 공동체는 지속가능해집니다.

우리의 세계가 타인과 함께 산출한 세계임을 알게 되면, 타인과 다투더라도 그들과 계속 공존하고자 하는 한 우리에게 확실한 것을(어떤 절대적인 진리를) 고집할 수 없게 된다. 왜냐하면 그들은 그것을 부정할 것이기 때문이다.

타인과 함께 산출한 세계는 타인과 함께할 때 지속가능합니다. 공존 욕구가 존재하는 한 존재는 다른 존재의 욕구도 인정해주어야 합니다. 나의 욕구만이 생존 욕구임을 고집할 때 공동체는 무너집니다. 타자와의 관계 속에서 구조접속으로 얻은 에너지가 나를 거듭나게 만듭니다. 나의 욕심만으로 세상은 우리가 되지 못합니다.

> 우리가 존재하는 세계란 우리가 타인들과 함께 만들어낸 세계이며 이 세계는 다시 우리에게 거꾸로 영향을 미친다. 이 사회적 세계에서 우리는 타인에게 의존하고 있으며 따라서 타인의 인정은 이 세계의 성립 조건이다.

모든 생명체는 독립적으로 존재할 수 없습니다. 다른 생명체와 부단한 구조접속을 통해 자기를 생성하는 존재입니다. 여기서 중요한 점은 어떤 구조접속은 자기생성에 긍정적으로 작용하고 어떤 구조접속은 부정적으로 작용하는지 경험을 통해서 인지하는 것입니다. 상황과 조건에 따라서, 또 구조접속 과정에 개입하는 긍정적 요소와 부정적 요소에 따라 자기생성 과정은 달라집니다. 모든 생명체는 구조접속을 통해서 바람직한 관계 맺음이 어떤 것인지를 몸으로 체득하면서 서로의 성장에 도움이 되는 윤리적 판단을 내릴 수밖에 없습니다.

> 다툼이란 언제나 상호 부정이다. 다툼은 양쪽이 서로 자기 것을 확신하는 한, 다툼이 생긴 영역에서는 결코 풀리지 않는다. 다툼을 극복하려면 공존할 수 있는 다른 영역으로 옮아가야만 한다. 이 앎에 대한 앎이야말로 사람다움에

바탕을 둔 윤리의 사회적 명령(imperative)이다.

다른 영역으로 이동하지 않고 각자의 영역에서 자기 자리라고 우기는 앎은 그냥 '앎'입니다. 다툼을 극복하고 공존할 수 있는 다른 영역으로 옮겨가지 않으면 안 된다는 깨달음은 '앎에 대한 앎'입니다. 앎에 대한 앎을 공유하며 사람답게 살아가는 공동체가 윤리적 공동체인 셈입니다.

인간의 신체는 내부 기관들 간에 긴밀한 협력 관계를 유지하면서 상호 간의 구조접속을 통해 평형을 유지합니다. 마찬가지로 하나의 공동체 속에서 서로에게 긍정적인 영향을 미치면서 성장과 발전에 도움이 되는 구조접속이 끊임없이 이어지기 위해서는 타자와의 관계 형성 과정에서 윤리적 판단은 피할 수 없는 결단으로 작용합니다. 생물학적 자기생성 체계로서의 생명성은 이제 윤리적인 문제로 재고되지 않으면 안 됩니다. 앎은 나 혼자 살아가기 위해 필요한 앎입니다. 앎에 대한 앎은 더불어 살아가기 위한 윤리적 결단이요 도덕적 판단력입니다. 지금 상태로 버텨서는 공존이 불가능하다는 판단이 들 때, 기꺼이 나를 포기하고 더불어 살아가는 지혜가 무엇인지를 깨닫는 순간, 앎의 앎은 새로운 지혜를 창조하며 서로가 서로를 아끼고 사랑하는 윤리적 공동체로 발전합니다.

오직 사랑의 힘으로만 이 세계를 산출할 수 있다

누구나 다 아는 이 세계는 '오직 한 세계'가 아니라 우리가 타인과 함께 산출한 '어느 한 세계'임을 깨닫도록 우리를 얽어맨다. (중략) 앎의 앎은 우리를 얽어맨다. 왜냐하면 우리가 안다는 것을 알면 더 이상 우리 자신이나 타인 앞에서 우리가 모르는 것처럼 행동할 수 없기 때문이다.

앎의 앎은 앎을 알기 전의 생각과 행동으로 살아가면 위험하다는 경각심을 전해줍니다. 앎은 곧 살아감이고 살아감은 무수한 행동으로 이루어집니다. 이제 어떤 판단과 행동을 해야 되는지 알았기에 그 앎은 나의 행동으로 연결되고 그 행동의 연속은 내 삶을 구성합니다.

앎을 알면 알기 이전과 다르게 행동하지 않으면 안 됩니다. 앎의 앎은 나의 존재 이유를 드러내는 앎이고 존재 가치는 더불어 살아갈 때 비로소 빛이 난다는 각성입니다. 앎의 앎은 왜 이렇게 하지 않으면 안 되는지 그 이유를 파고드는 앎입니다. 앎을 알면 함부로 행동하지 않고 숙고합니다. 어떻게 행동하는 것이 옳은지, 대안을 선택하기 전에 전후좌우 맥락을 다양한 선택지에 위에 올려놓고 판단한 다음 옳다고 믿는 신념대로 행동합니다.

오늘날 우리가 마주하는 모든 어려움의 핵심은 바로 앎을 잘못 아는 데, 앎을 모르는 데 있다. 우리를 얽어매는 것은 앎이 아니라 앎의 앎이다. 폭탄이 사람을 죽일 수도 있다는 앎이 아니라, 우리가 폭탄으로 무엇을 하려 하느냐가 그것을 쓰느냐 마느냐를 결정한다. 우리는 이런 깨달음을 무시하거나 못 보게 억누르면서, 우리의 일상 행위에 대한 책임을 떠맡지 않으려 한다.

앎의 앎을 무시할 때 나는 당분간 편하게 살 수 있을지 몰라도 나와 관계된 모든 사람은 나의 행동 때문에 피해를 보거나 아픔을 경험합니다. 나의 앎으로 이루어진 행동이 타인에게 불편을 줄 수 있다는 앎에는 기본적으로 사랑이 매개되어 있습니다. 사랑하지 않는다면 앎의 앎도 필요가 없어집니다. 오직 사랑을 매개로 이루어지는 앎이라야 개인을 넘어 관계, 관계를 기반으로 공동체를 완성합니다.

사랑은 뿌리 깊은 생물학적 역동성의 하나다. 사랑은 유기체의 한 역동적인 구조 양식을 규정하는 감정으로, 사회적 삶의 작업적 응집성을 낳는 상호작용들로 나아가는 결정적인 단계다.

사랑이 개입되어야 유기체도 역동적인 구조접속을 통해 사회적 삶을 함께 만들어가는 공동체의 멤버십이 생깁니다. 사랑이 관여되어야 더불어 살아가는 세계를 구축하기 위해 이전과 다른 삶을 살아가려는 노력을 합니다. 깊은 관심과 애정이 동반되지 않는 얇은 피상적 앎을 넘어설 수 없습니다.

> 우리가 가진 세계란 오직 타인과 함께 산출하는 세계뿐이다. 그리고 오직 사랑의 힘으로만 우리는 이 세계를 산출할 수 있다.

사랑으로 맺어진 관계라야 타자 입장에서 생각하는 역지사지가 가능하고 타자의 아픔을 나의 아픔처럼 생각하는 측은지심이 생깁니다.

> 사람들 사이의 생물학적 일치 때문에 우리는 타인을 볼 수 있고, 또 우리 곁에 타인이 있을 자리를 비워둔다. 이런 행위를 가리켜 사람들은 사랑이라고 부르기도 하고 좀 약하게 표현하면 일상생활에서 내 곁에 남을 받아들이는 일이라고 부르기도 한다.

내 '옆'에 있던 다른 사람을 내 '곁'으로 받아들이는 게 사랑입니다. 물리적으로 거리가 떨어졌던 '옆'이 심리적으로 가까이 다가와야 '곁'이 탄생합니다. 내 곁에 나와 다른 남이 존재할 때 나 역시 어제와 다른 나로 탄생할 수 있습니다.

> 사랑 없이, 타인을 받아들여 우리 곁에서 살도록 놓아두는 일 없이, 사회적 과정과 사회화, 나아가 사람다움이란 있을 수 없다.

사람다움은 사람과 사람이 사랑으로 만날 때 탄생합니다. 사람이 사람을 만나는 순간 사람은 이전과 다른 구조접속을 통해 다른 사람으로 태어나지요. 다른 생각의 구조를 가진 다른 사람을 만날 때 이전과 다른 구조접속이 일어납니다. 이전과 다른 구조접속은 나의 생각과 행동에 이전과 다른 구조적 변화를 유발합니다. 구조변화는 고통이 동반되는 사건이고, 그 사건을 견뎌낼 수 있는 원동력도 바로 나를 사랑으로 받아주는 사람이 곁에서 보살펴주기 때문입니다. 평소에 유심히 살펴봐야 사랑으로 보살펴줄 수 있고, 살핌 없이는 보살핌도 없습니다.

> 생물학적으로 볼 때 사랑 없이, 남을 받아들임 없이 사회적 과정이란 존재하지 않는다는 것이다.

오직 사랑으로만 다른 사람을 받아들일 수 있습니다. 받아들임의 과정을 구조접속에 비추어보면 그것은 이전과 다른 나로 탄생하는 역사적 터닝 포인트입니다. 다른 사람과의 구조접속 없이 나는 거듭날 수 없고, 더욱이 사랑으로 매개된 구조접속이라야 더불어 살아가는 세상과 접목할 수 있습니다.

타인과 공존하면서 만들어내는 이 세계는 우리가 사람다운 것이라 부르는 것을 산출한다. 그러므로 모든 인간적 행위는 윤리적인 의미를 지닌다. 그것은 세계를 산출하는 데 이바지하는 행위이기 때문이다. 사람들 사이의 이 연결이야말로 궁극적으로 타인의 존재의 정당성에 대한 성찰인 모든 윤리의 바탕을 이룬다.

어떻게 살아가는 것이 윤리적인 삶인지에 대한 끊임없는 성찰과 사랑을 매개로 한 타인과의 구조접속, 그러니까 연결은 생명체가 생태계 속에서 공존하는 삶을 살아가는 전제조건이 아닐 수 없습니다.

미셸 푸코의 **자기 배려**

한 번도 되어본 적이 없는
내가 되는 방법

chapter

08

Michel Paul Foucault

1926. 10. 15. ~ 1984. 6. 25.

"철학은 교묘합니다. 신체를 힘들게 하지 않고는 나에게 다가오지 않습니다." 푸코의 계보학과 '자기 배려' 철학에 매혹되어 동서양의 고전을 넘나드는 책 읽기로 걸작을 탄생시킨 은행원 철학자 강민혁 작가의 고백입니다. 그는 철학을 만나고 삶이 이전과는 완전히 바뀌었다고도 했습니다. 하지만 철학과 만나는 일은 그의 고백처럼 만만치 않습니다. 푸코의 철학 역시 온 힘을 다 기울여야 겨우 내 몸 안으로 들어와 속삭이기 시작합니다.

애를 쓰는 것, 시작하고 다시 시작하는 것, 시도해보는 것, 틀리는 것, 모든 것을 처음부터 끝까지 다시 하는 것, 그러고도 여전히 발걸음을 머뭇거릴 방도를 생각해내는 것, 요컨대 의구심을 품고서 신중하게 작업하는 것이 포기와

다름없어 보이는 사람들로 말하자면, 우리가 그들과 같은 세계에 속한 사람
들이 아니라는 것은 명백한 일이다.

_푸코, 『성의 역사 2』

애를 써서 다시 읽어보고 큰마음 먹고 시작했다가 좌절하고 다시
읽어보려는 시도를 반복하면서 간신히 푸코가 주장하는 개념의 실마
리를 잡았다고 생각하지만 여전히 이해는 미궁 속으로 빠집니다. 다시
의문의 화살을 던져 그 의미의 단서를 잡아보려고 하지만 쉽지는 않습
니다.

이번 시간에는 미셸 푸코라는 철학자와 함께 자기답게 사는 방법
에 대해 이야기해보려 합니다. 천의 얼굴을 지닌 니체처럼 푸코 역시
다양한 관심으로 방대한 철학 체계를 구축했습니다. 여기서는 특히 푸
코가 『주체의 해석학』에서 말하는 '자기 배려'라는 개념으로 나답게 사
는 방법, 나다움을 드러내는 방법, 색다름을 찾아 나만의 스타일을 추
구하는 방법, 색달라지면 저절로 남달라지는 방법에 대해 배워보려고
합니다.

정상과 비정상의 구분이 가능한가

먼저 푸코 철학의 발전 과정을 1기에서 3기까지 개략적으로 살펴보면서 푸코가 왜 자기 배려라는 개념에 몰두하게 되었는지를 살펴보려고 합니다. 푸코 철학의 1기를 대표하는 작품이 『광기의 역사』, 『말과 사물』, 『지식의 고고학』입니다. 푸코는 일반 역사가와는 다르게 역사를 고고학적으로 탐구합니다. 남경태에 따르면 역사가 동영상이라면 고고학은 사진입니다(『한눈에 읽는 현대철학』). 역사는 동영상처럼 일정한 시점에서 시점으로의 흐름이 강조되지만 고고학은 과거의 특정한 장면을 포착해 사진으로 찍은 다음 그것이 어떤 의미를 가지고 있는지를 비판적으로 고찰합니다. 역사학으로 밝혀낼 수 없는 숨죽이고 있는 타자들의 흔적을 들춰내는 새로운 연구 방법을 푸코는 고고학에서 찾은 것이지요. 당시의 시대적 정황에 비추어볼 때 특정 사건이 왜 누락되거나 탈색되어 있는지, 그것이 담고 있는 침묵의 역사를 찾아 나서지요. 소위 정상적인 사고에서 벗어났다는 이유를 붙여 역사적 사건에서 배제된 비정상의 역사를 복원하는 것이 고고학의 임무입니다. 한마디로 고고학은 역사학적 관점으로는 보이지 않는 이면의 역사를 들춰보고 역사책에 나오지 않는 숨겨진 또는 침묵을 강요당한 목소리를 드러내는 작업입니다.

푸코는 고고학을 탐구하면서 이전과는 전혀 다른 질문 방식을 채택합니다. 예를 들면 '지식이란 무엇인가'를 묻기보다 '무엇이 혹은 누가 이러한 지식을 규정하는가'라고 질문합니다. 지식을 묻지 말고 그 지식을 둘러싼 권력을 물어보라는 게 푸코식 질문의 요지입니다. 왜냐하면 지식은 역사적 시기에 따라 그에 맞게 구성된 것에 불과하기 때문입니다. 누가 어떤 의도를 품고 지식을 재단하는지에 따라서 지식은 전혀 다른 관점으로 편집되기 때문이지요. 지식은 사물(사실)을 설명하는 말(담론)을 의미하지만 푸코의 관심은 사물 자체보다는 그 사물에 관해 누가 어떤 말을 왜 하는지, 즉 시대에 따라 변하는 담론에 있습니다.

푸코는 정상과 비정상의 구분과 경계, 정상인과 광인을 구분하는 기준이 과학적이지 않다고 합니다. 그는 정상인에 의해 어둠 속에 갇혀버린 침묵의 소리에 귀를 기울입니다. 감옥이나 거대한 경찰 조직과 억압적인 국가 장치들의 존재 이유를 밝히는 데 관심을 가졌습니다.

정상적인 혈압은 수축기 혈압 120mmHg 미만과 이완기 혈압 80mmHg 미만이라고 누군가 규정합니다. 하지만 또 다른 누군가가 이 정도의 혈압 수치는 너무 낮다고 평가하고 130/90이 정상혈압이라고 규정하면 이전에는 고혈압 환자였던 사람이 더 이상 고혈압 환자가 아니게 됩니다. 혈압에 대한 기준을 누가 어떻게 정하는지에 따라서 정상과 비정상이 뒤바뀌는 것이지요. 만약 제약회사가 혈압 기준을 정하는 기관이나 단체와 결탁해서 정상으로 규정하는 혈압 수치를 낮춘다면 고혈압 환자가 늘어나겠지요. 환자의 증가는 제약 판매의 신장과 직결됩니다. 고혈압을 판정하는 지식에 권력이 결탁되면 지식은 더 이상 순수한 앎을 위한 지표로 사용되지 않고 정상과 비정상을 가르는 기준으로 작용합니다.

구분을 통해 주류로 인정돼서 선택된 것은 권력자나 강자가 되고 밖으로 밀려나 배제된 것은 약자나 소수자가 됩니다. 강자나 권력자의 목소리가 약자나 소수자의 목소리를 덮어버리면서 그들은 소외된 곳으로 밀려나 침묵하기 시작합니다. 선택된 것은 세상의 주목을 받고 전경으로 드러나면서 중요하게 인식됩니다. 반대로 전경으로 드러나지 못하고 배경에 남아서 배제된 소수는 가치 없는 것으로 치부되고 버려지지요. 세상의 눈 밖으로 쫓겨나 관심 영역 밖에서 베일에 가려져 침묵을 강요당합니다.

예를 들면 '광기'라는 개념은 시대에 따라 규정하는 방식이 달라져 왔습니다. 중세에는 광기를 예지적 재능이라고 생각했고, 르네상스 시대에는 이성을 넘어선 영역으로 긍정적 평가를 받았습니다. 이처럼 광기는 긍정적 이미지를 띠다가 17세기에 접어들면서 윤리적 결함이 있는 비정상으로 이해되기 시작합니다. 이때부터 비정상 취급을 받는 광기를 사회에서 격리 수용하는 종합병원이 탄생합니다. 즉 광기가 비정상으로 규정되면서 정상적 사회에서 누락되고 베일에 가려지기 시작한 것이죠. 정신분석학이 생겨난 19세기부터는 광기를 정신질환으로

전경으로 드러나지 못하고 배경에 남아서 배제된 소수는 가치 없는 것으로 치부되고 버려진다.
세상의 눈 밖으로 쫓겨나 베일에 가려져 침묵을 강요당한다.

규정하고, 광인들을 정신병원에 입원시키는 일이 발생합니다.

　푸코가 이를 통해 얻은 결론은, 각 시대마다 광기를 규정하는 담론은 일정한 기준에 따라 연속된 체계가 있는 것이 아니라 그때그때 상황에 따라 어떤 권력과 결탁되면서 불연속적이며 단절적인 기준에 따라 부침을 거듭한다는 것이었습니다. 통념과 다르게 역사는 시간의 흐름과 더불어 선형적으로 발전한다는 암묵적 가정도 부정합니다. 예를 들면 수십 억 년 전부터 태양 주위를 도는 별로 1930년 처음 발견되어 행성으로 분류된 명왕성은 2006년 국제천문연맹에 의해 행성에서 탈락하고 소행성으로 분류됩니다. 누가 어떤 의도와 기준으로 판단하느냐에 따라, 또 어떤 새로운 사실이 등장하는지에 따라 중심에 남을 수도 있고 주변으로 전락해서 가려질 수도 있는 것이죠.

감금은 처형보다 인간적인가

　푸코 철학의 2기는 권력과 계보학을 본격적으로 탐구한 시기입니다. 『담론의 질서』, 『감시와 처벌』, 『성의 역사 1』 같은 저서의 집필이 이루어진 시기이지요. 푸코는 이제 지식과 권력의 야합 문제를 계보학적 문제의식에 비추어 본격적으로 파고듭니다. 푸코에게 지식은 언제나 권력의 지원을 받으며 옳고 그름을 판정하는 기준으로 작용합니다. 특정 권력의 행사에도 항상 지식은 따라다닙니다. 광인을 정신질환자로 규정하고 그들을 정신병원에 감금하는 과정에는 정신병리학이라는 학문이 결정적 역할을 합니다. 정신병리학이라는 지식권력은 광인들의 모든 소리를 미친 소리로 취급합니다. 지식은 무엇인가를 알려주는 것보다 정상과 비정상을 구분하고 선택과 배제를 결정하는 역할을 담당하고 있지요.

지식은 과학자의 순수한 호기심으로 창조되지 않습니다. 지식과 지식이 아닌 것을 구분하는 과정에는 이미 권력이 개입됩니다. 지식을 구성하는 과정에서 뺄 것은 빼고 더할 것은 더하는 과정을 권력이 결정합니다. 푸코는 진리란 객관적으로 밖에 존재하는 것이 아니라 누가 어떤 담론을 펼치는지에 따라서 결정되는 하나의 지식일 뿐이라고 주장합니다. 진리는 그 내용보다 그 내용을 누가 왜 진리라고 주장하는지가 중요합니다. 즉 푸코는 진리에 포함된 지식의 역학적 관계들을 계보학적으로 탐구하는 데 관심이 있습니다. 푸코는 왜 어떤 것은 대중의 관심을 받는 '말해진 지식'이 되고, 어떤 것은 배제된 상태로 대중의 관심으로부터 멀어지는지를 계보학적 질문을 통해 파헤치려 했어요. 이런 문제는 정상과 비정상을 구분하고 나누는 문제와도 연동됩니다. 계보학은 겉으로 드러난 현상이 숨기고 있는 이데올로기나 권력의 지를 밝혀내는 작업입니다.

푸코는 사회 전체를 판옵티콘(Panopticon)에 비유합니다. 판옵티콘은 '모두 본다'는 뜻으로, 영국 철학자 제레미 벤담이 설계한 원형 감옥을 가리킵니다. 감시자는 죄수가 볼 수 없는 위치에서 죄수에 대해서 모든 것을 파악합니다. 감시자는 죄수를 볼 수 있지만 죄수는 감시자를 볼 수 없는 불평등한 앎의 관계입니다. 죄수는 이런 불평등한 앎의 관계가 자신이 감옥에서 빠져나오지 못하게 만드는 장본인이라는 사실을 모르고 있습니다.

푸코는 『감시와 처벌』에서 감옥이 처벌 권력에서 길들임 권력으로 전환되는 과정을 연구합니다. 죄를 지으면 이에 상응하는 처벌을 통해 권력을 행사하던 감옥이 일정한 규율에 따라 죄수를 훈련시키는 교정 권력으로 전환되는 과정에 주목합니다. 지금 당장 범죄 정도에 따라 처벌하지 않고 일정 기간 통제와 훈육을 통해 개인들을 길들이는 기관으로 변화되는 과정에 관심을 가졌지요. 이런 맥락에서 푸코는 감금 또는 길들임이 처형이나 보복보다 더 인간적인가를 묻습니다.

얼핏 '보복(처형)'에서 '길들임(감금)'으로 바뀐 것은 인간적 배려처럼 보이지 않나요? 죄를 저지른 사람이라고 해서 눈앞에서 무자비한 고문을 가하거나 비참하게 죽이지 않고 일정한 프로그램에 따라 죄수를 길들이고 훈육해서 교정하고 교화하는 과정은 참으로 인간적이라고 생각하기 쉽습니다. 하지만 푸코는 '감금이 처형보다 더 인간적이다'라는 일반적 가정을 부정합니다. 처형이나 보복은 지금 당장 즉각적으로 괴로움을 안기지요. 하지만 감금이나 길들임은 지금 당장 느끼지는 못하지만 점차 사람을 무기력하게 만드는 괴력을 지니고 있습니다. 왜 사람은 처벌이나 처형에는 극도로 저항하지만 감시와 반복되는 훈육에는 꼼짝 못하고 당할까요?

『한입 매일 철학』의 저자 황진규는 푸코가 감옥의 변화 과정을 추적하는 데서 등장하는 두 가지 권력을 재미있게 비교합니다. 인간은 죽게 만들고 살게 내버려두는 권력(고문, 처형)에는 저항하지만 살게 만들고 죽게 내버려두는 권력(감시, 훈육)에는 저항조차 할 수 없다고 합니다. 예전의 사장, 부모, 교사가 윽박지르고(죽게 만들고) 무관심했다면(살게 내버려두고), 지금의 사장, 부모, 교사는 타이르고(살게 만들고) 실망하는(죽게 내버려두는) 방식으로 길들이면서 교묘하게 자발적 복종심을 기릅니다. 자신도 모르게 감시와 훈육으로 지배당하면서도 저항하기는커녕 감사한 마음으로 충성을 다해 자발적 복종을 하다니 이 얼마나 끔찍한 일인지를 되묻고 있습니다.

자기 배려와 자기 포기

드디어 푸코 철학이 3기에 돌입하면서 자기 배려를 다루는 『주체의 해석학』이 등장합니다. 푸코는 『성의 역사 1』을 1976년에 발표한 후 8년간 침묵을 유지하다 『성의 역사 2』, 『성의 역사 3』, 『주체의 해석학』

을 잇따라 펴냅니다. 한마디로 권력에 예속되어 수동적으로 움직였던 주체가 자기다움을 향해 정면으로 부각됩니다. 지식과 권력의 야합으로 생긴 덫에 빠져 타율적으로 움직였던 무기력한 주체가 자신을 누구의 삶과도 비교할 수 없는 전대미문의 작품으로 만들기 위한 결단, 즉 자기 배려로 거듭납니다. 지식권력에 종속되었던 수동적 주체가 적극적 자기로 변신하는 혁명의 과정에 『주체의 해석학』이 위치하는 것이지요.

'자기 배려'는 '배려'라는 단어가 주는 통념 때문에 자기를 배려한다는 의미처럼 들립니다. 누군가를 배려한다는 것은 유심히 살펴보면서 돌봐준다는 뉘앙스로 다가옵니다. 하지만 푸코가 말하는 '자기 배려'는 우리가 통상적으로 예측하는 의미와는 차원이 다릅니다.

푸코의 '자기 배려'는 "단 한 번도 되어본 적이 없는 자기가 되기" 또는 "다른 것으로 대체될 수 없는 존재로서의 '자기', 단 한 번도 그렇게 되어본 적이 없는 '자기'를 구성"해내기 위해서 기존의 "자기를 포기"하는 것에 가깝습니다. "자기 자신에 대한 배려이고, 자기 자신을 돌보는 행위이며, 자기 자신에 몰두하는 행위"이자 "자기 배려는 잠에서 깨어나 눈을 뜨고 최초의 빛을 접하는 순간에 위치"한다고 합니다. 더 구체적으로 '자기 배려'는 '자신에게 시선을 돌리기, 자신을 점검하기'이고, '자신을 중심으로 움직이고 자신을 통제하기, 자신을 주장하기, 자신을 해방하기, 자신을 존중하기, 자기 자신을 돌보기, 자기 자신으로 돌아가기, 자기 자신에게서 즐거움을 발견하기, 자신을 치료하기, 자기 자신을 존중하기'이자 '자기 인식'입니다.

이 자기 배려는 세 가지 관점에서 이해됩니다. 첫째, 자기 자신과 타인 그리고 세계에 대한 태도입니다. 지식권력에 예속되어 감옥에 갇혔던 주체가 자기로 돌아오는 과정에서 자기 자신을 중심으로 타인과 세계를 바라보는 관점의 전환을 의미합니다. 둘째, 시선을 외부로부터 내부로 이동시켜 자기 자신에게 돌리기입니다. 밖으로만 향했던 시선을 안으로 돌려 진정 내가 누구인지, 한 번도 되어본 적이 없는 내가 누구인지를 탐험하는 과정입니다. 셋째, 항시 자신에게 가하는 다수의 행위, 자신을 변형하고 정화하며 변모시키는 행위입니다. 정체된 상태에서 권력으로 구분되는 가운데 오염된 자기 자신을 새롭게 탄생시키기 위해서는 우선 본래의 모습으로 정화하고 변형시키려는 노력이 선행되어야 합니다.

> 자기 배려, 그것은 내가 나에게 저항하는 것입니다. (중략) 자기 배려는 본래적인 자기가 되는 일이며, 수많은 자기로 들끓는 그곳으로 돌아가는 것이라고 할 수 있습니다.
>
> _푸코, 『주체의 해석학』

자기 배려는 밖으로 향했던 욕망의 눈길을 거두고 본래적인 내가

자기 배려, 그것은 내가 나에게 저항하는 것이다.
본래적인 자기가 되는 일이며, 수많은 자기로 들끓는 그곳으로 돌아가는 것이라고 할 수 있다.

되기 위해 시선을 안으로 돌리는 과정입니다. 외부로 향하던 시선을 내면으로 향하게 만들어 자기 자신에게 몰두하지 않으면 기존의 자기가 가지고 있는 한계와 무지를 모른다고 가정합니다. 따라서 자기 배려가 궁극적으로 추구하는 가치는 과거의 자기에서 벗어나 '자기에 의한 자기의 구축,' 혹은 자기 자신의 '작품화'입니다. 세상 어디에서도 발견할 수 없는 오로지 나만이 창조할 수 있는 나를 만드는 과정에 필요한 노력이 바로 자기 배려입니다.

'위험한' 자기 배려

자기 배려가 자기 돌봄이라면 무엇을 돌보는 것일까요? "자신에게 속하는 것들을 돌볼 때면, 그때 자신도 돌보는 것인가?"(『알키비아데스 Ⅰ·Ⅱ』)라는 플라톤의 문제 제기에서 그 단서를 찾을 수 있습니다. 예를 들면 반지는 손에 속하고 신발은 발에 속합니다. 하지만 반지와 신발을 돌본다고 해서 손과 발을 돌보는 것은 아닙니다. 손에 속하는 것과 발에 속하는 것을 돌본다고 손과 발을 돌보는 일이 아니라는 것이지요.

진짜 돌봐야 하는 나는 돌보지 않고 나와 관련된 욕망의 사슬에 얽힌 수많은 부수적인 것들을 돌보는 데 시간을 낭비하고 있지는 않은지 생각해봐야 합니다. 나를 나로서 바로 서게 만드는 것이 무엇인지를 돌보지 않고 남과 비교해 뒤처지고 있는 것만을 살피다가 정작 나는 없어지고 맙니다. 내 안으로 파고들어가는 자기 수련의 과정을 포기하고 밖으로 향하는 욕망의 열차를 타고 수많은 페르소나를 만들어 상황에 따라 다른 가면을 쓰고 살아갑니다. 무엇을 돌보고 배려할 것인지를 정확히 알아내기 위해서는 자기 인식이 필요합니다. 하지만 자기 연마의 고된 과정을 거치지 않은 채 자기 인식이 이루어지면 자기 배려는 심각한 위기를 맞이합니다.

푸코에 따르면 인간이 진리와 만나는 방법은 두 가지가 있습니다. 자기 인식과 자기 배려가 그것입니다. 이 두 가지는 그리스 사람들이 자기 삶의 주체로 살 수 있었던 원동력입니다. 또 주체가 진실과 만나는 방법이자 원칙이기도 합니다. 푸코는 결론적으로 자기 인식은 자신을 돌보고 배려하면서 어떻게 살아가는 것이 최선의 삶인지를 실천 속에서 깨닫는 자기 배려에 속해 있다고 했습니다. 이처럼 자기 배려가 상위 개념으로 자기 인식을 포섭하고 있었는데 어느 순간부터 자기 배려가 없어지고 자기 인식만이 정면에 드러나기 시작한 것이죠.

푸코에 따르면 고대철학의 과제는 추상적 이론을 검증하고 명제의 의미를 따져보며 진리에 도달하는 방법을 관념적으로 생각하는 인지적이고 인식론적인 문제가 아니었습니다. 오히려 존재 자체를 근본적으로 변화시키기 위한 실천의 문제였습니다. 지금보다 나은 삶을 살기 위해서 구체적으로 일상적 삶의 조건과 기술을 어떻게 변화시킬지를 궁구한 것이지요. 푸코 역시 철학은 구체적으로 실천하는 삶 속에서 본래적 삶으로 돌아가 참된 자아의 모습을 발견하는 데 있다고 생각했고, 이런 철학적 자세를 자기 배려라고 표현한 것입니다.

자기 배려는 스스로를 삶의 능동적 주체로 부각시키는 삶의 기술입니다. 이런 자기 배려의 삶을 철학적 명제로 실천한 대표적 인물이 바로 소크라테스입니다. 소크리테스의 "너 자신을 알라"는 말은 푸코식으로 해석하면 "너 자신을 배려하라"는 뜻입니다. 소크라테스가 생각하는 자기 배려의 이미지는 『소크라테스의 변명』에 잘 나타나 있습니다. 소크라테스는 자신을 돌보는 일보다 자신에게 속한 것을 돌보다가 자기 자신이 누구인지를 잊어버렸다고 했습니다. 소크라테스는 사실 자기 배려의 아버지이자 선동가였습니다. 그에게 자기 배려가 중요했던 이유는 그것이 신이 명령하는 소명이기 때문입니다.

내가 받아 마땅한 것이 뭔가요? 살아오는 동안 나는 조용히 지내지 않았고, 오히려 많은 사람들이 돌보는 것(즉 돈벌이, 집안 살림, 군대 지휘, 대중 연설, 그리고 국가에서 생겨나는 다른 관직이나 결사나 파당)을 돌보지 않고, (중략) 또 여러분에게나 나 자신에게나 아무 이득이 못 될 그런 쪽으로는 가지 않고, 대신 가능한 최상의 혜택을 베풀어주는 쪽으로 갔기 때문에 하는 말입니다. 자신을 돌보는 일(즉 가장 훌륭하고 가장 현명한 사람이 되기 위해서 자신을 돌보는 일)보다 자신에게 속한 어떤 것을 돌보는 일을 앞세우지 않고, 또 국가 자체를 돌보는 일보다 국가에 속한 것들을 돌보는 일을 앞세우지 않도록, 그리고 다른 것들도 그런 똑같은 방식으로 돌보도록, 여러분 각각을 설득하려 시도하면서 말입니다. 그렇다면 이런 내가 마땅히 겪어야 할 게 뭔가요?

_플라톤, 『소크라테스의 변명』

소크라테스는 돌봐야 할 나 자신을 돌보지 않고 나에게 속한 부수적인 산물이나 경제적 가치와 연결된 것을 돌보다가 자기 배려에서 멀어지고 있다고 비판합니다. 자기 배려는 자기 인식의 중요성과 연결됩니다. 돌보는 나는 정말 돌봐야 할 소중한 것을 돌보고 있는지 아니면 부수적이고 현실적으로 급하게 요구하는 것만을 돌보고 있는지를 알아야 합니다. 그래야 돌보지 않아도 될 것은 과감하게 포기하고 진짜 돌봐야 할 본질적인 것에 집중적으로 시간을 투자할 수 있습니다. 이런 점에 비추어볼 때 돌봄을 근간으로 전개되는 자기 배려와 돌봄의 대상을 정확하게 알기 위한 앎 또는 자기 인식은 자연스럽게 긴밀한 연관성을 띠게 됩니다. 무엇을 돌봐야 할지를 분명하게 알았다면 이제 자기 배려는 돌봄의 대상을 추상적으로 관조하거나 관념적으로 사유하지 않고 구체적인 실천 활동으로 이어집니다. 이런 점에서 자기 배려는 자기 인식과 다르게 삶을 변화시키는 구체적인 실천을 의미합니다.

인식은 우리의 삶을 변화시킬 수 없다

소크라테스가 죽음 직전까지도 항변했던 실천적 자기 배려의 전통은 데카르트에 이르러 관념적 자기 인식으로 완전히 대체됩니다. 데카르트는 딜레마 상황에서 결단과 실천을 통해 자기 변화를 모색하는 대신 자기 자신에 몰두하는 자신조차 믿지 않았습니다. 데카르트는 확실한 인식 체계를 구축하기 위해 불확실해 보이는 모든 것을 의심했습니다. 그렇게 절대적으로 확실한 토대를 마련하고 그 위에 확실한 인식을 쌓아가려는 방법적 회의를 통해 진리에 도달하는 인식 방법을 강조합니다.

푸코에 따르면 데카르트는 진리에 도달하는 것이 명증한 '자기 인식'으로 충분하다고 보면서 자기 배려를 결정적으로 실격시킨 사건의 주인공입니다. 푸코는 자기 배려 속에서 자기 인식이 의미를 가지던 것이 '어느 순간' 자기 인식이 더 부각되게 되는데, 바로 그 어느 순간을 '데카르트의 순간'이라고 부릅니다. 푸코의 자기 배려 개념에 비추어보면 자기 인식을 통해 진리를 발견할 수 있다는 데카르트의 주장에는 분명한 문제가 있습니다. 데카르트는 오로지 의심할 수 없는 순수한 의식을 통해 인식에 도달할 수 있다고 생각합니다. 진리를 발견하기 위한 인식 주체의 적극적인 참여와 헌신적인 열정은 필요하지 않습니다.

이렇게 되면 진리는 삶의 체험적 깨달음이 아니라 냉정한 주체가 순수한 마음으로 다가가야 할 객관적 대상일 뿐입니다. 진리를 발견했다고 해도 그것은 나의 삶을 구원할 수 없는 허망한 이데아일 뿐인 것이죠.

> 달리 말해서 철학자에게 어떤 다른 것도 요청되지 않고 자신의 주체를 변형시키라는 요청을 전혀 받지 않고 철학자(혹은 학자나 단순히 진실을 추구하는 사람)는 자기 자신 안에서, 또 오로지 인식 행위만을 통해서 진실을 확인할 수 있고, 또 진실에 접근할 수 있습니다.
>
> _푸코, 『주체의 해석학』

데카르트의 순간을 맞이하면서 주체의 자기 수련과 연마 그리고 변혁적 노력 없이 인식만으로도 진리에 도달할 수 있다는 인식이 팽배해지면 자기 삶을 변혁시키는 주체의 결단과 항거는 추방됩니다.

너는 너로 살아가고 있는가

자기 배려가 말 그대로 자기 자신을 돌보는 행위이며 삶의 구체적인 기술을 통해 자신을 근본적으로 변화시켜나가는 자기 수양의 과정이라면, 데카르트의 방법적 회의는 우리 삶의 적극적이고 주체적인 참여와 헌신을 회의에 빠뜨리는 장본인으로 작용할 뿐입니다.

> 진실에 접근하기 위해서 주체가 자기 자신을 변형시킬 수 있고 (중략) 자기가
>
> 자신에게 가하는 공들이는 작업, 자기 수련이라는 장기간의 노력 속에서 자
>
> 신이 그 책임을 지는 자기에 의한 자기 자신의 점진적 변화입니다.
>
> _푸코, 『주체의 해석학』

한 번도 살아보지 않은 삶을 살아가면서 자신의 삶을 전대미문의 예술작품으로 만드는 자기 창조의 과정이 구현되어나갈 때 자기 배려로 변화되는 삶 자체가 진실이 됩니다. "진실은 주체의 존재 자체를 내기에 거는 대가로만 주체에게 부여"되고 "주체의 개심이나 변형 없이는 진실이 존재할 수 없"습니다.

푸코가 추적해본 결과 소크라테스를 비롯해서 그리스인들의 실제 삶 속에서는 '자기 인식'은 항상 '자기 배려'의 큰 범주 속에 위치하고 있었습니다. "자기를 배려하는 것은 자기를 인식하는 것"이 되는 자기 배려와 자기 인식의 상호관계는 진리에 도달하기 위해 필연적으로 요구되는 관계인 것이죠. 그럼에도 '데카르트의 순간'을 기점으로 자기 배려는 실종되고 자기 인식이 서양 철학의 대표적인 사유 체계로 자리를 잡게 된 주된 이유는 무엇일까요?

기독교는 자기를 포기해야 신으로부터 구원을 받는다는 신념을

강조합니다. 육체적 실천보다는 정신을 기반으로 신을 만나야 작금의 현실적 어려움에서 벗어날 수 있다는 교리를 설파했지요. 자기 배려는 이제 일종의 죄악으로 간주되기 시작했습니다. 데카르트의 순간은 중세 기독교적 교리가 주장하는 '신의 뜻에 따르기 위해' 자기를 포기하라는 교리를 만나면서 가속도가 붙기 시작합니다. 데카르트의 합리주의적 담론은 자기 인식을 우위에 두고 자기 배려를 완전히 배제하는 역사적 전환점을 맞이한 것이지요.

물리학 용어 중에 상전이라는 개념이 있습니다. 얼음이 녹아서 물이 될 때, 물과 얼음이 뒤섞여 있는 상태를 말합니다. 온도가 더 뜨거워지면 물로 바뀌고, 온도가 더 낮아지면 얼음으로 바뀌는 상태가 혼재된 상태입니다. 얼음도 물도 아닌 둘 사이의 교집합 상태가 바로 상전이 상태인 것이죠. 자기 인식과 자기 배려가 뒤섞여 있는 상태를 상전이 상태라고 할 수 있습니다.

하지만 푸코가 비로소 데카르트의 순간을 전복시키면서 이제 외칩니다. "너 자신을 들여다봐라." 너 자신의 삶을 살기 위해서 너는 너로 살아가고 있는지를 묻는 것이지요. 그 들여다봄의 순간이 바로 자기 배려가 시작되는 순간입니다. 주체가 진실이라고 믿는다면 위험을 무릅쓰고 실천을 해보라고 합니다.

자기 배려는 파레시아(parresia)를 통해 현실에 구현됩니다. 파레시아는 진실을 말하는 용기 같은 것입니다. 내 목에 칼이 들어와도 내가 믿는 진리를 나의 신념으로 각인하고 그 주장을 실천하면서 우리가 갈구하는 진실에 도달하려고 노력하는 과정이 바로 자기 배려의 여정인 것이죠. 자기 인식이 실천하지 않고 관념만으로 진리에 도달하려고 했다면, 자기 배려는 내가 믿고 있는 진실을 구현하기 위해 결연한 결단과 함께 실천을 통해 자기 정체성을 찾아가는 여정입니다. 실천과 행위와 무관한 독립적인 인식만으로도 어떤 진실에 도달할 수 있다는 데카르트의 방법적 회의를 완전히 무너뜨리고 자기 철학을 만들어나가는 출발점에 자기 배려가 위치하고 있습니다. 상전이를 푸코는 '전복의 순간'이라고 했습니다. 데카르트의 순간을 뒤집어엎고 자기 인식으로 실종된 자기 배려가 다시 복권되는 시점입니다.

파레시아스트의 결단과 용기

이런 자기 배려를 향한 결단과 결행이 이루어지려면 권력과 규율, 제도와 장치에 의존했던 순종적 주체가 진실을 발굴하기 위해 위험한 실천을 주도하는 적극적 '영성'으로 거듭나야 된다고 푸코는 말합니다. "진실에 접근하기 위해 주체가 자기 자신에게 필요한 변형을 가하는 탐구·실천·경험 전반"이나 "주체의 존재가 진실에 접근하기 위해 치러야 하는 대가를 구성하는 정화, 자기 수련, 포기, 시선의 변환, 생활의 변화 등과 같은 탐구, 그리고 실천, 경험 전반을 영성"이라고 정의합니다. '영성'이란 어떤 대가를 치르더라도 진실의 알맹이를 찾아 신체에 각인시키는 노력인 것이죠. 이런 영성은 파레시아, 그러니까 위험을 무릅쓰고 진실을 말하는 용기와 만날 때 어떤 압력과 위협에도 굴하지 않고 진실을 향하는 마음에 불꽃을 태웁니다.

목에 칼이 들어오는데도 위험을 무릅쓰고 진리를 말하는 사람들을 파레시아스트(parrêsiastês)라고 합니다. 용기를 갖고 자신의 소신과 신념을 굽히지 않는 사람입니다. '그래도 지구는 돈다'고 말했던 갈릴레오나 사형선고를 앞두고도 거침없이 자신의 주장을 피력한 소크라테스가 파레시아스트의 전형입니다. 파레시아스트는 진실이라고 알고 있는 것을 말하는 자가 아니라, 자신이 말하는 것이 진실이라고 믿기 때문에 진실된 것을 말하는 사람입니다. 자기 배려는 파레시아를 통해 안락함의 나락으로 추락하지 않고 타자와 진실한 관계를 맺으려 안간힘을 쓰기 시작합니다. 그 순간 '단 한 번도 되어본 적 없는 자기 되기'라는 철학의 격투가 시작되며 경이로운 자기로 재탄생을 시작합니다.

『논어』에서는 진짜 공부는 남에게 보여주기 위해 하는 위인지학(爲人之學)이 아니라 내가 즐겁고 신나는 과정을 놀이로 즐기는 위기지학(爲己之學)이라고 합니다. 위기지학을 할 때 비로소 나였던 그 아이가 나타나 나답게 살아가는 길을 따라가는 삶이 시작됩니다. 자신의 인격을 수양하고 도(道)를 얻어내려는 공부가 위기지학이라면 남에게 보여주고

위험한 실천을 주도하는 적극적 '영성'.
영성은 위험을 무릅쓰고 진실을 말하는 용기와 만날 때
어떤 압력과 위협에도 굴하지 않고 진실을 향하는 마음에 불꽃을 태운다.

이목을 끌기 위해 온 정신을 쏟는 공부는 위인지학입니다. 위기지학이 나다움을 찾아 나서는 놀이로서의 공부라면 위인지학은 남에게 과시하기 위한 노동으로서의 공부입니다. 위기지학의 공부는 할수록 내면적 성숙을 위한 성찰 과정에 집중하지만, 위인지학의 공부는 할수록 어떻게 하면 남에게 잘 보일 수 있을지에 집중하게 됩니다. 위기지학의 공부는 절체절명의 위기 상황에서도 흔들리지 않는 자신을 구축하기 위해 깊은 뿌리를 내리는 데 주력하는 공부입니다. 반면에 위인지학의 공부는 내면적 성숙과 성찰보다 외형적 포장과 치장에 치중하지요. 그래서 위기지학이 자기다움의 발견과 인격적 성숙을 추구하는 공부라면, 위인지학은 타인에게 인정받고 이해타산을 따지며 주어진 목적을 달성하기 위한 공부입니다. 위인지학의 공부는 할수록 내면의 공허감이 깊어지지만 위기지학의 공부는 할수록 내면의 충만감이 깊어지는 것이죠.

푸코 식으로 이야기하면 위기지학의 공부를 하는 데 필요한 것은 파레시아스트의 용기입니다. 세상에서 누가 뭐라고 이야기하든 위험함을 무릅쓰고 나다움을 찾는 여정에 과감하게 뛰어드는 그 결단과 용기 말입니다.

자기 배려 여행

푸코가 비난하는 공부는 요즘 말로 이야기하면 자아실현이나 자기계발을 위한 공부입니다. 자기를 계발할수록 자기가 탕진되는 공부입니다. 이런 공부에서는 비교 대상이 어제의 나가 아니라 밖에 있는 다른 경쟁 상대입니다. 전보다 잘하기 위해 노력하는 공부가 아니라 남보다 잘하기 위한 공부입니다. 자기계발(자아실현)을 위한 공부와 자기배려(자아발견)를 위한 공부의 차이를 제대로 인식해야 합니다. 그래야 자기계발을 할수록 자아실현의 길에서 멀어지는 위인지학의 공부를 멈출 수 있습니다. 대신에 한 번도 되어본 적이 없는 자기를 찾아가는 자아발견의 공부, 즉 위기지학의 공부를 해야 합니다.

> 자본주의에 유용한 신체의 기술은 증대시키지만, 자본주의에 저항하는 힘으로 커지지 않는 데까지만 그렇게 한다. 더군다나 우리는 증대된 신체의 힘을 자기를 위해 사용하지 않는다. 타자에 의해 구성된 욕망들(명문대 입학, 승진, 급여 인상 등)에 투여되어 소비될 뿐이다. 자기계발을 하면 할수록 우리는 권력에 예속된다. 자기계발은 자기를 탕진하는 작업이다.
>
> _강민혁, 『자기배려의 책읽기』

자기계발의 방향은 밖의 경쟁자에 맞춰져 있습니다. 나의 색다름을 찾는 공부가 아니라 남과 다르게 하기 위한 공부에 초점이 맞춰져 있지요. 남다르게 차별화되는 자기계발을 반복할수록 나다움을 찾는 자기 배려는 실종되는 공부입니다.

> 자기 배려의 출발점은 자기 자신을 모르는 존재로 대하는 것이다. 모르는 존재, 알 수 없는 존재, 즉 철학에서 말하는 타자(他者)다. (중략) 모를 수밖에 없는 자기 자신에게 귀 기울이기, 자기 말을 듣기, 이것이 자기 배려의 출발인 것이다.
>
> _엄기호, 『공부 공부』

밖으로 향하던 시선을 안으로 돌려 나의 본래 모습에 귀를 기울여봅니다. 치열하게 자기계발을 해왔지만 자기가 계발되기는커녕 자아는 실현되지 않고 실종되고 말았습니다. 혹 참다운 자기는 모습을 감추고 사이비 자아가 그 자리에서 빛나고 있지는 않은지요?

오리와 토끼, 그리고 참새가 동물학교에 입학했다고 가정해봅니다. 동물학교의 첫날 교과목은 수영하기입니다. 수영은 오리가 제일 잘하겠지요. 토끼는 선천적으로 수영을 할 수 없는 동물입니다. 그런데 토끼가 오리의 재능을 따라잡겠다고 여름방학을 맞이하여 괌으로 전지훈련을 다녀옵니다. 그래도 토끼는 오리처럼 수영을 잘할 수는 없습니다. 수영을 배우는 토끼는 죽을 맛입니다. 둘째 날 교과목은 눈 오는 날 산등성이에 오르는 등산입니다. 이 수업 시간에 가장 스트레스를 받는 동물은 오리입니다. 토끼에게는 가장 신나는 시간이지요. 이번에는 오리 엄마가 오리를 야단칩니다. 너는 왜 옆집 토끼처럼 산을 오르지 못하느냐고 말입니다. 오리 엄마는 경쟁심에 불타 겨울방학을 맞이하여 오리를 데리고 알래스카로 전지훈련을 다녀옵니다. 오리는 뼈를 깎는 각오로 훈련에 임했지만 남은 것은 찢어진 물갈퀴, 동상에 걸린 발, 디스크에 걸린 허리뿐입니다. 마지막 날 교과목은 노래하기입니다. 참새가 가장 좋아하는 과목이죠. 물론 취향에 따라 오리가 더 노래를 잘한다고 하는 사람도 있을 것입니다. 토끼는 전혀 노래를 못합니다. 토끼를 데려다 성대수술을 해도 토끼는 참새의 실력을 따라잡을 수 없습니다. 하지만 토끼는 수영할 필요가 없고 오리는 산등성이를 오를 필요가 없으며, 참새 역시 수영하거나 산등성이를 오를 필요 없이 평생을 살아갈 수 있습니다.

자연에 있는 모든 생명체는 절대로 남과 비교하지 않습니다. 오리는 산등성이에 올라가는 능력을 배우지 않고도 얼마든지 행복하게 살 수 있습니다. 인간이 불행한 이유는 불필요한 것을 필요하다고 판단하는 데서부터 시작됩니다. 시선을 밖으로 향해서 남과 비교하지 말고 시선을 안으로 향하면서 내가 가진 고유한 능력으로 한 번도 되어본 적이 없는 자기를 찾아가는 여정이 바로 자기 배려입니다. 내가 잘하면 되는 능력을 개발해서 신나게 하다 보면 그게 재능이 되는 삶, 그 재능을 살려 즐겁고 신나게 살아가는 삶이 행복한 삶입니다.

『장자』의 「제물론(齊物論)」에 '오상아(吾喪我)'라는 말이 있습니다. 오염된 '나(我)'를 죽여야 원래의 '나(吾)'로 살아갈 수 있다는 이야기입니다. 아(我)는 허구의 나이고 오(吾)는 본연의 나입니다. 허구의 껍데기를 둘러싸고 있는 나(我)를 죽여야 본래의 나(吾)가 탄생합니다. 아(我)와 오(吾)의 싸움에서 늘 오(吾)는 죽고 아(我)가 득세했던 공부가 자아실현을 목표로 대중의 심리를 자극했던 자기계발 패러다임입니다.

"당신을 연기하라. 다른 배역은 이미 다 찼다." 오스카 와일드의 명언이지요. 푸코 식으로 해석해보면 너를 드러낼 수 있는 참다운 자기를 연기해야지 왜 자꾸 다른 배역을 연기하느냐고 책망하는 말입니다. 본래의 나는 책상에 앉아서 인식만으로 찾을 수 없습니다. 다양한 실험과 모색, 시행착오를 겪으면서 실천하는 가운데 내 몸 속에 꿈틀거리던 자기다움이 드러날 때 발견됩니다. 나만의 고유함을 찾아가는 자기 배려의 여정에는 호기심과 위험을 감수하는 용기가 필요합니다.

> 결국 위험은……우리가 익숙해져 있는 보장을 멀리 떠나 친숙한 광경들의 바깥(dehors)으로, 우리가 아직 그 범주들을 구성하지 못한 땅으로, 예견하기 어려운 종말로 다가가야 한다는 것이다.
>
> _푸코, 『지식의 고고학』

"당신을 연기하라. 다른 배역은 이미 다 찼다."
_오스카 와일드

친숙한 환경의 바깥으로 나가야 아름다운 풍경을 만날 수 있습니다. 익숙한 여기를 떠나 미지의 바깥으로 떠나는 여행은 때로 위험한 여행일 수도 있습니다. 비록 그 길이 예견하기 어려운 종말을 앞당긴다고 해도 파레시아스트는 더 위험한 일이 생기기 전에 용기 있게 그 길을 향해 떠날 것입니다.

리처드 로티의 **아이러니스트**

자아를 끊임없이 창조하는 시인이 되는 방법

chapter

09

Richard Rorty

1931. 10. 4.~2007. 6. 8.

책을 읽는다는 것, 특히 철학책을 읽는 일은 보통의 독서와는 조금 다르지요. 어쩌면 난해한 텍스트를 해독하는 일에 가까운지도 모르겠습니다. 저자의 의도와 의중을 읽어내는 일이기도 합니다. 한 철학자가 내세운 개념 속에는 자신이 부여잡은 문제를 향한 치열한 고뇌와 열정, 갈급한 위기의식과 반드시 이 딜레마 상황을 탈출하고야 말겠다는 불굴의 의지가 담겨 있습니다.

대부분의 철학자와 마찬가지로 리처드 로티하면 떠오르는 개념이 몇 가지 있는데, 그중 인상적인 것이 '마지막 어휘'와 '아이러니트스'입니다. 마지막 어휘는 죽음과도 맞바꿀 수 있는 나의 신념어입니다. 목에 칼이 들어와도 결연하게 맞서 싸우는 원동력이 되는 단어입니다. 마지막 어휘를 중심으로 어제와 다른 나로 부단히 변신하면서 나다움을 찾아가는 사람이 바로 아이러니스트입니다. 로티는 결국 나만의 고유한 어휘를 개발하여 나를 가장 나답게 드러내기 위해 부단히 노력하며 자아를 창조하는 인간상을 연구한 것이지요. 이 시간에는 그의 저작 『우연성, 아이러니, 연대』에 등장하는 눈먼 각인(Blind Impress), 마지막 어휘(Final Vocabulary), 아이러니스트(ironist)라는 개념을 공부해보려 합니다.

아우라는 재현할 수 없다

'눈먼 각인'은 어느 순간 나도 모르는 사이에 외부 자극이 내 몸으로 들어와 강렬한 인상과 지각을 남겼지만 언어로 재현하기에는 불가능한 흔적이나 얼룩입니다. 발터 벤야민이 『발터 벤야민의 문예이론』에서 언급했던 산딸기 오믈렛 이야기와 일맥상통하는 의미를 담고 있지요.

옛날 한 시대를 풍미했던 왕이 전쟁 중에 쫓기던 중에 산골짜기의 한 노파에게서 얻어먹은 산딸기 오믈렛의 맛을 궁정요리사에게 재현해달라고 요구합니다.

"내가 전쟁에서 참패하고 길을 잃어 기진맥진한 채 한 오두막에 도착했을 때

였네. 한 노파가 뛰쳐나와 반기며 산딸기 오믈렛을 먹여주었지. 오믈렛을 먹자마자 난 기적처럼 기력을 회복했고 희망이 샘솟았지. 자네가 그 오믈렛을 만든다면 짐의 사위가 될 것이고 그렇지 못하면 죽음뿐이네."

그러자 궁정요리사는 이렇게 대답합니다.

"저는 산딸기 오믈렛 요리법은 물론이고 하찮은 냉이에서 시작해서 고상한 티미안 향료까지 모든 양념을 훤히 잘 알고 있습니다. 그리고 그 오믈렛을 만들 때 어떻게 저어야 마지막에 제맛이 나는지도 잘 알고 있습니다. 하지만, 폐하! 저는 죽지 않으면 안 됩니다. 이 모든 것에도 불구하고 제가 만든 오믈렛은 폐하의 입에 맞지 않을 것입니다. 폐하께서 그 당시에 드셨던 모든 양료(養料)를 제가 어떻게 마련하겠습니까. 전쟁의 위험, 쫓기는 자의 주의력, 부엌의 따뜻한 온기, 뛰어 나오면서 반겨주는 온정, 어찌 될지도 모르는 현재의 시간과 어두운 미래. 이 모든 분위기는 제가 도저히 마련하지 못하겠습니다."

전쟁 중에 쫓기는 위험한 상황과 당시의 절박한 긴장감, 그 당시 부엌의 형언할 수 없는 분위기와 온기, 노파의 정성과 관심, 산딸기가 품고 있는 태생적 향기와 맛과 식감, 반갑게 맞이하면서도 긴장된 듯한 노파의 표정, 적막한 밤을 뚫고 들리는 요리하는 소리와 코를 자극하는 음식 냄새 등은 아무리 뛰어난 요리사라고 해도 재현할 수 없습니다. 그러니 과거의 그 맛을 그대로 재현하는 것은 당연히 불가능하겠지요.

이 산딸기 오믈렛에는 그 음식이 내는 맛뿐만 아니라 그 음식 맛을 본 주체의 맥락적 경험이 결부되어 있습니다. 산딸기 오믈렛의 아우라는 산딸기 오믈렛 자체의 음식 맛뿐만 아니라 그것을 만든 사람과 상황의 고유한 특성, 그리고 그 상황적 맥락에서 맛을 본 사람의 주관적 감정이 함께 만든 사회적 합작품입니다.

발터 벤야민이 말하는 아우라는 그 어떤 것으로도 바꿀 수 없는 오직 그 존재만이 지닌 독특한 색깔이자 스타일이 뿜어내는 카리스마입니다. 아우라는 아무리 아우성을 쳐도 재현할 수 없는 당사자의 독특한 그 무엇입니다. 사람과 시대가 바뀌고 상황이 바뀌면 '그때'는 더 이상 그대로 재현해낼 수 없는 불가능한 추억입니다. 설혹 방법을 안다고 해도 지금의 언어로 그 당시의 맛에 담긴 추억과 아름다운 분위기를 제대로 번역할 수 없습니다.

푼크툼과 눈먼 각인

우연히 내 몸으로 파고들어온 강렬한 흔적이나 지적 자극이 처음의 느낌 그대로 사라지시 않고 오랫동안 남아 있는 것을 눈먼 각인이라고 했습니다. 롤랑 바르트가 『밝은 방』에서 이야기하는 푼크툼(punctum)과도 같은 개념으로 볼 수 있습니다. 푼크툼은 화살 같은 강렬하고 순간적인 자극이 우연히 내 몸을 관통하면서 생긴 깊은 상처(깊

아우라는 재현할 수 없는 당사자의 독특한 그 무엇이다.
사람과 시대가 바뀌고 상황이 바뀌면 '그때'는 더 이상 재현해낼 수 없는
불가능한 추억일 뿐이다.

게 파인 홈)이자 섬광 같은 자극입니다. 정형화된 틀을 벗어나 예기치 못하게 찾아오는 뜻밖의 지적 충격이자 웅크린 야수에게 찾아드는 강한 심리적 동요이기도 합니다. 푼크툼은 예상하지 못한 상황에서 뜻밖에 날아오는 우발적 충격이자 불현듯 생기는 깊은 정서적 울림이고 생각지도 못한 방향으로 나의 관심을 끌고 가서 비상하는 상상력의 날개입니다.

롤랑 바르트는 지식이나 정보에 의해 한눈에 파악될 수 있는 의미와 달리, 의미가 고정되지 않고 표류하는 모호함을 지닌 것을 '무딘 의미'라고 했습니다. 무딘 의미는 본래는 날카로웠지만 다른 것과 자주 부딪치면서 모난 부분이 없어지고 둥근 형태로 변형되어 감각적 변화를 분명하게 포착할 수 없게 된 상태, 즉 이것도 아니고 저것도 아닌 상태로 모호해지고 무디어진 것을 뜻하는 라틴어 옵투스(obtus)에서 유래합니다. 지적 인식이나 논리로 접근할 수 없는, 언어로 번역할 수 없어서 말로 설명할 수 없지만 직관적으로 어떤 의미인지는 아는, 그럼에도 불구하고 어찌할 수 없는 이미지가 내뿜는 의미입니다(김성호, 「미디어아트 이미지의 해석-바르트의 제3의 의미로부터」). 알 것 같지만 또 다른 의미를 품고 다른 세계로 미끄러져 내려가면서 다양한 여운을 남기는 의미가 바로 무딘 의미입니다.

리처드 로티가 말하는 눈먼 각인 역시 이와 비슷합니다. 시간이 흘러도 쉽게 지워지지 않는 우연한 마주침의 흔적. 오감각으로 받아들인 눈먼 각인은 구체적 이미지로 형상화할 수는 없지만 그 당시에 받은 느낌은 여전히 온몸 구석구석에 자리 잡고 있습니다.

눈먼 각인도 푼크툼의 자극으로 깊은 의미의 상처를 입혔지만 그것이 구체적으로 어떤 의미인지 언어로는 번역이 불가능한 체험적 충격입니다. 재현이 불가능한 일회성의 단독적인 경험인 것이지요. 그 어떤 기술적 수단을 사용해서도 동일하게 반복할 수 없는 고유한 맥락적 추억입니다. 똑같은 장소에서 똑같은 사람이 똑같은 장면을 재연해도 당시에 몸으로 받아들인 신체적 각인과 느낌을 동일하게는 반복할 수 없습니다. 눈먼 각인은 시간과 공간과 인간의 삼자가 만나는 상호작용 속에서 창조되는 역동적인 감각의 향연이기 때문이지요.

죽음과 맞바꿀 수 있는 마지막 어휘

눈먼 각인은 어느 특정 시점과 특정한 상황에서 우연히 마주쳤지만 전율하는 경험적 흔적으로 내 몸에 남아 있는 특이하고 고유한 과거의 추억이자 체험적 느낌입니다. 리처드 로티는 이런 눈먼 각인의 흔적을 지금까지 전해 내려오는 언어적 문법이나 사용 방식에서 탈피해서 자기만의 방식으로 표현하려는 안간힘이 한 사람의 삶을 그 누구의 삶과도 바꿀 수 없는 고유한 예술작품으로 만든다고 생각했습니다.

눈먼 각인의 체험적 흔적이 다양한 사람은 그만큼 그런 경험을 다양한 예술작품으로 창작할 수 있는 가능성의 텃밭이 풍부하다는 이야기입니다. 내 몸을 관통한, 내 몸 속에 남아 있는 전율했던 추억의 한 점은 오로지 나만이 반추해보고 회상해서 지금 여기서 다시 한 번 느껴볼 수 있는 체험적 각인입니다. 새로운 것을 발견하는 게 아니라 참신한 메타포를 활용하여 당시의 경험적 각성을 다시 표현해보려고 안간힘을 쓰는 과정에서 나만의 고유한 언어 사용 방식이 재탄생합니다. 이런 와중에 탄생하는 단어가 마지막 어휘(Final Vocabulary)입니다.

마지막 어휘라고 하니, 마치 사람이 죽기 직전 마지막으로 남기는 한마디 같지만, 로티가 말하는 뜻은 다릅니다. 로티의 마지막 어휘는 죽음과도 맞바꿀 수 있는 신념어를 뜻합니다. 어쩌면 죽는 순간까지도 붙드는 말이라고 할 수도 있겠습니다. 어떤 신념이 눈먼 각인으로 우연히 생겼다고 할지라도 그것을 위해 죽을 만한 가치가 있다고 판단되는 단어가 바로 마지막 어휘입니다.

마지막 어휘는 평상시에는 의식의 수면 아래에서 잠자고 있다가 결정적인 딜레마 상황에 빠져 있을 때 결단과 결행 일보 직전에 눈앞에 나타납니다. 저마다 '눈먼 각인'으로 생긴 앎의 얼룩과 무늬가 다르기 때문에 거기서 생성되는 각성과 통찰의 언어도 다릅니다. 예를 들면 간디는 변호사 시절 남아프리카 한 지역에서 1등칸 기차를 탔다가 백인이 아니라는 이유로 쫓겨납니다. 이 일은 그에게 큰 충격을 안겼습니다. 이후 그는 부유하고 안락한 삶을 보장하는 변호사의 길을 포기하고 비폭력 저항운동을 하기로 인생의 방향 전환을 시도합니다. 특정한 한 사건이 삶의 결연한 방향 전환을 이끌고 간디에게 새로운 신념어를 잉태하게 만든 것이지요.

마지막 어휘는 가장 나다운 색깔을 담고 있는 내 삶의 등대이자 나침반과 같은 역할을 합니다. 길을 잃었을 때, 어디로 가야 할지 방향을 알려주고 왜 그곳으로 가야 하는지를 고심하게 만들어주는 행동규범이자 가치 판단의 기준입니다.

플라톤에게는 이데아, 사르트르는 실존, 비트겐슈타인은 언어, 라캉은 욕망, 스피노자는 코나투스(Conatus)라는 단어가 마지막 어휘로 떠오릅니다. 이 중에 코나투스는 삶을 본성대로 살아가려는 에너지인데, 누군가를 만나 코나투스가 통하면 끌림이 생기고 통하지 않으면 멀어짐의 조짐이 생깁니다. 어떤 사람은 만나는 순간 기가 꺾이면서 에너지가 다운되고 더 이상 만나고 싶지 않은 기분이 듭니다. 코나투스가 통하지 않기 때문입니다. 스피노자는 기분이 좋은 사람을 만나 삶의 에너지를 충전해야 함을 강조합니다. 니체는 아모르 파티(운명애) 이외에 위버멘쉬나 힘에의 의지와 영원회귀 중에서 마지막 어휘가 결정될 것 같습니다.

한계에 도전하지 않으면 한계를 알 수 없다

그렇다면 저의 마지막 어휘는 무엇일까요? 도전입니다. 도전은 미지의 세계로 향하는 호기심의 발로이자 능력을 확장하고 심화시키는 근간입니다. 도전은 능력의 한계를 알려주기도 하지만 능력의 심화와 확장 가능성을 알려주는 성장 발판이기도 합니다. 도전은 살아가는 이유이자 어제와 다르게 살아가기 위해 발버둥치는 버팀목입니다. 도전을 멈추는 순간 제 삶에는 축제가 없어지고 숙제가 많아지면서 피곤한 인생이 반복될 뿐이겠지요.

도전은 늘 어제와 다른 호기심을 가지고 능력의 한계에 도전하도록 합니다. 도전은 왼쪽 심장(좌파, Courage)과 오른쪽 머리(비정상, Imagination)가 시키는 일입니다. "창작이라는 것은 본래 왼쪽에서 뛰는 심장이 시켜서 하는 일"(신형철, 『느낌의 공동체』)이라는 것입니다. 재밌는 표현이지 않습니까? 도전은 머리로 논리적으로 생각하는 사람은 할 수 없습니다. 도전은 심장으로 느낌이 올 때 머리가 논리적으로 계산하기 전에 이루어집니다. 다만 머리가 작동하지 않는 상태에서 심장이 시키는 대로만 했다가는 도전이 모험을 넘어 위험한 만용이 될 수도 있습니다.

느낌이 왔을 때, 이것이 머리로 올라가서 계산이 시작되기 전에 행동하지 않으면 이 머리는 이제 안 해도 되는 열 가지 이유를 생각하기 시작합니다. 예를 들면 사하라 사막에서 열리는 마라톤에 도전하고 싶은 생각이 들었을 때 바로 실행하지 않으면 어떤 일이 벌어질까요? 참가비가 비싸다는 핑계를 댑니다. 또 낮 기온이 40도가 넘으니 사막에서 달리다 죽을 수 있다는 위험을 머릿속으로 따져봅니다. '내가 왜 사하라까지 가서 죽어야 돼'라는 자기합리화와 함께 안 가도 되는 열 가지 이유를 생각해내겠지요. 그리고 결국 도전을 포기합니다. 그런데 저 같은 사람들은 느낌이 오면 일단 카드로 결제한 다음에 준비물을 따져보고 실행에 옮기기 시작합니다. 직장에서 집까지 왕복 56킬로미터를 일요일마다 마라톤으로 왕복하면서 지구력을 단련하고, 20층 건물 계단을 10킬로그램짜리 배낭을 메고 오르락내리락하면서 허벅지 근육과 심폐 기능을 강화합니다. 결국 6박 7일간의 사막 마라톤은 완주하지 못한 채 미완의 성공으로 마무리되었지만 도전 자체만으로도 많은 것을 깨달은 하나의 체험을 완성합니다.

능력의 한계를 아는 것도, 능력을 확장하고 심화시키는 것도 오로지 도전을 통해야 가능합니다. 책상에서 능력의 한계를 알 수 없습니다. 한계는 한 게 없는 사람의 핑계입니다. 도전해보지 않고 어떻게 한계를 알 수 있다는 말일까요?

마지막 어휘는 방향을 알려주는 나침반이다

　마지막 어휘에는 그 사람의 불굴의 의지와 결연한 판단이 들어 있습니다. 포기하고 싶은 상황에서도 불타는 의지로 끈질기게 파고 드는 집요한 힘도 마지막 어휘가 담고 있습니다. 게으름에 빠질 때 그 마지막 어휘를 떠올리는 순간 죽어 있던 의지들이 새롭게 생기는 이 유입니다.

　마지막 어휘는 길을 잃었을 때, 선택의 기로에 놓였을 때 나를 올 바른 방향으로 안내해주는 나침반입니다. 가치 판단과 의사 결정의 기 준이 되는 것이지요. 예를 들면 저는 기업에서 프로젝트 제안이 들어 오면 도전이라는 마지막 어휘에 비추어 실행 여부를 결정합니다. 이 프로젝트가 제가 이미 가지고 있는 지식만으로도 해낼 수 있다는 판단 이 들면 그 일을 추진하지 않습니다. 왜냐하면 저의 마지막 어휘에 어 긋나기 때문입니다. 새로운 공부를 하지 않고도 수행할 수 있는 프로 젝트에는 의욕이 생기지 않습니다. 이미 가진 능력만으로도 수행할 수 있는 일은 새로운 배움의 기회를 제공하지 못합니다.

　마지막 어휘는 삶의 등대이기도 합니다. 어디로 가야 될지, 어떤 기준으로 삶을 살아야 할지를 고민할 때 빛을 밝혀줍니다. 독창적인 자기다움을 드러내면서 자기다운 철학과 신념에 따라 그 누구와도 비

마지막 어휘는 길을 잃었을 때
나를 올바른 방향으로 안내해주는 나침반이다.

교할 수 없는 고유한 삶을 살아가게 만든 중심축인 것이지요.

마지막 어휘는 틀에 박힌 생각이 고치 안에 머물면서 자란 고정 관념을 생각의 망치로 깨부숴 나의 가치를 드높이는 자극제입니다. 도전이라는 마지막 어휘 외에도 저에게는 삶의 나침반과 등대와 같은 역할을 하는 다섯 가지 단어가 있습니다. 열정, 혁신, 신뢰, 도전, 행복이 그것입니다. 이 중 제가 가장 소중하게 생각하는 키워드는 사람과 사람 사이의 신뢰입니다. 가슴에는 뜨거운 열정을 가지고 있고 새의 양 날개처럼 왼쪽에는 도전과 오른쪽에는 혁신을 기반으로 살아갑니다. 신뢰를 기반으로 뜨거운 열정으로 도전하고 혁신하는 삶을 살아갈 때 저는 행복을 느낍니다. 열정(Passion), 혁신(Innovation), 신뢰(Trust), 도전(Challenge), 행복(Happiness)에 해당하는 영어 첫 글자를 따서 차례로 연결하면 'PITCH'가 됩니다. 삶의 중심을 바로잡아주는 핵심 가치입니다. 힘들고 어려워도 힘과 용기를 내서 피치를 올리는 삶을 살고 있습니다.

자기다움, 색다움, 아름다움

밤하늘의 별은 내가 길을 잃었을 때 등대처럼 방향을 알려주는 이정표입니다. 밤하늘에 빛나는 별들이 근면, 정직, 열정, 혁신, 신뢰, 도전, 행복, 겸손, 사랑, 나눔, 봉사라는 이름을 갖고 있다고 해봅시다. 이

별 중에서 유난히 내 마음을 움직이는 별 다섯 개를 고르라면 어떤 별을 꼽겠습니까. 다섯 별을 연결시켜 줄을 그어보면 북두오성이 됩니다. 다섯 별이 밤하늘에 빛나면서 별자리를 만들었습니다. 개별적인 별로 바라보다 서로 연결해 별자리로 보면 훨씬 더 잘 보이기도 하고 등대처럼 마음에 각인이 됩니다. 길을 잃었을 때 북두칠성이 길을 안내하듯 이 다섯 별이 삶을 올바른 방향으로 끌고 갈 것입니다.

칸트도 비슷한 맥락에서 밤하늘에 빛나는 별을 이야기합니다. "내 마음을 채우고 내가 그것에 대해 더 자주 더 깊이 생각하면 할수록 늘 새로운 경외심과 존경심을 더해주는 것 두 가지가 있다. 머리 위에 별이 빛나는 하늘 그리고 내 마음의 도덕법칙." 칸트의 묘비명에 나오는 말입니다. 『실천이성 비판』의 마지막 구절이기도 합니다. 밤하늘에 빛나는 별은 불가지(不可知)의 세계입니다. 인간의 인식으로 도달할 수 없지만 그것만 생각해도 심장이 뜁니다. 도덕법칙은 딜레마 상황에서 의사 결정을 하는 표준입니다. 도덕법칙이야말로 의사 결정의 기준으로 작용하는 핵심 가치이지요. 핵심 가치는 어떠한 상황에서도 그 한 단어를 가지고 이 세상을 향해서 몸을 던질 수 있는 가치 판단의 기준입니다. 푸코 식으로 이야기하면 목숨을 위협하는 상황에서도 진실을 말할 수 있는 파레시아(parresia)에 해당하는 단어가 바로 마지막 어휘입니다. 마지막 어휘는 남다르게 살아가려는 나에게 색다르게 살아가라는 당부이기도 합니다.

나만의 색다름은 결국 마지막 어휘가 만들어가는 것입니다. 색다르면 저절로 남달라지는데 우리는 남달라지려고 노력하다가 나만의 색을 잃어버렸습니다. 색다름은 자기만의 색이 독특하게 빛나는 상태입니다. 남달라져서 저절로 자기다움이 드러나고 그것이 그 사람의 아름다움을 결정합니다. 아름다운 사람은 색다른 사람이고 색다른 사람은 자기답게 살아가는 사람이에요. 자기다움과 색다름, 그리고 아름다움은 동의어입니다.

'~다운 삶'과 '~스러운 삶'

우리는 마지막 어휘를 근간으로 자기만의 고유한 개성이 드러나는 작품을 개발하는 데 온 힘을 다해야 합니다. 대강 만들어서 시장에서 팔고 사는 상품을 만들면 잠깐 동안 돈은 어느 정도 벌 수 있지만 얼마 지나지 않아 시장가치가 떨어지고 바로 반품되는 어려운 처지에 놓일 수도 있습니다. 상품은 시간이 지나면 시장가치가 떨어지는데 나만의 철학과 신념이 담긴 작품은 마침내 명품이 됩니다. 상품은 신상품으로 대체되지만 작품은 개발자의 철학과 신념을 담아낸 것이니 그 누구도 쉽게 따라잡을 수 없는 자기 특유의 명품이 되는 거지요.

니체와 푸코는 닮은 점보다 다른 점이 더 많습니다. 이들은 자기만의 문제의식과 자기만의 언어로 자기만의 철학 체계를 구축했습니다. 사르트르, 칸트, 들뢰즈, 데리다 모두 자기만의 철학으로 자기만의 스타일을 창조한 사람입니다. 『파우스트』를 읽으면 누가 봐도 괴테의 작품임을 알아차립니다. 톨스토이, 찰스 디킨스, 프루스트, 카프카 역시 특유의 문체로 자기만의 문학 세계를 구축했습니다. 문체는 일종의 지문입니다. 사람마다 다른 고유한 지문처럼 문체에도 그 사람만의 작가 정신이 살아 숨 쉽니다. 마찬가지로 베토벤의 교향곡에는 베토벤만의 특성이 드러납니다. 피카소, 반 고흐의 그림은 멀리서 봐도 두 그림이 확연하게 구분됩니다. 이렇게 저마다의 분야에서 자기다움을 창조하고 고유한 스타일을 드러낸 문학가나 예술가는 모두 자기다운 색깔을 일궈낸 사람입니다. 이런 사람들에게는 형용사로서 '~다운'이라는 표현을 사용합니다. '피카소다운' 또는 '피카소답다'라고 이야기합니다. 이런 표현을 붙일 수 있으면 그게 바로 누구도 흉내 낼 수 없는 아이러니스트인 것입니다. '괴테답다'고 하면 괴테만이 창조할 수 있는 괴테다움을 이룹니다. 그런데 '괴테스럽다'고 하면 어떤 느낌이 드나요? '~스럽다'는 말은 이류가 일류를 모방하는 아류작을 지칭합니다. 괴테를 모방하다가 자기 정체성을 잃어버린 상태를 말합니다.

리처드 로티가 이야기하는 아이러니스트의 삶은 마지막 어휘를 가지고 그 사람답게 누구와 비교하지 않는 자기다움을 드러내는 삶입니다. '~다운' 삶을 살아가는 사람은 자신을 가꾸는 사람이지만 '~스러운' 삶을 살아가는 사람은 꾸미는 사람입니다. 가꾸는 사람은 가꿀수록 자기다움이 드러나지만 꾸미는 사람은 꾸밀수록 자기다움은 죽고 남만 좇는 불행한 삶을 살아갑니다.

내 삶의 역사를 재창조하라

아이러니의 반대는 상식입니다. 로티에 따르면 마지막 어휘로 틀에 박힌 상투적인 말을 버리고 자신만의 메타포로 자아를 끊임없이 창조하는 시인이야말로 아이러니스트의 전형입니다. 우연히 어떤 사건이 내 몸을 파고들며 눈먼 각인을 만들었을 때, 그 순간의 전율하는 느낌을 색다른 언어를 동원해서 작품화시키는 사람은 따로 있습니다. 바로 전대미문의 색다른 작품을 만들어가는 예술가가 바로 아이러니스트입니다.

아이러니스트는 기존의 문법이나 전승되어 내려오는 언어 사용 방식에서 탈피하여 기존 사고를 전복할 참신한 메타포를 사용하는 시인입니다. 아이러니스트는 무엇보다도 상투적 관성에서 벗어나 자기만의 방식으로 언어를 개척하면서 자신의 삶을 하나의 스토리로 구성해나가는 소설가입니다. 무엇보다도 아이러니스트는 과거에 얽매이지 않고 어쩔 수 없는 과거라고 할지라도 주체적으로 재서술을 통해 이전

아이러니스트는 상식과 통념을 통렬히 깨부수고
어제와 다른 의미의 세계로 자신을 부단히 변신시키면서 자아를 창조하는 혁명가다.

과 전혀 다른 의미를 부여하여 삶의 역사를 재창조하는 역사주의자입니다. 한마디로 아이러니스트는 상식과 통념을 통렬히 깨부수고 어제와 다른 의미의 세계로 자신을 부단히 변신시키면서 자아를 창조하는 혁명가입니다.

눈먼 각인으로 몸에 파인 흔적은 어느 누구의 경험과도 비교할 수 없는 우연적 특이성입니다. 이미 사회적으로 통용되는 보편적 언어로는 그것을 표현할 방법이 없습니다. 고유한 감각적 체험의 기억을 마지막 어휘로 정리해서 죽음과도 맞바꿀 수 있는 결연한 각오로 담아내려는 안간힘이 이전과 다른 나를 새롭게 창조하게 만듭니다. 아이러니스트는 통념에 갇힌 기존 자아를 버리고 어제와 다른 언어적 문법으로 나의 깨달음을 부단히 다르게 표현하면서 새로운 나로 거듭 변신하는 니체의 위버멘쉬이기도 합니다. 오늘 여기서의 삶에 만족하지 않고 색다른 나로 변신을 반복하는 혁명가적 자기가 바로 아이러니스트입니다. 현실적 장벽이 높고 불가능함이라는 그림자가 주변을 감싸고돈다고 할지라도 진부함을 거부하고 색다른 변화와 혁신을 거듭하는 시인의 삶은 우리 모두가 본받아야 할 아름다운 본보기입니다. 마지막 어휘로 표현한 메타포가 과연 자신의 삶을 가장 자기답게 서술할 수 있을지 질문을 반복해서 던지면서 가장 자기다운 모습을 부단히 재서술하고 재창조하려고 노력하는 사람이 바로 아이러니스트입니다.

모든 것을 바꾸지만, 바꿔서는 안 되는 것

한 자동차 회사의 디자인 슬로건 중에 "Change It. But don't Change it"라는 표현이 있습니다. "바꿔라. 그러나 바꾸지 말라"는 말입니다. 바꾸라고 해놓고 바꾸지 말라고 합니다. 모든 것을 바꾸지만, 그 가운데 바꾸지 말아야 할 것이 있다는 뜻이 아닐까요? 그것이 리처드 로티의 마지막 어휘이고 제가 말하는 핵심 가치입니다. 내가 붙들어야 하는 핵심 가치는 바꾸지 않으면서, 그 핵심 가치대로 세상을 바꾸라는 말입니다.

마지막 어휘를 중심으로 인생을 살아가는 사람에게만 고유한 삶의 방식이 생깁니다. '마이 웨이(My Way)'가 만들어지는 것이지요. 누구의 삶을 흉내 내는 삶이 아니라 저만의 고유한 방식으로 살아가면서 생긴 단독적인 삶(singular life)입니다.

누구든지 로티처럼 마지막 어휘를 선정해서 그대로 생각하고 살아가면서 자신만의 스토리를 축적한다면 그 누구와도 비교할 수 없는 독창적인 색깔과 스타일을 갖추게 될 것입니다. 그때 비로소 자기다운 삶을 사는 사람으로의 변신이 시작되겠지요.

마이 웨이는 누구의 삶을 모방해서 흉내 내는 삶이 아니다.
저만의 고유한 방식으로 살아가면서 생긴 단독적인 삶이다.

아이러니스트와 시인의 공통점

아이러니스트는 옳다고 믿는 진리 문제에 관해서도 오류일 수 있음을 열어두는 개방적인 사람입니다. 아이러니스트는 자신이 참이라고 믿는 진리조차도 틀릴 수 있다고 생각합니다. 자신의 궁극적 신념이 담긴 마지막 어휘마저도 때에 따라서는 과감하게 포기할 수 있는 용기 있는 사람입니다. 타성에 젖어 살아가지 않기 위해 기존의 고정관념이나 통념을 끊임없이 폐기 처분하고 늘 새롭게 배우는 아이러니스트는 폐기학습(unlearning)의 전형입니다.

시인이 언어적 점성에서 벗어나 역발상을 시도하고 기존 상식에 얽매이지 않는 자유로운 발상을 즐기듯 아이러니스트는 늘 자신만의 메타포나 어휘를 사용하여 색다른 표현의 가능성을 추구합니다. 시인이 다른 시인의 시어를 모방하거나 시심을 흉내 내지 않듯이 아이러니스트 역시 자기만의 언어로 스스로를 재창조하기 위해 재서술을 멈추지 않는 사람입니다.

아이러니스트의 자아창조 작업은 철저하게 사적인 영역 안에 한정시킵니다. 자기 고유의 마지막 어휘를 근간으로 어제와 다른 재서술을 통해 자아를 창조하는 작업은 누구나 합의할 수 있는 보편적 기준 같은 것은 없습니다. 자기만의 메타포로 늘 자유로운 사색을 즐기면서 시심을 녹여내는 시인들이 다른 시인의 세계를 억압하는 정치적이고 공적인 힘을 갖지 않듯이, 아이러니스트 역시 사적인 영역에서 개인적인 희망과 창조적인 자율성을 갖고 무한한 자유를 즐깁니다.

아이러니스트는 만고불변의 진리를 믿지 않습니다. 모든 것은 가변적인 것이고 우연히 마주쳐서 태어난 잠정적인 일리일 뿐입니다. 사실 로티가 자신의 철학에서 '우연성'을 강조하는 이유도 전통 형이상학에서 주장하는 '불변하는 본질이나 본성'에 반대하기 위해서입니다. 우리가 만고불변의 진리라고 믿었던 고대 철학의 형이상학적 신념은 잘못된 가정에서 생긴 오류하고 주장합니다. 불변하는 본질로 이루어진 진리는 없다는 것이지요.

로티의 아이러니스트는 종교적 신념이나 근본적 가정 위에 세워졌다고 생각하는 절대적인 형이상학적 원리를 인정하지 않습니다. 아이러니스트는 삶 자체가 불안정하고 불완전하기 때문에 늘 어제와 다른 언어를 사용해서 어제와 다른 삶을 추구하기 위해 안간힘을 쓸 뿐입니다. 만고불변의 절대적 믿음이나 신념 체계가 없다고 가정하는 토대 위에서 로티는 공적 영역에서 활동하는 자유주의자(liberalist)를 그려냅니다.

자유주의자가 바라는 가장 이상적인 사회는 자신이 옳다고 믿는 가치나 신념을 다른 사람도 믿도록 강요하는 잔인성이 최소화된 사회입니다. 자유주의자는 자신의 신념을 자신과 생각이 다른 사람에게 일방적으로 강요하지 않습니다. 뿐만 아니라 존재하지도 않는 형이상학적 원리를 근간으로 다른 사람에게 특정한 가치관을 믿으라고 강압하지도 않습니다. 자유주의자는 기껏해야 타자의 잔인성으로 인해 고통받는 사람들의 모습을 가급적 있는 그대로 보여줌으로써 공동체의 다른 사람들을 설득할 뿐입니다.

자유주의자와 아이러니스트가 연대하는 사회

아이러니스트는 틀에 박힌 식상한 언어에서 벗어나 낯선 은유적 언어를 사용함으로써 자아를 이전과 다르게 끊임없이 재창조는 사람이라고 했습니다. 로티가 말하는 이상적인 자유주의 사회는 저마다의 신념과 철학이 담긴 마지막 어휘들이 특정한 잣대와 편견으로 재단되지 않고 자유롭게 경합하는 사회입니다. 저마다의 눈먼 각인이 담긴 마지막 어휘와 그 사연을 풀어나가는 어휘를 주고받으며 공감과 동의를 얻어가는 사회가 바로 자유주의 사회입니다.

로티는 우리 모두가 꿈꾸는 가장 이상적인 자유주의 사회라면 차별 없이 누구나 자유주의자가 될 수 있으면서 동시에 아이러니스트로 자유롭게 변신할 수 있어야 된다고 말합니다. 로티는 이런 사람을 '자유주의 아이러니스트(liberal ironist)'라고 부르지요. 자유주의 아이러니스트는 사적 영역에서는 아이러니스트처럼 마지막 어휘를 근간으로 새로운 메타포를 활용하여 자아를 끊임없이 재서술하고 재창조하는 과정에 몰두하고, 공적 영역에서는 자유주의자처럼 잔인성이 강행됨으로 인해 당하는 고통과 굴욕을 최소화시키려고 안간힘을 쓰면서 노력하는 사람입니다. 이때 자유주의자에게 필요한 미덕이 바로 공감적 상상력입니다.

공감적 상상력은 내가 겪어보지 못한 타자의 아픔을 역지사지로 생각하는 측은지심입니다. 이런 공감적 상상력이 커질수록 나와 다른 세계에서 살아가는 사람에 대한 이해와 수용의 폭도 커집니다. 나와는 인식과 관심이 다른 사람을 공동체 속의 구성원으로 받아들여가는 관계를 로티는 '연대'라고 합니다. 우연성을 추구하는 아이러니스트는 비로소 다른 아이러니스트와 연대를 이루며 자유주의자와 함께 대화를 통해 민주 사회를 열어갑니다.

한 사람이 남긴 철학적 텍스트는 다양한 해독과 오독을 오고가면서 사람들의 머릿속을 지배하고 또 다른 가능성의 세계로 인도하는 지적 자극제입니다. 모든 사람에게 새로운 가능성의 문을 열어주는 살아 있는 지침서입니다.

공감적 상상력은 내가 겪어보지 못한 타자의 아픔을 역지사지로 생각하는 측은지심이다.
아이러니스트는 비로소 다른 아이러니스트와 연대한다.

자크 데리다의 **사이 전문가(호모 디페랑스)**

한 우물에 매몰되지 않고
다른 우물을 만나는 방법

chapter
10

Jacques Derrida

1930. 7. 15.~2004. 10. 8.

전문가의 위기라는 화두가 있습니다. 전문가는 많지만 전문적인 식견과 안목으로 대중의 신뢰를 받는 전문가는 많지 않습니다. 절름발이 전문가가 대량 양산되는 사회의 위기입니다. 이런 위기의 시대에 진정한 전문가가 갖추어야 될 자격이나 자질, 역량이나 능력, 또는 덕목이나 미덕을 생각해보는 시간을 가져보려고 합니다.

좀 색다른 전문가가 되고 싶은가요? 이런 질문에 어떤 대답을 할 수 있을까요? 깊이를 추구하는 전통적인 전문가(specialist)상에서 벗어나는, 그러니까 깊이만 파면 기피 대상이 되는 전문가 이미지에서 벗어나야 합니다. 하지만 깊이가 없으면 전문가가 아니지요. 전문가가 되기는 그만큼 어렵습니다.

옛날에는 한 우물만 파면 전문가가 됐는데 이제 한 우물만 파다가는 자신이 판 그 우물에 매몰되어버리는 시대가 도래했습니다. 전문가가 겪고 있는 이런 위기를 극복하는 방안을 철학자 데리다에게 물어보려고 합니다. 그가 만든 개념 중에 디페랑스(differance)에 비추어 진정한 전문가상을 고민해보겠습니다.

경계에 꽃을 피우는 전문가

디페랑스(differance)는 영어의 디퍼런스(difference)의 'e'를 'a'로 바꾸어 조어한 개념입니다. 보통 '차연'이라고 번역합니다. 영어의 '차이'로는 설명이 불가능한 새로운 차이를 설명하기 위해 만들었습니다.

데리다의 차연 개념을 이해하기 위해서는 흔적(trace)이라는 개념을 먼저 이해할 필요가 있습니다. 사람이 눈 위를 걸어가면 발자국이 남고 자동차가 지나가면 바퀴자국이 남지요. 발자국이나 바퀴자국이 바로 데리다가 말하는 흔적입니다. 이 흔적은 사람이나 자동차가 지나갔다는 표시이지만 거기에는 그 흔적을 남긴 사람이나 자동차는 없습니다. 누군가 밥을 먹은 자리도 마찬가지입니다. 빈 그릇에는 누군가 밥을 먹은 흔적이 분명이 남아 있지만 밥을 먹은 사람은 지금 여기에 없습니다.

흔적을 남긴 사람이나 자동차는 이미 지나가고 현재에는 없습니다. 하지만 흔적을 남긴 사람이나 자동차가 과거에 지나갔다는 것은 분명한 사실입니다. 흔적은 이미 지나간 과거의 표시이기 때문에 현전(現前, presence, 현재 있음)은 아닙니다. 그런데 과거에 남긴 표시이기 때문에 그것이 지금 전혀 존재하지 않는다(부재, absence)고 주장할 수도 없습니다. 있는 것도 아니고 없는 것도 아닌 그 중간적인 존재가 바로 흔적입니다.

데리다는 확정적으로 말할 수 없는 흔적의 이러한 모호성을 '비확정성(undecidable)'이라고 부릅니다. 현전과 부재의 사이와 경계에 걸쳐 존재하는 애매한 차이의 사유가 바로 데리다가 강조하는 '비확정성'과 '경계의 사유'인 것이지요. 언어는 그 자체만으로는 의미를 확정할 수 없습니다.

함민복 시인은 「꽃」이라는 시에서 "모든 경계에 꽃이 핀다"라고 했습니다. 경계에 꽃이 피려면 경계와 경계 사이에 에너지의 흐름이 있어야 하고 활발한 소통이 전제되어야 합니다. 앞으로의 전문가가 추구해야 될 바람직한 방향은 학문 사이에 철옹성처럼 쌓아놓은 높은 전공의 벽과 담을 무너뜨리고 선명한 학문적 경계선을 불투명하게 하거나 모호하게 하는 데 있습니다. 그래야 학문적 소통이 이루어지고 이질적 분야에 근무하는 전문가 사이에 공감이 가능해집니다.

학문과 학문 사이에 이동의 상상력이 발휘되고, 학문 간 이종결합이 자유자재로 이루어져야 창조의 열매가 열립니다. 미래의 전문가는 자기 분야 한 가지에 대한 깊이뿐 아니라 인접 분야에 대한 넓이를 추구하는 '스페셜 제너럴리스트(Special Generalist)'나 '제너럴 스페셜리스트(General Specialist)'입니다. 깊이 없는 넓이는 참을 수 없는 가벼움이며, 넓이 없는 깊이는 견딜 수 없는 답답함입니다. 깊이가 전제된 넓이라야 의미심장합니다. 또한 넓게 파기 시작해야 종국에는 깊이 팔 수 있습니다. 전혀 다른 이질적 분야를 넘나들며 자기 지식을 창조하는 전문가라야 진정한 전문가로 대접받을 것입니다.

경계는 벽이 아니라 사이다

맹그로브라는 이름의 나무가 있습니다. 식물 중 유일한 태생종으로 나뭇가지의 가장자리에 생긴 새끼 나무가 바닷물에 떨어져서 번식하는 특이한 나무입니다. 줄기와 뿌리에서 많은 호흡근이 내리고, 열매는 바닷물로 운반되지만 어떤 종은 나무에서 싹이 터서 50~60센티미터 자란 다음 떨어지는 것도 있습니다. 맹그로브가 다른 나무와 다른 가장 큰 특징은 뿌리의 일부가 땅위로 올라와 있다는 점입니다. 산소호흡을 하기 위해서 뿌리의 일부가 문어다리 모양으로 수면 위로 노출되어 있습니다. 염해와 냉해처럼 염분은 식물에게 치명적인데 맹그로브는 특수한 뿌리 구조로 인해 염분을 견딜 수 있습니다. 이 뿌리는 몸에 축적된 소금기(나트륨이온)의 약 90퍼센트를 걸러내는 기능을 가지고 있다고 합니다. 뿐만 아니라 맹그로브의 뿌리는 옆으로 퍼져 나가면서 다른 보조물을 붙잡고 맹그로브가 쓰러지지 않도록 지탱해주는 역할도 합니다. 맹그로브가 열악한 환경에도 굴하지 않고 늠름하게 잘 자라는 비결은 바로 이 평범하지 않은 뿌리에 있는 것이지요.

올림푸스 12신 중에 '헤르메스(hermes)'가 있습니다. 헤르메스라는 낱말의 어원은 헤르마(herma)인데, 이것은 '경계석·경계점'을 뜻합니다. 고대 그리스인들에게 '헤르메스'는 "건너서 넘어감"이라는 개념이 구체화된 신이었습니다. 헤르메스는 교환·전송·위반·초월·전이·운송·횡단 등과 같은 활동과 관련되는데 이 모든 활동에는 어떤 종류의 '건너감'이 들어 있습니다. 건너감은 여기서 저기로 넘어섬이기도 합니다. 건너가고 넘어서야 새로운 사유와 만납니다. 이런 이유로 흔히 백과사전에서는 헤르메스를 신들의 뜻을 전하는 전령사나 메신저일 뿐만 아니라 재화나 상품의 교환, 의미와 정보의 전달 등을 돕는 신으로 소개하곤 합니다.

미래의 전문가는 맹그로브처럼, 헤르메스처럼 전문가와 전문가 사이를 오가며 두 세계를 이어주는 존재여야 합니다. 맹그로브는 육지와 바다 사이의 경계에 서식하면서 육상과 수상의 경계를 잇는 아름다운 숲을 이룹니다. 맹그로브는 헤르마처럼 육상을 수상으로 수상을 육상으로 잇는 다리 역할을 하면서 세상에서 가장 비옥하고 생물학적으

경계는 넘을 수 없는 '벽'이 아니라 넘어서서
다리를 놓을 수 있는 아름다운 '사이'다.

로 가장 복잡한 숲 생태계를 형성합니다. 하늘을 나는 새들은 맹그로브 꼭대기에 둥지를 틉니다. 맹그로브 숲은 새우, 게, 진흙 랍스터, 각종 갑각류와 연체류 같은 해양 생물이 살아가는 장이고, 뱀과 악어 등과 같은 파충류는 이 숲에서 사냥을 합니다. 맹그로브 숲은 물고기의 산란장이며, 새들의 놀이터이자, 박쥐와 꿀벌에게는 꿀을 얻는 공급처입니다. 동시에 원숭이와 사슴, 캥거루 등과 같은 포유류에게는 먹이 사냥터이기도 하지요.

영국의 낭만파 시인 셸리(P.B. Shelley)의 시 「사랑의 철학」은 경계와 경계 사이에 존재하는 이질적 사물끼리 섞여서 하나가 되는 과정을 노래하고 있습니다.

샘물은 강물과 하나 되고

강물은 바다와 하나 되며

하늘의 바람은 끊임없이

다정한 정으로 뒤섞인다

세상에 홀로인 것 없으니

만물이 신의 섭리 따라

한마음으로 만나 섞이기 마련이라

내가 왜 그대와 섞이지 못하랴

보라! 산이 높은 하늘과 입 맞추고

파도가 서로를 껴안는다

누이 꽃이 아우 꽃을 경멸하면

누이 꽃은 용서받지 못하리라

햇빛이 대지를 얼싸안고

달빛은 바다와 입맞춘다

하지만, 달콤한 이 모든 것

무슨 소용 있으랴

그대 내게 입 맞추지 않으면…

경계는 넘을 수 없는 '벽'이 아니라 다리를 놓을 수 있는 아름다운 '사이'입니다.

경계의 사유

모든 언어는 다른 요소들과의 차이에서 의미가 발생합니다. 머리라는 단어를 떠올려보세요. 그다음에 대머리라는 말을 이어서 떠올리는 순간 머리의 흔적은 없어지고 그 지워진 흔적 위에 대머리라는 말이 머리와의 차이를 인식하면서 각인됩니다. 대머리 다음에 골머리, 잔

머리, 책상머리라는 말을 연속해서 떠올리는 순간 머리라는 단어 위에 '대', '골', '잔', '책상'이라는 요소와의 차이가 겹쳐지고 지워지면서 다른 의미가 생성됩니다. 머리 위에 새겨진 대머리가 다시 골머리로 바뀌면서 이전 흔적은 남아 있고 그것을 대체한 '대'와 '골'은 머리와 합쳐지면서 새로운 의미를 생성합니다.

남의 말을 잘못 알아듣는 것도 바로 이런 언어의 미묘한 요소들의 결합과 대체가 혼동되면서 발생합니다. 언어는 독자적으로 어떤 의미를 가질 수 없고 다른 언어 체계의 다른 요소와 만나서 발생하는 차이로 인해서 비로소 의미를 지닙니다. 원래 있던 자리에 다른 언어 체계의 다른 요소가 자리를 새롭게 차지합니다. 그 결과 이전의 흔적 위에 다른 흔적을 남기면서 있다가도 없어지고 없어졌다가도 다시 살아나는 과정이 연속됩니다. 즉 있다가도 없어지고 없다가도 있는 사이의 끊임없는 교직(交織)이라고 표현합니다. 있다가 없어지는 씨줄과 없다가 나타나는 날줄이 무한 변주되면서 만들어지는 직조(織造)가 바로 텍스타일(textile), 즉 텍스트입니다. 마치 여러 이질적 옷감이 하나의 직물(textile)을 만들 듯이 수많은 흔적이 있다가 없어지고 없다가 나타나는 텍스트에는 흔들리지 않는 절대적인 중심 의미는 존재하지 않습니다. 오로지 존재하는 것은 흔적이 사라지고 나타나는 과정에서 언어 체계의 요소가 다른 요소로 대체되고 교환되는 과정에서 끊임없이 미끄러지는 의미입니다. 의미의 미끄러짐은 의미의 절대 중심성을 부정하면서 동시에 언어적 불안정성을 내포하는 말입니다.

데리다의 『글쓰기와 차이』에 따르면 차연도 흔적이라는 개념이 낳은 또 다른 산물입니다. 차연은 공간적 차이와 시간적 연기(延期)를 합쳐 만든 색다른 신조어입니다. 차이를 여기서 결정하지 말고 공간적 다름과 시간적 지연을 통해 새롭게 생각해보자는 의미입니다.

예를 들면 영어 단어 차이(difference)는 '대머리'와 '잔머리'에서 '대'와 '잔'과 같은 공간적인 다름입니다. 그런데 실제로 어떤 언어의 의미상의 차이를 인식하는 순간은 언어 체계의 기존 요소가 다른 요소로 대체될 때입니다. 언어에서의 의미는 공간적인 차이와 시간적인 지연이 한데 합쳐졌을 때 발생합니다.

공간적인 차이와 시간적인 지연이 합쳐져서 탄생한 개념이 바로 차연입니다. 언어 체계의 한 가지 요소가 다른 언어 체계의 다른 요소들로 대체되면서 일어나는 끊임없는 미끄러짐과 겹침이 결국 차연의 논리입니다. 차연의 논리에 따르면 언어적 의미는 지금 여기서 결정할 수 없고 언제나 확정할 수 없는 상태로 미끄러져나가는 비확정성을 대변하는 개념입니다.

차연 개념에 비추어보면 중심과 기원(起源)도 존재하지 않습니다. 모든 언어의 의미는 언제나 이전 언어가 남긴 흔적이며, 그 흔적은 다시 나타나는 새로운 언어 체계의 다른 요소로 대체되면서 다시 사라집니다. 지금의 언어는 또 다른 언어 체계의 다른 요소와 만나면서 잠시

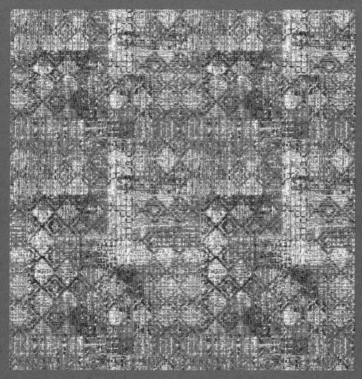

있다가 없어지는 씨줄과 없다가 나타나는 날줄 사이가
무한 변주되면서 만들어지는 직조가 바로 텍스타일, 즉 텍스트다.

머물렀다가 미끄러지면서 사라지고 흔적을 남길 뿐입니다. 절대적인
중심도 없고 처음 시작을 의미하는 기원도 또 다른 흔적의 연속이 남긴
흔적의 흔적일 뿐입니다.

차이와 가능성에 대한 인정

데리다가 차연이라는 개념을 만든 배경에는 우리가 오랫동안 생
각해오면서 굳어진 이분법적 세계관에 대한 반론이 숨어 있습니다. 나
도 모르게 형성된 우리들의 사고방식은 사실 이항(二項)대립으로 구성되
어 있습니다. 안과 밖, 어둠과 밝음, 정상과 비정상, 음지와 양지, 전경
과 배경, 성공과 실패, 희망과 절망, 주관과 객관의 이항대립적 구조로
연결되어 있습니다. 이런 이항대립 구도의 심각한 문제는 대립되는 두
가지 항목 중 어느 한 항목에 좀 더 우월하거나 긍정적인 의미를 부여
하여 다른 항목을 의도적으로 소외시키고 배제한다는 것입니다. 데리
다는 차연이라는 개념을 도입하여 이와 같은 전통적인 이분법적 사고
방식의 한계와 문제점을 비판합니다.

차연 개념을 차용한다면 두 가지 대립되는 개념적 차이점도 지금
여기서 결정된 고정적 의미상의 차이가 아닙니다. 오히려 개념적 차이
는 언제나 시간과 공간 속에서 계속 진화되는 진행 과정에 있습니다.

대립되는 두 가지 개념 간의 우열 관계도 마찬가지입니다. 차연은 개념적 차이점을 끊임없이 생산하는 동태적 움직임의 연속입니다. 결정된 것은 아무것도 없습니다.

예를 들면 교육에 대한 정의가 무엇입니까? 흔히 교육은 가르치고 배워서 사람을 육성하는 행위로 정의됩니다. 그런데 차연 개념은 교육을 이런 의미로 여기서 규정하거나 정의하지 말고 연기시켜놓고 다른 상황적 맥락에서 더 생각해보자는 의도를 담고 있습니다. 차이는 딱 고정되어 있는 정태적 명사가 아닙니다. 어떤 공간에서 어떤 인간이 어떤 시간을 보냈는지에 따라서 차이는 끊임없이 계속 지연, 연기되면서 또 다른 차이가 계속 생산되는 동태적 동사입니다.

또 다른 예를 들어보겠습니다. 소나무에 대한 정의를 생각해봅니다. 생물학자들은 소나무를 어떻게 정의할까요? 당연히 생물학적 관점에서 바라보겠지요. 생물학자는 소나무를 활엽수와 다른 침엽수라고 정의합니다. 한편 시인은 침엽수와 활엽수의 차이에는 관심이 없습니다. 시인은 소나무를 은유적으로 생각하면서 지조나 절개의 상징으로 바라봅니다. 생물학자가 생각하는 소나무와 전혀 다른 의미의 차이를 드러냅니다. 소나무에 대한 생물학자의 정의를 받아들이는 게 아니라 지연시켜놓고 시인한테 물어봤더니 시인은 소나무를 전혀 다른 개념으로 드러냈지요.

그렇다면 지식생태학자인 제 관점에서 소나무는 어떤 의미가 있을까요? 소나무는 독야청청의 패러다임으로 살아가는 나무입니다. 소나무 주변에는 다른 나무가 잘 자라지 못합니다. 소나무 밑에는 오로지 송이버섯만 자랄 수 있을 정도로 혼자 잘 먹고 잘 살아가는 패러다임을 지향하는 나무입니다. 소나무를 이런 관점으로 바라보면 생물학자의 침엽수와 시인의 지조와 절개 같은 은유적 표현과 전혀 다른 의미상이 드러나지요. 소나무가 시인에게는 지조와 절개라는 긍정적 이미지의 존재지만 지식생태학자에게는 다른 생물체는 못 살아가게 막는 악덕의 존재일 수도 있습니다.

똑같은 소나무가 전혀 다른 의미를 띠면서 계속 차이가 발생합니다. 차연이라는 개념은 지금 여기서 '소나무는 이런 의미야'라고 결정하지 말자는 의미입니다. 의미에 대한 정의를 지연시켜놓고 다른 공간에서 다른 시간에 누가 소나무를 이야기하는지에 따라서 끊임없이 이전과 다른 차이가 계속 발생할 가능성을 열어두자는 뜻이지요. 차연의 진정한 의미는 하나의 두드러진 차이로 사물이나 사람의 정체성을 규정하고 고정시키지 말자는 의도에 담겨 있습니다.

호모 디페랑스

이제 데리다가 말한 차연 개념을 전문가와 접목시켜 '사이 전문가

(호모 디페랑스, Homo Differance)'를 소개하려고 합니다. '사이 전문가'는 전문가와 전문가 사이에 존재하는 차이에 주목하고 이질적 전문성을 융합하여, 색다른 전문성을 창조하는 전문가를 말합니다.

병원에 가면 신체의 뼈 부위별로 전문의가 따로 있습니다. 목뼈를 보는 신경외과의, 갈비뼈를 보는 흉부외과의, 팔목뼈를 보는 정형외과의 등 부위별로 전담하는 의사가 따로 있지요. 하지만 이들 뼈와 뼈 사이에 존재하는 '사이 뼈' 전문의는 존재하지 않습니다. 지금 우리 사회의 문제는 전문가가 없어서 생기는 문제라기보다 전문가가 너무 많아서 또는 전문가끼리 소통이 되지 않아서 생기는 불통의 문제입니다.

흉부외과 의사는 자신의 전공 분야인 갈비뼈만 보지 말고 갈비뼈와 연관된 다른 뼈 전문가, 예를 들면 정형외과 의사나 신경외과 의사와 만나 서로의 진단 결과를 놓고 토론하면서 한 사람의 신체를 건강하게 회복시키기 위해서 어떤 협업이 필요한지를 논의해야 합니다. 자주 만나서 소통하고 진단 결과를 나누면서 협업을 통해 최상의 치료 방안을 강구해나가야 합니다.

"전문가란 무언가에 대해 모든 것을 알지만 다른 분야에 대해선 아무것도 모르는 사람이다." 미국의 작가 앰브로즈 비어스의 말입니다. 깊이 있는 전문성도 좋지만 전문성이 심화될수록 전문성의 함정이나 덫에 걸려 다른 전문성을 볼 수 없는 안타까운 처지가 된다는 지적이지요. 전문가는 자기 분야는 물론 다른 전문 분야와 접목해 혼자

전문가와 전문가 사이에 존재하는 차이에 주목하고 이질적 전문성을 융합,
색다른 전문성을 창조하는 전문가,
영역과 영역을 잇고 생각과 생각을 가로지르는 사람,
오늘날의 사회는 호모 디페랑스를 요구하고 있다.

서는 해낼 수 없는 색다른 전문성을 부단히 창조하는 새로운 전문가로 거듭날 필요가 있습니다. 특히 4차 산업혁명이 현실로 다가오면서 초연결 시대로 돌입할수록 협업의 지혜가 필요합니다.

미국 텍사스주 라이스대 에릭 데인 교수는 "전문성과 경험이 깊어질수록 세상을 보는 특정한 방식에 매몰된다"고 했습니다. 자신이 쌓은 전문성과 경험의 안경으로만 세상을 보다가는 어떤 색은 볼 수 없는 색맹이 될 수 있음을 경고한 말 같습니다.

"위대한 아이디어는 레스토랑의 회전문에서 탄생한다"는 카뮈의 말은 서로 다른 전문가가 소통하고 공유하면서 전문성이 융합될 때 새로운 가능성이 탄생된다는 뜻입니다. 전문가는 나와 다른 전문가 '사이'에 존재하는 '차이'를 틀림이 아니라 다름으로 간주하고 그 차이 속에서 위대한 가능성의 싹이 자랄 수 있는 여건을 조성해야 합니다. 한 사람의 전문가가 내린 결과에 매몰되지 않고 다른 전문가의 시각으로 다시 바라보며 자신이 겪을 수밖에 없는 태생적 한계와 문제점을 극복하려는 부단한 시도가 필요합니다. 그것이 바로 '사이 전문가'를 구상하게 된 배경입니다.

전문가처럼 생각하지 말라

무한 가능성의 텃밭이자 상상력의 보고인 사이를 오가며 새로운 지식을 융합해내는 사이 전문가야말로 우리 사회의 미래를 주도할 전문가입니다.

> 사람들 사이에 섬이 있다
>
> 그 섬에 가고 싶다
>
> _정현종, 「섬」

'그 섬'은 사람과 사람 사이를 연결하는 다리이자 두 사람이 만나 다른 차이를 만들어낼 수 있는 융합적 지식창조의 공간입니다. 하지만 그 사이에 있다가 사이를 두고 경계에 있는 양편의 입장 차이를 존중하고 이해하지 못할 경우 비판의 빵이 아니라 비난의 화살이 날아들 수 있습니다. 박덕규 시인의 「사이」가 바로 그런 상황을 잘 보여주고 있습니다.

> 사람들 사이에 사이가 있었다
>
> 그 사이에 있고 싶었다

양편에서 돌이 날아왔다

사람과 사람 사이, 전문가와 전문가 사이, 그 사이에 존재하는 차이를 존중해줄 때 우리는 좋은 사이가 될 수 있으며 새로운 길을 개척할 수 있습니다. 그런데 우리 사회는 지금 네 부류의 전문가들 때문에 위기에 처해 있습니다.

첫 번째, 멍청한 전문가입니다. 전통과 관행에 근거해서 습관적으로 판단합니다. 문제의 본질과 핵심을 간파하지도 못합니다. 가능성과 다양한 변수를 고려하지 못하고 한 우물만 파고듭니다. 두 번째, 답답한 전문가입니다. 전공을 너무 깊이 파고들어가 전체를 보지 못합니다. 문하생에게도 한눈팔지 못하게 하고 한 분야에만 관심을 갖게 만듭니다. 가당치 않다는 표정으로 다른 전문성을 무시해버리는 악덕을 지녔습니다. 세 번째, 무늬만 전문가, 즉 사이비 전문가입니다. 전지전능한 척 사람들한테 허장성세를 떨고, 문전성시를 이루면서 사람들에게 주목을 받는 것 같지만, 가짜 전문성으로 위장한 무늬만 전문가입니다. 마지막으로 싸가지 없는 전문가, 밥맛이 없는 전문가입니다. 상식이하의 발언을 일삼고, 문전박대 당하는 이유도 깨닫지 못하며, 가슴이 따뜻하지 않고 공감 능력이 부족한 전문가입니다.

우리는 "전문가가 되려고 끊임없이 노력은 해야 되지만, 전문가처럼 생각하진 말아야 된다." 미국의 동기부여 연설가인 데니스 웨이틀리라는 사람의 말입니다. 전문가가 되려고 노력해야 되는데 여기서 전문가는 한 우물만 파는 전문가가 아니에요. 한 분야의 경지에 이르기 위해서는 전문가가 되려고 분투노력하지만 자기 분야만 생각하는 외골수 전문가가 되지 말라는 말입니다. 전문가 비전문가를 대상으로 강의하는데 전문적인 용어를 사용해서 전문적으로 설명하면 비전문가가 알아듣기 어렵습니다. 전문가의 설명을 못 알아듣는 비전문가의 아픈 마음을 몰라주는 전문가를 가리켜 전문 용어로 '지식의 저주'를 받았다고 합니다.

파리 뒷다리 전문가는 파리를 모른다

자기 전공 분야에 매몰되어 소통과 교감을 잃어버렸을 때 나타나는 폐해와 역기능을 '파리학과' 메타포에 비추어 설명해봅니다. 여러분이 대학의 파리학과를 졸업한 파리학사라고 가정해봅시다. 파리학사는 '파리학 개론'부터 배우기 시작해서 파리 부위별 각론을 차례로 배웁니다. '파리학 개론(槪論)'은 보통 파리 전공과 관련해서 오리엔테이션 성격을 띠는 일종의 입문 교과목입니다. 보통 'ㅇㅇ개론'이 학생들에게 감동을 주는 경우는 드뭅니다. 이제까지 개론 책을 읽고 너무나 감동적이어서 눈물을 흘렸다거나 지적 분개의식을 느꼈다는 사람을 만난

적이 없습니다. 개론서는 저자의 지적 고뇌나 체험적 노하우, 지적 분
개의식이나 자기 목소리가 담겨 있는 경우가 드물기 때문이지요.

'파리학 개론'을 들은 파리학과 학생들은 학년이 올라가면서 이제
'파리 앞다리론', '파리 뒷다리론', '파리 몸통론' 등 파리학 각론을 배웁
니다. 졸업하기 이전에 파리를 분해·조립하고 파리가 있는 현장에 가
서 인턴십 등 실습을 한 다음 파리학사 자격증을 취득합니다. 파리학
과를 졸업하면 "이제 파리에 대해서 모든 것을 알 것 같다"라고 말합니
다. 사실 파리학과 학생들이 말하는 '이제 모든 것을 알 것 같다'는 말은
파리에 대해서 들은 적은 있으나 설명할 수 없는 상태라는 뜻입니다.
이런 점에서 파리학과 학생들은 파리에 대해서 잡다하게 들은 것은 많
으나 설명할 수 없는 절름발이 지식인인 셈입니다. 파리 부위별로 배
웠던 '파리학 각론'이 '파리학 개론'으로 다시 통합되지 않는 부분 분석
과 분해 중심의 교육과정은 파리에 대해서 배웠지만 진정 파리를 알지
못하는 학생들을 대량으로 양산하는 주범이 되는 셈입니다.

파리에 대해서 전문지식이 부족한 파리학사는 좀 더 깊이 있는 공
부를 하기 위해 파리학과 대학원 석사과정에 입학합니다. 석사과정에
서 파리 전체를 연구하면 절대로 졸업할 수 없기 때문에 파리의 특정
부위, 예를 들면 '파리 뒷다리'를 전공으로 선택합니다. 이제 이 대학원
생은 파리 뒷다리를 몸통에서 분리하여 실험실에서 2년간 연구한 다음
「파리 뒷다리 관절상태가 파리 움직임에 미치는 영향에 관한 연구」나

「파리 뒷다리 움직임이 파리 몸통에 미치는 영향에 관한 연구」라는 논문으로 석사학위를 받습니다. "이제 무엇을 모르는지 알 것 같다"고 깨달으면 주어지는 학위가 바로 석사학위입니다.

파리 뒷다리 전공자에게 절대로 파리 앞다리를 물어봐서는 안 됩니다. 파리 뒷다리 전공자는 파리 앞다리에 대해서는 아는 바가 없기 때문입니다. 또한 파리 뒷다리를 전공하는 교수님에게 자꾸 파리 앞다리에 관한 질문을 하면 졸업이 안 될 수도 있습니다.

파리 뒷다리 전공의 교수님이나 석사학위 취득자에게 파리 앞다리는 잘 알지 못하는 또 다른 전공 영역입니다. 파리 앞다리 전공자와 뒷다리 전공자는 파리에 대한 총체적 이해를 위해 자주 만나서 각자의 연구 결과를 갖고 논의할 필요가 있습니다. 그런데 전공 영역별 연구 대상은 물론 연구 방법론의 차이로 각기 다른 연구 결과를 생산하기 때문에 다른 전공자들이 함께 논의한다는 것은 거의 불가능에 가깝습니다. 전공별로 최선을 다해서 연구하지만 결국 전공 이전의 전체, 예를 들면 파리에 대해서는 점점 알 길이 없는 아이러니가 발생한 것이죠.

파리 뒷다리를 전공한 석사의 더욱 심각한 문제점은 파리 뒷다리를 파리 몸통에서 떼어내서 독립적으로 연구한다는 점입니다. 파리 뒷다리는 파리 몸통에 붙어 있을 때 의미가 있습니다. 몸통에서 떨어진 파리 뒷다리는 이미 파리 뒷다리로서의 생명성을 상실한 죽은 다리에 불과합니다. 파리 뒷다리를 파리 몸통과 관계없이 분석하고 이해할 경우 파리 뒷다리를 알 길이 없습니다.

파리는 파리 전체를 이해한 다음 각론으로 들어가서 이해해야 합니다. 나무를 보기 전에 숲을 먼저 보라는 말이 여기에도 통용됩니다. 파리의 특정 부위가 파리 몸통 전체와 어떤 구조적 연관성을 맺고 있는지에 대한 지식 없이 파리를 이해할 수 없습니다. 파리, 파리 뒷다리, 파리 뒷다리 발톱, 파리 뒷다리의 발톱에 낀 때와 같은 전공 영역은 모두 파리라는 생물체의 일부분입니다. 파리와 파리 생물체의 일부분 간에 구조적 관계성과 상호의존성에 대한 이해가 전제되지 않는 상태에서 파리의 각 부위에 대한 분석적 이해는 파리 전체에 대한 이해를 왜곡할 뿐입니다.

전공의 세분화를 중시하던 시대에는 자기 분야에 대한 깊이 있는 천착은 전문가가 되기 위한 필수 불가결한 조건이었습니다. 하지만 이러한 전공의 세분화는 급기야 지식을 더 이상 종합할 수 없는 상태로 분해해버렸고 동일 전공 내에서마저도 커뮤니케이션이 단절되고 세부 전공 영역 간 높은 벽을 만들었습니다.

이제 대학의 교육과정은 전공 간 벽을 넘어 동일 전공은 물론 타 전공 간에도 가로지르는 융합 교과목이 생기는 추세로 급진전되고 있습니다. 미래 융합대학의 교육과정이 바뀌고 그 안에서 가르쳐야 될 교육 내용이 기능-횡단적(cross-functional)으로 융합되고 있는 추세입니다. 이러한 융합대학에서 교수는 가르치는 내용뿐만 아니라 방법 측면에서도 과거의 교수법과는 근본적으로 다른 융합 교수법을 개발할 필요가 있습니다. 한 사람의 교수가 자신의 전공 영역뿐만 아니라 타 전공 영역에 대한 전문성을 폭넓게 섭렵하기가 불가능하다고 볼 때 현실적으로 교수가 취할 수 있는 방법은 융합 교수법밖에 없습니다.

융합 교수법의 핵심은 '개별적 지식'보다 지식과 지식 사이를 흐르는 '관계적 지식'을 가르치는 것입니다. 특정 분야의 지식은 그 지식이 탄생될 수밖에 없는 사회역사적 맥락은 물론 다른 지식과의 상호의존적 관계에서 탄생됩니다. 부분을 가르치기 이전에 부분이 구조적으로 연관을 맺고 있는 전체와의 관계성 속에서 해당 지식이 어떤 의미와 가치를 지니고 있는지를 가르치는 데 주력할 필요가 있는 이유입니다.

지능은 다른 전문가와 함께 일하는 사회적 기술이다

시대별로 전문가상도 계속 변화해왔습니다. 예를 들면 농업화 사회에서는 근면하고 성실한 제너럴리스트(generalist)를 요구했습니다. 깊이는 없지만 다방면에 걸쳐서 여러 가지를 아는 인재상입니다. 1980년대 중반부터는 기술 발달로 대량생산이 가능해지고 분업화가 본격적으로 전개되면서 산업화 시대가 되었습니다. 이때 시대가 요구한 전문가는 I자형 스페셜리스트(specialist)였습니다. 스페셜리스트는 I자형처럼 넓이보다는 깊이를 추구하는 전문가입니다. 1990년대부터는 지식 정보가 토지나 물질적 자산보다 중시되는 사회가 되면서 T자형 인재를 요구했습니다. 해당 분야에 대한 전문성을 갖춤과 동시에 다른 분야에 대한 종합적인 안목과 식견을 갖춘 인재형입니다. 도요타(Toyota)에서 회사의 이니셜(T)을 따서 처음 사용했던 T자형 인재는 폭넓게 알면서(―) 전문 분야별 깊이 있는 지식(ㅣ)을 겸비한 인재를 지칭합니다. GE나 삼성 등 한때 국내외 주요 기업에서 각광을 받았던 인재상입니다.

2000년대 이후 예측불허의 변화가 극심하게 전개되는 불확실한 사회로 접어들면서 도전적이고 창의적인 V자형 인재가 새롭게 부각됩니다. 콘 모양의 V자형 인재는 우선 자기 분야를 깊이 파고들면서 동시에 인접 유관 분야까지도 넘나들며 전문성을 넓혀가는 인재상입니다. V자형 인재의 또 다른 버전으로 컨버전스(Convergence) 시대에 필요한 A자형 인재상이 등장합니다. 이 인재형에게는 자신의 전문지식을 다른 사람에게 전달할 수 있는 커뮤니케이션 능력이 무엇보다도 중요합니다. A는 사람 인(人) 자와 그 사이의 가교와 같은 선(―)으로 구성되어 있는 글자입니다. 이는 한 분야의 전문 지식뿐만 아니라 다른 분야에 대한 상식과 포용력이 있는 각 개인들(人)이 서로 가교(―)를 이루어서 하나의 팀으로 협력한다는 의미로 이해됩니다. 다음은 에드워드 윌슨의 『통섭』에 소개되면서 등장한 인재상입니다. 통섭형 인재 또는 O자형 인재라고 합니다. 지식의 큰 줄기를 잡아 대통합을 이루는 인재상입니다.

마지막으로 데리다의 차연이라는 개념에 비추어서 제가 새롭게 창조한 전문가상이 전술한 사이 전문가입니다. 4차 산업혁명 시대에는 사물과 사물이 연결되는 초연결 시대를 열어가듯이 사람과 사람도 연결을 넘어 깊은 연대를 구축해야 합니다. 전문가와 전문가가 더 이상 소통이 안 되는 시대에 사이 전문가는 전문가와 전문가를 연결해주는 최상의 전문가입니다. 사이 전문가는 저마다 다른 전문성에 존재하는 차이를 존중하고 그 차이에서 창조의 꽃을 피워냅니다. '경계에서 꽃이 피는 것'처럼 경계를 넘나들면서 세상의 이질적 지식을 융합하고 새로운 지식을 창조하는 전문가가 바로 사이 전문가입니다.

존 실리 브라운이라는 지식경영학자에 따르면 지능(intelligence)은 IQ로 설명하는, 더 이상 탁월함을 지칭하는 개인적 능력이 아닙니다. 지능은 네트워크로 연결된 공동체에서 함께 일하는 데 필요한 사회적 기술입니다. 독창성을 무기로 혼자 문제를 해결하는 고독한 개인의 능력이 아닙니다. 오히려 지능은 타인과의 협업을 통해 문제를 해결할 수 있는 사회적 상호작용 능력입니다. 사이 전문가가 전문가 네트워크에서 소중한 역할을 발휘해야 되는 이유입니다.

콘텍스트 밖에 존재하는 텍스트는 없다

미래의 전문가에게 필요한 능력은 여러 가지가 있습니다. 우선적으로 필요한 능력은 공감 능력입니다. 우리가 직면하고 있는 문제를 공동으로 해결하는 협업 능력과 의사소통 능력, 그리고 타자의 아픔을 나의 아픔처럼 생각해 발 벗고 나서는 공감 능력이 필요합니다.

두 번째는 특수한 상황이나 어떤 맥락에서 떠돌아다니는 의미를 해당 맥락에서 반추해보고 해석하는 능력입니다. 한마디로 맥을 잘 잡는 능력이지요. 진짜 전문가는 주어진 상황에서 사용하는 지식이나 의미 들이 어떤 맥락성을 갖고 있는지를 간파하고 다음 생각이나 행동을 순간적으로 결정할 수 있어야 합니다.

세 번째는 역사적 문제의식의 견지입니다. 한 시대에서 이슈가 되고 있는 것의 역사적 의미가 무엇인지, 그것이 시대 변화에 따라 어떤 의미 변화를 겪었는지, 지금 여기서 그것이 부상한 이유는 무엇인지를 파악해야 자신의 전문성으로 기여할 방안도 모색할 수 있습니다.

네 번째는 창발성(emergence)입니다. 전문가일수록 매뉴얼에 처방된 대로 따라가는 기계적 전문성이 아니라 생각지도 못한 일이 느닷없이 발생해도 대응할 수 있는 창발성이 있어야 합니다.

마지막으로 미래의 전문가는 독창성보다는 협동의 창의성을 갖춰야 합니다. 위대한 창조는 혼자 외롭게 고민할 때보다 다른 사람과의 역동적인 상호작용 속에서 이루어집니다. 동백꽃처럼 혼자 아름다움을 뽐내는 독무가 아니라 개나리꽃처럼 여러 개의 꽃이 함께 어울려 추는 군무가 더 아름답습니다.

스벤 브링크만이 한 "외부-텍스트는 없다"는 말은 "텍스트 바깥에는 아무 것도 없다"는 말로 오역되어 전하고 있습니다. 이 말의 진의는 텍스트가 다른 텍스트와 관계를 맺었을 때 비로소 의미가 생긴다는 말입니다. 더 정확하게 말하면 텍스트는 콘텍스트 안에서만 의미가 있다는 것이지요.

데리다는 "외부-텍스트는 없다"는 명제가 불러일으킨 오해를 풀어보려고 "콘텍스트 바깥에는 아무것도 없다"는 명제로 바꿨습니다. 이 말은 다른 말로 해석해보면 "콘텍스트 밖에 존재하는 텍스트는 없다"입니다. 모든 텍스트는 어떤 콘텍스트 속에 존재하는지에 따라 다르게 이해되고 해석되기 때문입니다. 하지만 데리다가 사용하는 비결정성이나 의미의 불안정성 개념에 비추어보면 그 콘텍스트조차 불안정하고 불완전합니다.

고정 불변하는 절대 진리도 없고 그런 절대 진리를 판정하는 중심이나 기준도 없다는 것이 데리다의 해체(deconstruction) 철학입니다. 해체는 엄격한 위계적 구조나 거기에 종속된 것을 해체하고 수평적 해방을 추구합니다. 질서 정연한 진리보다 무질서나 혼돈 속에서 끊임없이 차

혼자 아름다움을 뽐내는 독무가 아니라
개나리꽃처럼 여러 개의 꽃이 함께 어울려 추는 군무가 더 아름답다.
텍스트는 다른 텍스트와 관계를 맺었을 때 비로소 의미가 생긴다.

이를 생성하는 무한 탈주를 선호합니다. 텍스트 역시 다양한 콘텍스트 속에서 이전과 다른 의미를 잉태하며 어제와 다른 텍스트로 계속 재탄생할 뿐입니다.

　이런 점에서 데리다는 텍스트는 저자가 쓰는 게 아니라 독자가 쓴다고 주장합니다. 저자의 텍스트가 독자의 콘텍스트 속에서 이전과 다른 버전으로 반복해서 재생산되기 때문입니다. 전문가 역시 마찬가지입니다. 고정된 불변의 진리나 가치 체계는 없습니다. 다른 전문가와 만나는 사이에서 어제와 다른 차이가 무한 반복해서 재창조될 뿐입니다. 단 하나의 영구불변하는 진리를 중앙에 두고 그것을 중심으로 자신을 따르라고 주장하는 전문가일수록 해체되거나 전복될 위기에 처할 것입니다.

조지 레이코프의 **체험적 은유법**

몸으로 체득한 은유로
상대의 마음을 훔치는 방법

chapter
11

George P. Lakoff

1941. 5. 24.-

　이번에 만나볼 철학자는 『몸의 철학』과 『삶으로서의 은유』라는 책을 쓴 조지 레이코프입니다. 레이코프를 통해서 상대방의 마음을 훔치는 설득의 비결을 이야기해보겠습니다.

　레이코프의 통찰과 철학은 신체성을 중심으로 전개됩니다. 그는 세상을 지배하는 사람이 되려면 논리적으로 설명하지 말고 체험적 은유법을 토대로 사람을 설득하라고 주장합니다. 세상을 움직이는 사람은 설명해서 의미를 머리에 꽂는 사람이 아니라, 의미를 심장에 꽂아서 의미심장하게 만드는 사람이라는 점을 레이코프의 논의에 기대어 설명해보려 합니다.

\

은유를 체험해보지 않으면 사유는 멈춘다

조지 레이코프가 몸의 철학을 토대로 주장하는 메시지를 요약하면 다음 세 가지 정도로 정리할 수 있을 듯합니다.

첫째, 인간의 인지는 대부분 무의식적이다.

둘째, 인간의 인식은 어떤 식으로든 우리의 신체와 체험적으로 연관되어 있다. 체험적으로 경험해보지 않고서는 인식의 깊이나 넓이가 심화되거나 확산되지 않는다는 것입니다. 예를 들면 망치라는 도구로 망치질을 해보지 않은 사람은 망치라는 단어를 관념적으로 배워도 잘 와닿지 않습니다. 망치질을 해본 사람은 망치라는 단어를 떠올리면 자신이 해본 망치질 경험이 선명하게 이미지로 상상됩니다. 망치에 대한 인식은 망치질을 직접 해본 체험, 망치라는 개념이 몸으로 해본 체험과 연결되면서 쉽게 이해가 되는 것이지요.

셋째, 우리 사고의 대부분은 은유적이다. 레이코프는 은유를 문장의 수사법 정도로만 치부하는 전통적 사고를 비판합니다. 즉 은유가 시인이나 능변가의 전유물로서 언어의 일탈적 사용과 장식적인 수단이라고 주장하는 아리스토텔레스의 고전적 은유관을 정면으로 반박합니다. 은유가 결코 '언어(만)의 문제'가 아니라는 사실을 지적하고, 은유야말로 우리가 매일 경험하는 인지적 활동의 대부분을 차지한다는 것

은유는 이전과 다르게 사고하는 지평을 열어주며, 언어를 다르게 사용하는 방식을 알려준다.
은유를 바꾸면 사고를 넘어 행위도 바뀐다.

입니다. 은유는 이전과 다르게 사고하는 지평을 열어주며, 언어를 다르게 사용하는 방식을 알려줄 뿐만 아니라, 은유를 바꿈으로써 사고를 넘어 행위도 바뀝니다. 레이코프에 따르면 은유야말로 사유의 기본이자 시작이며 끝입니다.

　체험주의는 은유법을 사용해서 추상명사를 보통명사로 비유했을 때 이해가 가지 않으면 자신이 체험해보지 않았기 때문이라고 주장합니다. '독서는 피클이다'라는 은유를 예로 들어보면 오이가 피클이 되는 과정을 경험해보지 못한 사람은 이 은유가 체험적으로 이해되지 않습니다. 모든 은유적 사유는 결국 체험적 사유에서 시작한다는 주장을 하는 이유를 이해할 수 있겠지요.

　'유혹은 미늘이다.' 이 은유의 의미를 알려면 우선 미늘이라는 단어의 뜻을 알아야 합니다. 낚시로 물고기를 잡을 때 낚싯바늘 안쪽에 낚싯바늘과 반대 방향으로 또 다른 낚싯바늘 모양을 하고 있는 게 미늘입니다. 물고기가 낚싯바늘을 문 다음 몸부림을 쳐도 빠져나가지 못하게 막는 장치가 바로 미늘인 셈입니다. 낚시 '바늘'이 치명적 유혹이라면 '미늘'은 유혹에 걸렸다가 정신을 차리고 돌아가려고 발버둥을 치지만 그런 노력을 무용지물로 만들어버리는 갈고리인 것이죠. 미늘이라는 단어를 모르고 낚시질을 해보지 않은 사람에게 '유혹은 미늘'이라는 은유는 이해될 수 없습니다.

　레이코프의 체험주의는 객관주의와 주관주의를 모두 비판합니다. 즉 체험주의는 객관주의(합리)와 주관주의(비합리)의 한계를 극복하고 새로운 가능성을 제시하는 제3의 대안입니다. 객관주의는 실재와 정확히 합치하는 낱말을 사용하는 일종의 표상주의(representation)입니다. 예를 들면 소나무라는 단어를 떠올리면 정확히 소나무에 해당하는 밖의 소나무와 일치하는 이미지로 머릿속에 저장됩니다. 비트겐슈타인의 언어그림 이론이 언어에 관한 표상주의적 입장과 일맥상통합니다. 이에 반해 체험주의는 진리는 오로지 대상에 대한 자유로운 상상을 통해서만 얻어진다는 주관주의도 배격합니다.

은유를 바꾸면 행동 방식도 바뀐다

요즘 우리가 사용하는 언어를 분석해보면 은유법보다 직유법이 압도적으로 많습니다. 아이돌이 부르는 노래에서 은유법이 풍부하게 사용된 가사를 경험해본 적이 있나요? 전하고 싶은 메시지를 단도직입적으로 표현하는 경우가 많지요. 그런데 은유법으로 노래를 부르면 그게 무슨 의미인지를 빨리 알려달라는 항의 메시지가 빗발치지 않을까요? 자연도 삶도 본래는 곡선적 은유가 많았지만 사회가 변화되면서 곡선의 은유는 직선의 직유로 바뀌어왔습니다. 곡선의 사회가 직선의 사회로 바뀌면서 변화 속도가 가파르게 상승했고 사람의 심리도 각박해지기 시작했습니다.

삶의 속도가 빨라지면서 사유를 잉태하고 있는 곡선의 은유는 더이상 설 자리를 잃었습니다. 말하는 의미를 바로 이해하는 속전속결의 원리를 지향하게 되면서 직선의 직유법이 그 자리를 차지했습니다. 구불구불한 산등성이에 터널이 뚫리고 직선 도로가 생기면서 목적지에 보다 빨리 도달할 수 있게 되었습니다. 목적지에 보다 빠른 속도로 도착하면 그만큼 여유를 갖고 깊이 사색하는 시간을 가져야 하지만 오히려 다시 빨리 무언가를 하면서 속도전의 끝은 보이지 않게 되었습니다.

직유법이나 직설법은 전하고자 하는 메시지를 직격탄으로 전달합니다. 그 과정에서 상처가 생깁니다. 은유적 사유를 다시 복권해서 에둘러 말하는 여유를 회복할 필요가 있습니다. 은유 속에 담긴 의미를 찾는 숙성 과정을 통해 우리는 더욱 깊은 사색의 시간을 가질 수 있고, 그 사이 또 다른 사유의 씨앗이 잉태될 수 있습니다.

레이코프에 따르면 은유는 우리가 세계를 지각하고 사유하는 다른 방식을 제공합니다. 늘 사용하는 은유법을 바꾸면 부정적 사고방식이 긍정적 사고방식으로 바뀝니다. 예를 들면 결혼에 대한 은유를 바꿈으로써 결혼에 대한 사고방식이 어떻게 바뀌는지 실험해볼 수 있습니다. '결혼은 무덤'이라는 은유법으로 결혼을 정의한 사람의 결혼 생활은 행복하지 않습니다. 그 사람은 결혼하는 순간부터 지금까지 무덤 속에 살고 있으니까요. 결혼 생활을 바꾸고 싶다면 결혼에 대한 은유법을 바꾸면 됩니다. 결혼 뒤에 있는 무덤을 다른 긍정의 단어로 바꾸면 결혼 생활에 대한 인식도 바뀝니다. 예를 들면 '결혼은 양파'라는 은유로 바꾸면 어떨까요? 양파는 까도 까도 계속 새로운 게 나오지 않습니까. 결혼은 양파처럼 늘 새로움이 튀어나오는 어제와 다른 일상을 선사하는 선물이라는 의미를 부여하게 되면 결혼 생활에 대한 인식도 바뀌지 않을까요.

은유가 바뀌지 않으면 우리의 사유는 틀에 박힌 대로 움직입니다. 새로운 사유의 씨앗이 자라지 않습니다. 생각도 행동도 관행을 답습할 뿐이죠. 우리의 사유는 언어 사용 방식과 무관하지 않기 때문입니다.

진부한 은유는 진부한 생각을 낳는다

메타포를 잘 쓰는 사람들은 닮지 않은 것에서 닮은 것을 찾아내는데 이 상상력의 촉발제가 은유법입니다. 은유적 상상력이야말로 창의성의 원동력입니다. "공부는 망치다"처럼 은유법은 'A는 B다'의 형식을 취하는데 이때 B의 자리에 들어갈 말을 계속 바꾸면 나의 상상력도 계속 변화되면서 변신을 거듭합니다.

은유법의 핵심은 겉으로 보기에는 닮지 않았는데 자세히 들여다

보면 닮은 점을 포착해낸 데 있습니다. "교수는 거지다"라고 했을 때, 얼핏 둘 사이의 연결점을 찾기 어렵지요. 교수하고 거지는 겉으로 보기엔 전혀 닮지 않았지만 자세히 살펴보면 닮은 점이 많습니다. 예를 들면 출퇴근 시간이 일정하지 않습니다. 그리고 항상 뭔가 들고 다닙니다. 교수는 가방, 거지는 깡통을 들고 다니잖아요. 또 수많은 사람을 만나며 살아갑니다. 작년에 한 말 또 한다는 점과 수입이 일정하지 하다는 점도 공통점입니다. 가장 중요한 공통점은 항상 남한테 얻어먹고 산다는 사실입니다. 이처럼 은유법을 사용하면 관계가 없던 두 가지 이질적 대상 간에 새로운 관계가 발견됩니다.

　교수와 거지, 공부와 망치, 결혼과 양파. 이런 것처럼 관계없던 양자 간에 새로운 관계가 발견됩니다. 관계가 발견되는 순간 대상을 구분했던 경계가 무너집니다. 교수와 거지의 경계가 무너지고 결혼과 양파 사이의 경계가 무너집니다. 그다음에 이질적 관계 사이에 상호침투가 일어납니다. 교수가 거지 속으로 가고 거지가 교수 속으로 들어가면서 이종결합이 일어나는 것입니다. 이종결합으로 새로운 창조가 일어나면 없었던 새로운 의미가 형성되고 사유가 비약적으로 발전합니다. 은유는 한마디로 이전과 다른 사유를 촉진하면서 좀처럼 뚫리지 않았던 막힌 사유도 뚫어주는 치유입니다.

　『진짜 두꺼비가 나오는 상상 속의 정원』을 쓴 제임스 기어리는 우리가 사용하는 은유가 우리가 생각하고 행동하는 방식을 결정한다고 합니다. 틀에 박힌 은유를 사용하면 사고도 틀에 박힙니다. '공부는 망치다'라는 은유를 '공부는 거울이다'로 바꾸면 공부가 이제 새롭게 정의됩니다. 망치 비유에선 공부가 어떤 틀에 박힌 것을 깨부수는 일이라는 의미를 전달했다면, 거울 비유에선 공부는 성찰의 문제와 관련된 것이라는 인상을 주지요.

> 진부한 은유는 진부한 생각을 낳는다. 뒤섞인 은유는 혼란을 낳는다. 그리고
> 은유는 쌍방향으로 흐른다. 무언가를 끌어들여서 다른 무언가를 생각하는 건
> 둘 다를 조명하는 일일 수도 있지만 둘 다를 흐리는 일일 수도 있다.
>
> _율라 비스, 『면역에 관하여』

장철문 시인은 시 「오월 낙엽」에서 "오월의 산빛은 비유의 바깥에 있다"라고 했습니다. 늘 사용하던 비유를 반복하면 사유도 그 틀 안에서 타성에 젖어들기 시작합니다.

비유는 치유다

율라 비스는 면역에 관한 놀라운 은유를 보여줍니다. 자신의 저서 『면역에 관하여』에서 이렇게 말하죠. "면역은 사적인 계좌인 동시에

공동의 신탁이다." 면역은 왜 사적인 계좌일까요? 내가 주사를 맞으면 내 몸이 건강해집니다. 개인적으로 통장에다 돈을 저축하는 것과 마찬가지로 나에게 이익이 생기는 것이지요. 그런데 왜 면역이 공동의 신탁이라고 했을까요?

> 내가 몸이 아파서 병원에 입원하면 내 몸만 입원하는 것이 아니라 내 몸과 관계된 다른 사람의 몸도 같이 입원한다. 내 몸은 독립적이지 않으며, 의존적 관계망으로 연결된 더 큰 우주의 일부다.
>
> _유영만·김예림,『부자의 1원칙, 몸에 투자하라』

운동은 개인 차원의 몸을 돌보는 노력을 넘어 나와 연결된 수많은 관계와 내가 몸담고 있는 공동체의 건강을 책임지는 노력이기도 합니다. 내가 운동을 하지 않으면 그 영향이 나 혼자에게만 미치지 않습니다. 내가 만나는 수많은 사람의 건강까지 해치는 결과를 초래할 수 있습니다. 내가 주사를 맞아야 되는 이유는 개인의 건강을 위해 사적으로 계좌에 가입함과 동시에 공동체의 건강을 위해서 신탁하는 것이나 마찬가지라는 주장을 율라 비스가 펼치고 있는 것입니다.

"요리란 그 재료를 먹어버림으로써 사라지게 하는 일, 음식을 먹는 이의 몸 안에 묻는 흥겨운 장례식이다." 리베카 솔닛의『멀고도 가까운』에 나오는 말입니다. 요리를 장례식에 비유한 메타포입니다. 세상을 바라보는 방식을 바꾸는 한 가지 방법은 내가 사용하는 언어를 바꾸거나 기존 개념에 담긴 나의 신념을 바꿔서 재정의하는 것입니다.

> 스스로 비유를 만들 수 있는 것만이 나의 앎이고, 내가 아는 것만이 나의 삶이에요. 남이 만든 비유를 사용하는 건 남의 집에 세 들어 사는 것과 같아요.
>
> _이성복, 『무한화서』

남이 만든 비유를 반복해서 사용한다는 것은 남의 생각에 세 들어 사는 것과 다르지 않다고 했습니다. 나만의 독창적인 사유를 개발하기 위해서는 나만의 독창적인 은유를 개발하는 노력이 필요합니다. '비유'는 막힌 '사유'를 뚫어주는 '치유'라고 했지요. 남과 비교하는 데 일생을 낭비하다 비참해지지 말고 나만의 독창적인 비유를 개발해서 비전을 추구해야 합니다. 고민하는 화두를 풀어내는 비유를 개발할수록 놀라운 상상력이 발동되고 미지의 세계는 부쩍 가까워질 것입니다.

> 숙고하는 것이 손전등이라면 행동하는 것은 전조등이다. 행동의 빛은 보이지 않는 세상을 훨씬 더 멀리까지 비춘다. 그러므로 흥미롭고 새로운 장소로 나아가려면 고민의 손전등을 꺼야 한다.
>
> _롤프 도벨리, 『불행 피하기 기술』

손전등은 아주 가까운 곳만 비추지요. 반면에 전조등은 저 멀리까지 비춥니다. 도벨리는 앉아서 생각만 하는 것과 나가서 행동하는 것의 차이를 이렇게 비유한 것입니다. 이런 은유법을 설명해주면 어떤 사람은 전조등이 뭐냐고 물어봅니다. 은유법으로 다른 사유를 촉진하기 위해서는 은유에 동원되는 다양한 어휘를 알아야 한다는 전제조건이 붙는 이유입니다. 그래서 은유법을 쓸 때는 조건이 있습니다.

첫째, 풍부한 개념이 필요합니다. 개념이 없으면 은유적 사유를 넓힐 수가 없습니다. 앞에서 예로 들었던 바늘과 미늘처럼 은유에 차용되는 다양한 개념의 의미를 모를 경우 은유는 오히려 사유를 가로막는 장애물로 작용할 수 있습니다. 둘째, 사용하는 개념의 사회적 의미에 대한 정치적 합의가 필요합니다. 예를 들면 '내 마음은 호수'라는 은유법에 사용된 호수는 오염되지 않은 맑은 호수라는 암묵적 합의가 밑바탕에 깔려 있습니다. 하지만 최근에는 자연환경 파괴로 인해 대부분의 호수가 오염되었다고 가정할 때 '내 마음은 호수'라는 이 은유는 더 이상 통용될 수 없습니다.

스티브 잡스와 빌 게이츠의 차이

아이디어가 많은 사람과 아이디어가 별로 없는 사람의 결정적 차

앉아서 생각하는 것은 손전등으로 비추는 것과 같다.
가까운 곳밖에 비출 수 없다. 전조등이 필요하다면 나가서 행동해야 한다.

이가 뭘까요? 아이디어가 많은 사람은 아이디어의 재료가 풍부한 사람입니다. 아이디어의 재료는 직간접적인 경험의 총합입니다. 이 재료는 일종의 참고문헌(references)이라고 할 수 있겠습니다. 두툼한 참고문헌을 보유한 사람을 교양이 두꺼운 사람이라고 합니다. 교양이 두꺼운 사람은 이질적인 재료들을 연결시켜 창의적인 아이디어를 도출해낼 수 있는 경우의 수를 많이 가진 사람입니다. 그러니 남다른 아이디어를 더 많이 낼 수밖에 없겠지요. 아이디어는 결국 익숙한 것을 낯설게 조합하는 가운데 탄생하니까요.

그렇다면 창의성(creativity)은 무엇인가요? 창의적인 사람은 남과 다르게 색다른 조합을 잘하는 사람입니다. MIT 미디어랩의 마빈 민스키 박사에 따르면 창의성이란 "흔한 것의 흔치 않은 결합"이라고 합니다. 결국 창의성도 이질적인 두 가지 이상의 것을 남다르게 엮어내는 과정에서 발현되는 능력입니다. 메타포, 은유법 역시 아이디어나 창의성과 마찬가지로 이질적인 대상 두 가지를 연결시켜 새로운 사유를 잉태한다는 점에서 창의성의 한 영역을 담당한다고 할 수 있겠습니다.

창의적인 사람이 되는 데는 은유법을 구사하는 능력이 중요한데, 이때 가장 필요한 것이 직간접적인 경험입니다. 은유법을 적재적소에 잘 사용하는 사람은 논리적으로 설명하지 않고도 설득하는 능력이 뛰어납니다.

애플의 스티브 잡스와 마이크로소프트의 빌 게이츠가 모두 대학

졸업식에 가서 축사를 한 적이 있습니다. 누구의 연설이 더 재미있었을까요? 스티브 잡스는 개인적인 체험을 통해 사건 속에 담긴 사연과 사고(事故)로 바뀐 사고(思考)를 솔직담백하게 털어놓으며 청중의 심장을 파고듭니다. 그런데 빌 게이츠는 매우 옳은 이야기를 늘어놓습니다. 스티브 잡스가 선동한다면 빌 게이츠는 논리적으로 설명하면서 선전합니다. 스티브 잡스는 누구나 쉽게 아는 상식으로 청중의 마음을 어루만져줍니다. 생각대로 되지 않았던 일을 솔직히 고백하고 자신의 아픈 부위를 드러내며 그 속에서 본인이 몸으로 깨달은 이야기를 풀어냅니다. 이에 비해 빌 게이츠는 양식에 호소합니다. 모험생 스타일인 스티브 잡스에 비해 모범생인 빌 게이츠는 만인이 아는 양식에 호소하면서 계몽하고 권장하며 추천합니다.

누구의 연설이 청중을 설득하고 청중의 심장을 자극했을까요? 스티브 잡스입니다. 스티브 잡스의 연설이 빌 게이츠 연설에 비해 설득력을 지니는 이유는 체험적 은유법을 사용하기 때문입니다.

쉬운 것은 전문적이지 않은 것인가

혁신적인 아이디어를 가진 사람이나 일반 대중들은 상상하기 어려운 창의적인 발상을 일상적으로 하는 사람들, 상식을 파괴하고 익숙한 관습을 타파하며 창조적인 아이디어를 내는 사람을 아이코노클라스트(iconoclast) 또는 '상식 파괴자'라고 합니다. 상식 파괴자들은 다른 사람들과 다르게 사물을 보는 데 익숙해져 있지만, 대중은 자신에게 익숙한 방식으로 사물을 봅니다. 『상식 파괴자』를 쓴 그레고리 번스에 따르면 우상이 된 상식 파괴자들은 자신에 익숙하지 않더라도 상대에게 익숙한 방식으로 자신의 아이디어를 전달한다고 합니다. 따라서 세상을 움직이는 상식 파괴자가 되려면 보통 사람들과는 다르게 사물이나 현상을 볼 수 있는 혁신적인 눈을 가져야 합니다. 뿐만 아니라 대중들이 쉽게 이해할 수 있는 익숙하고 평범한 방식으로 설득할 수 있어야 합니다.

반 고흐는 땡전 한 푼 없이 외롭게 죽었지만, 피카소는 엄청난 재력가였을 뿐만 아니라 젊은 여자와 죽을 때까지 행복하게 산 차이는 무엇일까요? 그레고리 번스에 따르면 상식 파괴자가 마침내 성공을 거두느냐 실패자가 되느냐는 그가 지닌 사회적 지능의 두 측면, 즉 상대방에게 익숙한 방식으로 다가섬과 대중이 이해할 수 있는 설득력에 달려 있습니다.

피카소와 반 고흐는 모두 자신의 그림에 대해 야유를 받았고, 심각한 저항에 부딪혔으며, 세상 사람들이 이해해주지 않았습니다. 이러한 초기 저항에 대해 반 고흐는 외롭게 골방에서 고민했고, 피카소는 세상으로 뛰쳐나가 사람들을 설득했습니다. 피카소가 다양한 사회 집단 사이를 부드럽게 순항하는 동안, 반 고흐는 가장 가까운 사람들과의 관계를 유지하는 것조차 고역스러워했습니다. 피카소는 사회적 관계를 구축하고 대중들과 적극적으로 소통하면서 자신의 그림 세계를 그들이 자연스럽게 이해할 수 있게 한 것이지요. 반면 반 고흐는 소통이 아닌 고립을 택했습니다.

아무리 좋은 아이디어라고 해도 세상에 노출되지 않으면 그것은 묻히고 맙니다. 세상 사람들의 심한 저주와 비난을 받고 살아남은 아이디어라야 의미와 가치가 있습니다. 반 고흐 식의 독창성은 세상 사람들이 인정해주지 않습니다. 사후에나 유명해질 수 있습니다. 피카소처럼 과감하게 자신의 그림을 세상에 드러내놓고 세상 사람들의 거침없는 비난과 질책을 인내심을 갖고 들으면서 난국을 돌파할 아이디어를 구상해야 합니다.

독일의 막스 베버가 쓴 고전 중의 고전 『경제와 사회』라는 굉장히 난해한 책이 있습니다. 막스 베버 추종자나 몇몇 학술 연구자만이 읽어낼 수 있는 책입니다. 이 책은 합리성이 오히려 비합리성을 낳는 자본주의적 모순을 논리적으로 파헤친 역저이지만 비전문가에게는 추천 도서로만 남아 있습니다.

미국 메릴랜드 대학교 사회학과 교수인 조지 리처가 쓴 『맥도날드 그리고 맥도날드화』는 맥도날드의 세계화와 표준화 전략이 낳은 합리성의 불합리성을 구체적이면서도 쉽게 분석한 책입니다. 막스 베버

아이디어는 세상 사람들의 심한 저주와 비난을 받고 살아남은
아이디어라야 의미와 가치가 있다.

가 지적한 합리성의 비합리성이라는 문제 제기를 잘 풀어낸 책이지요. 그런데 이 책은 학자의 세계에서는 그다지 큰 호응을 얻지 못했습니다. 하지만 대중들로부터는 커다란 인기를 끌었지요.

자기 체험이 있는 사람만이 심장을 공략한다

아리스토텔레스의 수사학에 따르면 성공적인 설득을 위해서는 3가지 요건이 필요하다고 합니다. 인간적 신뢰감에 해당하는 에토스(ethos)와 감성적 설득력에 해당하는 파토스(pathos), 그리고 논리적 설명력에 해당하는 로고스(logos)가 그것입니다. 에토스는 그 사람의 품성이나 품격에서 나오는 인간적 신뢰감으로 사람을 설득하는 데 60퍼센트를 좌우합니다. 파토스는 청중의 가슴을 파고드는 감성적 호소력이며 설득에 있어 30퍼센트의 영향력을 행사합니다. 마지막으로 로고스는 객관적 사실이나 이론적 근거를 갖고 설명하는 논리적 구속력으로 설득력의 10퍼센트를 좌우합니다. 에토스는 그 사람의 체험적 통찰력에 비추어 생기는 인간적 신뢰감입니다. 체험의 깊이와 넓이를 부단히 심화·확산시키는 공부를 계속해야 되는 이유입니다. 파토스가 있어야 에토스의 효력이 발휘되며 파토스와 에토스는 로고스의 도움을 받아 비로소 완성됩니다. 파토스는 몸이고 에토스는 심장이며 로고스는 머리입니다. 체험적 통찰력으로 생기는 에토스와 감성적 설득력으로 생기는 파토스, 그리고 논리적 설명력으로 생기는 로고스는 우리가 공부를 통해서 평생 갈고 닦아야 될 영원한 숙제입니다.

세상을 움직이는 사람은 논리적으로 설명해서 머리를 공략하는 사람이 아니라 감성적으로 설득해서 심장을 공격하는 사람입니다. 머리를 공략하는 사람들의 중요한 특징은 자기 체험이 없다는 점입니다. 설명을 계속한다는 것은 자기가 체험한 게 거의 없다는 이야기입니다. 설득해서 심장을 공격하는 사람은 자기 체험이 풍부합니다. 조지 레이코프의 방식으로 말하면 체험적 은유법을 사용해서 청중의 마음을 훔친다는 이야기입니다. 체험적 은유법을 사용해서 설득하면 재미있고 의미가 더불어 따라옵니다. 재미없는 의미는 견딜 수 없는 답답함이고, 의미 없는 재미는 참을 수 없는 가벼움입니다. 어떻게 하면 우리는 재미와 의미의 토끼 두 마리를 다 잡을 수 있을까요?

물건을 훔치면 범인이지만 마음을 훔치면 애인이 됩니다. 스치면 인연이지만 스미면 연인이 됩니다. 한 글자 차이지만 스치는 것과 스미는 것은 엄청난 차이입니다.

내가 사용하는 은유법을 바꾸면 거기에 상응하는 사유도 바뀌고 행동도 바뀝니다. 체험적 은유는 공감을 형성하고 연대를 이룹니다. 누구나 접하는 일상 언어일지라도 조합을 바꾸거나 맥락 안에서 미묘한 뉘앙스의 차이만 가미해도 사유는 비약적으로 달라질 수 있습니다.

세상을 움직이는 사람은 논리적으로 설명해서 머리를 공략하는 사람이 아니다.
그들은 감성적으로 설득해서 심장을 공격한다.

브뤼노 라루르의 **행위자 네트워크 이론**

인생을 바꾸는
또 다른 행위자를 만나는 방법

chapter
12

Bruno Latour

1947. 6. 22~

브뤼노 라투르는 『판도라의 희망』이라는 저서에서 주체와 객체, 형식과 내용, 어휘와 지시체, 인간과 비인간 사이에는 어떠한 질적 간극도 존재하지 않는다는 주장을 펼치면서 주목을 받았습니다. 라투르의 철학적 관심과 주장은 『인간, 사물, 동맹』이라는 책에 구체적으로 소개되어 있습니다. 특히 인간과 비인간 사이에 어떤 간극도 존재하지 않는다는 혁명적 주장은 인간이 비인간을 지배하면서 인류 역사는 물론 문명을 창조해왔다고 생각하는 오래된 상식과 통념을 흔들었습니다. 사람만이 행위자(actor)가 아니라 사람 아닌 비인간 모두가 다 행위자라는 생각이 라투르의 가장 혁명적인 주장입니다.

1980년대 중반 프랑스의 브뤼노 라투르, 미셸 칼롱, 영국의 존로 등이 창시한 이후 많은 학문 분야에 영향을 미친 행위자 네트워크 이론

(ANT: Actor Network Theory, 이하에서는 ANT라고 칭함)은 우리가 세상을 제대로 이해하기 위해서는 인간은 물론 '인간 아닌 것'에 주목해야 한다는 주장을 담고 있습니다.

라투르는 인간이 갖고 있는 행위적 영향력만이 지구상의 다른 존재나 생명체를 지배할 수 있다는 인간중심적 발상 자체가 오만의 극치라고 합니다. 오히려 인간 이외의 다른 것, 그것이 기계이든 기술이든 모는 비인간의 것들도 다 행위자이며, 이런 다양한 행위자들이 네트워크로 연결되어 서로 영향을 주고받으면서 주객을 구분할 수 없는 역동적인 관계망이 만들어진다는 것이지요.

ANT에 따르면 인생을 바꾸고 싶으면 나와 연결되어 있는 행위자를 바꾸면 됩니다. 여기서 말하는 행위자는 사람만이 아니고 나와 연결되어 있는 모든 비인간 행위자가 다 포함됩니다.

기차는 벌판을 달릴 수 없다

기차는 철도가 있어야 달릴 수 있지, 철도 없는 벌판을 달려갈 수 없다.

라투르의 유명한 명제입니다. 기차와 철도 중에 어느 하나만 있으면 어떤 일이 발생할까요? 기차만 있고, 철도가 없으면 기차는 달리고 싶은 욕망을 충족시킬 수 없습니다. 기차는 철도가 있어야만 달릴 수 있고 욕망을 충족시킬 수 있습니다. 철도 없는 벌판을 달려갈 수 없습니다. 기차라고 하는 행위자가 철도라는 행위자를 만나 네트워크를 구성해야 둘이 완벽한 상호작용을 하면서 철도 위를 달리는 기차의 본래 모습을 볼 수 있습니다.

모든 행위자는 네트워크 속에서 다른 행위자를 만날 때만 비로소 의미를 가질 수 있다고 봅니다. 운전을 하다 보면 곳곳에 과속방지턱이 있습니다. 과속방지턱을 만난 운전수는 속도를 줄입니다. 그렇지 않으면 차량이 생각지도 못하게 충격을 받을 수 있으니까요. 과속방지턱은 사람이 아님에도 불구하고 운전하는 사람에게 속도를 줄이지 않으면 사고를 당할 수도 있다고 경고합니다. 비인간인 과속방지턱이 교통법규 위반 여부를 판단하는 경찰의 역할을 하고, 교통법규를 지켜야 한다는 도덕 교사의 역할도 하는 것입니다. 과속방지턱이라는 비인간이 인간 운전수한테 영향력을 행사합니다. 이게 바로 라투르가 이야기하는 인간만이 행위자가 아니라 비인간도 행위자, 특히 비인간 행위자가 인간한테 영향력을 행사한다는 주장이 행위자 네트워크 이론입니다. 행위자와 행위자는 네트워크 속에 연결되어 있고 상호 간에 관계가 있을 때에만 각각의 행위자는 존재 의미가 있습니다.

ANT의 문제의식은 기술이 세상을 바꾼다는 기술결정론을 부정합니다. 기술결정론은 기술이 자체의 생명력을 갖고 인간의 의지와 무

기차는 철도가 있어야만 달릴 수 있고 욕망을 충족시킬 수 있다.
철도 없는 기차는 벌판을 달려갈 수 없다.

관하게 발전한다는 입장입니다. 미디어 기술이 사회변화를 결정한다는 마샬 맥루한의 '미디어는 메시지다'가 기술결정론의 표본입니다. 미디어라는 기술 자체가 어떤 메시지를 담아내는지를 결정합니다. 어떤 기술이 개발되느냐에 따라서 기술 자체가 인간의 생명, 사회의 변화와 문명의 발전을 결정한다는 입장이 기술결정론입니다.

이에 비해 사회적 구성주의는 기술이 사회를 바꾸는 게 아니라 그 기술을 사람이 어떤 목적으로 어떻게 활용하는지에 따라서 동일한 기술도 천차만별의 방식으로 사용 가치가 달라질 수 있다는 입장입니다. 사회적 이해관계와 필요성이 기술 발달과 변화를 결정한다는 것이지요. 이때 기술 발전의 원동력은 기술 자체가 아니라 그것을 활용하는 사회 구성원의 필요입니다.

ANT는 이 두 가지 입장을 모두 부정합니다. 기술이 사회를 결정하지도 않고, 사회가 기술을 바꾸지도 않는다고 합니다. 이를 테면, 개발된 목적과 다르게 아무런 의미도 없고 사회적으로 어떤 목적과 의도로 사용하려고 한 적도 없었던 기술이 존재합니다. 그런데 기술이라는 행위자가 인간 행위자인 사람한테 영향을 미치는 경우가 발생합니다. ANT에 따르면 인간만이 주체이고 인간을 제외한 다른 생명체는 모두 객체가 아닙니다. 오히려 인간도 수많은 행위자가 거미줄처럼 엉켜 있는 네트워크 시스템을 구성하는 하나의 요소이자 다른 행위자가 행위를 할수록 영향을 미치는 또 다른 행위자일 뿐입니다.

내가 총을 들고 누군가를 쐈다면 나만 행위자이고 총은 행위자가 아닐까요? 전통적 관점에서 바라보면 총을 들고 쏜 나는 주체이고 총은 도구로서 객체가 됩니다. 그런데 나는 본래 총을 쏠 생각이 없었는데 서랍 밖에 나와 있는 총을 보자 갑자기 쏘고 싶은 충동이 일었습니다. 총이 나에게 행위를 부추긴 것입니다. 총이라는 비인간이 인간의 마음을 바꿀 수도 있습니다. 사람이 기술을 결정하고 기술이 사람을 결정한다는 이런 이분법적인 관계가 아니라 오히려 그 두 가지가 상호 역학관계를 맺어가면서 상황에 따라 서로에게 영향력을 행사할 수 있습니다.

라투르는 이와 같은 총의 용도 변화를 목표의 변혁이라고 합니다. 원래 행위자의 목표가 A였는데 이것이 나한테 다가오면서 그 목표와 전혀 다른 의도와 용도로 쓰이는 경우가 목표의 변혁이 일어나는 사례입니다. ANT는 기술이 사람을 일방적으로 규제하지도 않고 사람이 기술을 일방적으로 통제하지 않는 제3의 대안을 찾습니다. 행위자와 행위자가 맺는 네트워크 속의 관계가 주고받는 영향력을 결정할 뿐입니다.

내가 총을 들고 누군가를 쐈다면
나만 행위자이고 총은 행위자가 아닐까?

존재 의미를 결정하는 것은 관계다

ANT는 기존의 과학기술 이론들과 구별되는 몇 가지 특징을 드러냅니다. 첫째, ANT는 인간(human)과 비인간(nonhuman)을 구별하거나 차별하지 않습니다. 비인간 행위자에는 기술을 포함하여 모든 인공물과 동물과 생물이 포함됩니다. ANT는 인간만 행위자라고 생각하는 가정에 반론을 제기하고 인간 행위자에게 영향을 미치는 직간접적인 매개물을 모두 행위자라고 규정한 것이지요.

아침에 일어나서 저녁에 잠자리에 들기 전까지 하루 일과를 생각해보면 수많은 비인간 행위자가 인간 행위자와 연결되어 무수한 일처리를 합니다. 인간 행위자 단독으로 처리할 수 있는 일은 없습니다. 인간 행위자는 비인간 행위자를 통해 여러 문제를 해결합니다. 그 과정에서 새로운 문제에 직면하고, 이러한 복잡한 문제를 해결하기 위해 또 다른 비인간 행위자를 동원합니다. 지금 이 글 역시 저 혼자의 힘만으로는 도저히 불가능한 복잡한 행위자 간 네트워크의 상호작용의 산물입니다. 여기서 중요한 것은 인간, 기술, 문화, 사물 등의 구분 자체가 아니라 이들이 네트워크에서 관계를 맺고 상호작용을 통해 영향력을 행사하는 과정입니다.

둘째, ANT는 과학(science)과 기술(technology), 주체와 객체, 거시와

미시를 구분하지 않습니다. 그동안 인간과 비인간 또는 기계와 자연, 주체와 객체 등을 이분법적으로 나눠서 생각했던 형이상학적 관념론을 거부합니다. 대신 ANT는 이질적인 행위자들이 생각지도 못한 방식으로 동맹을 맺고 배반하고, 이합집산과 이종결합을 통해 끊임없이 새로운 관계를 양산하는 네트워크 속 행위자 간 연결 관계에 주목합니다.

ANT에서는 과학과 기술을 결합한 테크노사이언스(technoscience)라는 용어를 사용합니다. ANT는 과학은 순수한 이론 생산에 관여하고 기술은 과학적 이론을 적용하여 응용하는 기술적 대안을 개발한다는 가정과 발상에 반대합니다. 순수한 과학적 관심만으로 어떤 대상을 이론적으로 탐구한다는 가정 자체도 잘못된 주장에 근거하고 있다고 주장합니다. 오히려 과학적 탐구는 기술적 도구의 도움을 받는 과정에서 더욱 빛을 내는 경우가 많습니다. 마찬가지로 기술적 해결 대안을 실험하는 과정에서도 과학적 이론이 문제를 탐구하는 이론적 프레임이나 렌즈로 작용합니다. 과학과 기술은 서로 배타적이거나 독립적으로 작용하지 않습니다. 이것은 과학의 개념(객관적 진리나 사실)도 실험 기구와 같은 기술에 의해 생산되기 때문에 과학과 기술은 분리하여 설명할 수 없으며, 구분 자체도 의미가 없다고 봅니다.

주체와 객체도 구분할 수 없습니다. ANT에서는 누가 주체이고 객체인지, 누가 원인이고 결과인지를 구분하기 불가능하다고 봅니다. 주객의 전도가 일어나고 원인과 결과도 호혜적 영향력을 행사는 역동적인 관계라서 구분하기 불가능합니다. 인간이라는 주체와 대상이라는 객체가 수시로 서로의 역할을 맞바꾸면서 새로운 네트워크를 끊임없이 형성하기 때문에, 인식하는 주체와 인식 대상인 객체 사이에는 뚜렷한 경계를 지을 수 없습니다. 더욱이 인간이 비인간과 관계를 맺는 순간 주체/객체의 경계는 흐려지고 누가 주체이고 객체인지를 구분하는 일 자체가 무의미해집니다.

셋째, ANT에 따르면, 인간의 역량은 그들이 구축한 네트워크에 따라 달라집니다. 즉, 인간 또는 비인간 행위자를 자신이 가진 네트워크에 편입시켜 얼마나 더 강력한 네트워크를 구축하였는가에 따라 인간의 역량이 달라진다는 것입니다. 인간의 능력은 한 개인이 독립적으로 발휘할 수 있는 실력으로 판가름 나지 않습니다. 오히려 인간 행위자가 다른 행위자와 맺은 역동적인 네트워크상의 복잡한 관계 형성 방식에 따라 천차만별의 경쟁력이 다르게 부각됩니다.

> 특별한 존재와 평범한 존재를 판가름하는 기준은 존재 자체의 가치가 아니라 관계다. 남에게는 평범한 존재가 내게는 특별한 존재가 될 수 있는 이유는 그 존재가 나와 맺고 있는 관계 때문이다. 평범한 존재는 나와 관계를 맺음으로써 특별해진다. 따라서 평범한 존재는 무가치하며 어서 빨리 세상에서 사라져야 한다고 주장할 자격 따위는 누구에게도 없는 것이다.
>
> _장유승, 『쓰레기 고서들의 반란』

헌책의 가치는 헌책 자체가 갖고 있는 독자적인 의미와 내용이 결정하는 걸까요? 그 책에 관심을 가지고 찾던 사람이 그 책을 만나는 순간 결정되는 것일까요? 인간 행위자와 비인간 행위자(헌책)가 만났을 때 그 둘 사이의 관계가 그 책을 이전과 다른, 색다른 의미로 완전히 바꿉니다. 헌책방에 쌓여 있는 책들의 가치는 그 책이 지니고 있는 독자적인 가치로 결정되는 것이 아닙니다. 누군가 어떤 관심을 갖고 그 책을 포착했을 때, 즉 인간 행위자가 책이라는 행위자를 만났을 때 생기는 특별한 관계가 책의 존재 가치를 결정하는 것이지요.

인간 아닌 행위자들과의 연대

라투르는 인간 행위자의 독립적인 힘으로 발휘할 수 있는 능력에는 한계가 있기 때문에 다른 행위자인 기술과 네트워크를 맺고 그 순간, 전혀 예상하지 못한 새로운 행위자로 거듭난다고 했습니다. 결국, ANT에서 권력(power)은 한 행위자가 자신이 바라는 대로 다른 행위자를 움직일 수 있는 힘을 의미합니다.

ANT는 권력이 이종적인 네트워크 건설의 결과로 생겨난 것임을 보여줍니다. 힘이 있는 왕, 기업, 정부는 이종적인 네트워크를 건설한 결과로 권력을 얻었고, 이 권력은 홍성욱에 의하면 다양한 이해관계를

헌책방에 쌓인 책들의 가치는 어떻게 결정되는가?
그 책을 발견하는 자,
인간 행위자가 그 책을 포착함으로 인해 책의 존재 가치가 결정된다.

협상할 수 있는 번역의 능력입니다(『인간·사물·동맹: 행위자 네트워크 이론과 테크노사이언스』). ANT는 번역의 과정을 기술(description)함으로써 숨어 있는 권력의 실체를 드러냅니다.

이 세상에서 이제 가장 힘 있는 사람이 누구냐 하면 수많은 비인간들을 자신이 원하는 방향으로 길들여서 힘을 발휘할 수 있는 동맹을 맺어 나의 아군으로 만드는 사람입니다. 하지만 ANT에서는 절대적인 권력을 갖고 다른 행위자를 지배하는 만고불변의 법칙이나 진리는 존재하지 않습니다. 행위자와 행위자가 맺는 역학관계가 끊임없이 변하기 때문에 그 권력은 언제나 상대적일 수밖에 없습니다.

> 그가 난바다로 나가게 되면 세계가 인간을 위해 만들어졌다는 생각을 더는 고집할 수 없다. 그가 만나게 되는 것은 끝없이 펼쳐진 바닷물이며, 언제라도 배를 뒤집을 수 있는 거대한 물너울이며, 물속에 숨어 있는 암초이며, 예고 없이 불어오는 돌풍이다.
>
> _황현산, 『우물에서 하늘 보기』

내가 바다에 나가서 절대 권력을 갖고 내 마음대로 배를 끌고 갈 수 없는 이유는 수시로 변하는 기상 조건 등 인간 행위자가 조정할 수 없는 불가항력적 요소가 많기 때문입니다. 물론 기술로 어느 정도 예측과 통제가 가능하지만 여전히 인간 행위자가 다른 비인간 행위자와 맺는 관계를 사전에 철저하게 통제할 수 없는 변수와 상호작용이 더 많이 존재합니다.

온전히 나의 힘만으로는 도저히 창작할 수 없는 불가능한 꿈을 실현 가능하게 만들어준 은인은 내가 만난 다양한 사람입니다. 뿐만 아니라 내가 늘 일상적으로 사용하는 흔한 도구 덕분에 생각을 아름다운 문장으로 표현할 수 있습니다. 창작은 나의 창의적인 생각만으로 이루어지는 독창(獨唱)이나 독주(獨奏)의 산물이 아니라 내가 평상시에 사용하는 수많은 도구들이 합작을 통해 이루어낸 합창(合唱)과 협주(協奏)의 산물입니다. 내가 아무리 위대한 생각을 품고 있어도 그 생각을 적을 종이와 펜이 없거나 하나의 문서로 만들어내는 데 필요한 컴퓨터, 키보드, 그리고 마우스가 없다면 생각은 잠시 머물렀다가 휘발되는 파편에 불과합니다. 시도 때도 없이 떠오르는 생각의 파편을 붙잡아 메모할 펜이나 노트가 없었다면 찰나에 빛나던 아이디어는 순식간에 사라졌을지도 모릅니다.

도구는 이제 필요할 때 도움을 주는 기구가 아니라 도구 자체가 내 생각을 자극하고 촉진하는 또 다른 주체입니다. 이 말은 혁명적인 발언이 아닐 수 없습니다. 우리는 이제까지 오로지 인간만이 다른 생명체는 물론 사물에게 영향을 미치는 주체라고 생각해왔습니다. 주체인 인간을 제외하면 세상의 모든 생명체나 사물은 주체의 생각을 도와주는 객체라고 생각했지요. 인간만이 다른 생명체에게 영향을 미치며

창작은 나의 창의적인 생각만으로 이루어지는 독창이나 독주의 산물이 아니다.
내가 사용하는 수많은 도구들이 합작을 통해 이루어낸 협주의 산물이다.

주체의 자리를 지킨다는 인간 중심적 사고방식에서 벗어나 세상은 수많은 생명체나 물체가 서로에게 영향을 미치는 네트워크의 세계로 바라봐야 한다는 것이 ANT의 핵심입니다. 모든 창작은 수많은 행위자들이 네트워크 위에서 펼치는 사회적 관계의 합작품입니다.

나의 책의 또 다른 '저자들'

한 권의 책이 완성되는 과정을 생각해보면 ANT를 보다 쉽게 이해할 수 있습니다. 책이 완성되기까지는 저자라는 인간 행위자 외에 수많은 비인간 행위자가 관여합니다. 우선 ① 책, ② 메모 노트, ③ 포스트잇, ④ 펜, ⑤ 노트북이나 데스크 탑 컴퓨터는 모두 글을 쓰는 데 도움을 주는, 다른 말로 하면 저자로 하여금 글을 쓰게 만드는 자극제이자 글을 쓰는 과정에서 결정적인 도움을 제공하는 도구입니다. 쓴 글을 저장해주는 ⑥ 외장하드, 언제 어디서나 조목조목 정보를 알려주는 ⑦ 스마트폰, 보고 싶은 책과 각종 필기구를 품어주는 ⑧ 가방, 어제와 다른 색다른 체험적 깨달음을 얻을 수 있도록 실천의 걸음을 떼게 하는 ⑨ 신발, 그리고 뇌력을 낳는 원동력인 체력을 기를 수 있게 해주는 ⑩ 운동기구는 저마다의 위치에서 글쓰기와 거기에 필요한 글쓰기 근육을 길러주는 행위자(actor)입니다. 저자만이 행위자가 아니라 저자로 하여금 책을 쓰도록 동기를 부여하거나 자극을 제공함으로써 행위의 원인을 제공하는 모든 생명체나 사물이 다 하나의 행위자인 것이죠. 그러니까 모든 책은 '공저'라고도 할 수 있겠습니다. 인간이라는 저자와, 그가 쓰는 데 도움을 주는 수많은 '도구 저자'가 협업한 산물이니까요.

번역이 끝나면 행위자도, 네트워크도 끝난다

ANT는 남다른 문제의식을 품고 독특한 개념을 창안해서 색다른 가능성의 관문을 열어갑니다. 첫째 인간-비인간의 대칭성(symmetry)의 개념입니다. 비인간을 인간과 대등한 행위자로 보는 게 ANT의 가장 중요한 특징이라고 했지요. 인간과 비인간을 대칭적(symmetrical)으로 본다는 것입니다.

우리는 이제까지 인간만 행위한다고 가정했습니다. 하지만 ANT에서 가장 강조하는 개념은 비인간도 인간에게 영향력을 행사하는 행위자라는 것이지요. 비인간은 사물, 혹은 대상의 행위자적 속성을 드러내기 위한 개념으로 인간 개념과 쌍을 이룹니다. ANT는 그래서 인간(주체)과 비인간(객체)을 구분하고, 기술이 인간 주체의 의지와 목표를 실현하는 중립적인 도구라는 생각을 비판합니다.

라투르는 행위자(actor)를 행위능력(agency)을 가진 존재로 정의합니다. 행위자로서 행위능력을 갖는다는 것은 자신의 의지 또는 능력을 통해 주변의 다른 행위자가 생각이나 행동을 바꾸게 만들고, 이러한 행위능력을 다른 행위자로부터 인정받는 것을 의미합니다. 행위자의 행위능력은 단독으로 발생하지 않으며, 다른 행위자와의 상호작용 때문에 발생합니다. 생명체 중에서 오직 인간만이 다른 생명체에게 영향을 미친다는 인간 중심주의나 생태계의 모든 생명체는 저마다 다른 생명체에게 영향을 미치는 관계의 일원으로 받아들이자는 생태주의 역시 아직 비생명체를 행위 주체로 인정하지 않습니다. 하지만 ANT는 모든 인간 행위는 행위자 본인의 의지와 결단에 따라 이루어지기보다 행위자를 둘러싸고 있는 네트워크 안의 다른 행위자와의 관계 속에서 주고받는 영향력에 따라 다르게 이루어진다는 데에 주목합니다.

ANT에서 한 행위자가 다른 행위자와 결합해서 네트워크를 건설하는 과정을 '번역(translation)'이라고 합니다. 번역은 질서를 만드는 과정으로서, 행위자가 지금까지 유지해온 네트워크를 끊어버리고 다른 행위자를 자신의 네트워크로 끌어들여 기존과 다른 네트워크를 구축함으로써 자신의 네트워크를 확대하고, 강화하는 질적 변화를 모색하는 행위입니다.

번역은 한마디로 이야기하면 네트워크를 건설하는 과정입니다. 한 행위자의 이해나 의도를 다른 행위자의 언어로 바꿨을 때 다른 행위자가 어떻게 인식을 하는지에 따라 행위자는 새로운 네트워크로 편입되기도 하고 그렇지 않을 수도 있습니다. 번역을 잘하면 네트워크 건설이 순조롭게 진행되는데 번역을 잘 못하면 행위자와 행위자가 기능적으로 골절이 생겨서 연결이 안 되는 경우도 발생합니다. 이런 점에서 과학사회학자 김환석은 번역을 기존 행위자가 새로운 권력을 창출하는 정치적 행위라고 정의합니다. 어떤 행위자가 다른 행위자를 대신해서 말하거나 행동할 때 그것이 권위를 갖는지의 여부는 정치적으로 협상을 어떤 방향으로 이끌어가서 어떤 결과를 맺는지에 따라 바람직한 행위자 네트워크가 형성이 될 수도 있고 그렇지 않을 수도 있습니다.

나와 전혀 다른 네트워크에서 활동하는 행위자를 나의 행위자로 끌어들이기 위해서 설득하고 협상하는 과정이 번역입니다. 이런 점에서 번역은 한 행위자가 다른 행위자를 자신이 통제하고 장악하고 있는 네트워크 안으로 포함시키고 귀속시키는 과정인 동시에 자신의 네트워크를 확장하고 다른 네트워크와 새로운 관계를 형성하면서 이전에 없었던 질적 변화를 다각적으로 탐색하는 적극적인 행위입니다. 즉, 한 행위자가 다른 행위자를 자신의 영향력 범위 내로 이끌어오기 위하여 이해시키고 설득하는 과정입니다.

홍성욱에 의하면, "한 행위자의 이해나 의도를 다른 행위자의 언어로(즉 다른 행위자의 이해나 의도에 맞게) 치환하기 위한 프레임을 만드는 행위"이기에 번역은 한순간에 끝나는 결과가 아니라 끝없이 계속 진행되는

번역은 한마디로 이야기하면
네트워크를 건설하는 과정이다.

과정이라는 점에서 "명사가 아니라 동사"입니다. 번역은 네트워크상에서 행위자가 상호작용을 계속하는 한 영원히 끝나지 않는 과정인 것이지요. 번역이 끝나는 순간 행위자도 행위자가 소속되어 있는 네트워크도 죽은 것이나 마찬가지입니다.

번역의 4단계: 문제 제기, 관심 끌기, 등록하기, 동원하기

미셸 칼롱에 의하면 번역은 네 단계로 이루어집니다.

첫 번째는 한 행위자가 다른 행위자들을 정의하고 이들의 문제를 떠맡으며 기존의 네트워크를 교란시키는 '문제 제기(problematization)' 단계입니다. 한 행위자가 다른 행위자의 문제를 진단하고 기존 네트워크에 파란이나 교란을 일으키는 단계입니다. 평온했던 세상에 새로운 이슈를 제기하고 사람들한테 관심을 끌어 주목을 받기 시작하는 단계이지요.

두 번째는 다른 행위자들을 기존의 네트워크에서 분리하고 이들의 관심을 끌면서 새로운 협상을 진행하는 '관심 끌기(interessement)' 단계입니다. 다른 행위자들을 기존 네트워크에서 분리시킴과 동시에 우리 네트워크에 가입하면 어떤 이익을 얻을 수 있는지를 제시합니다. 기존 네트워크에서 벗어나 내가 소속된 네트워크에 들어와 같이 한번 일해보자고 제안하며 내 편으로 만들어보려고 안간힘을 쓰는 단계입니다.

세 번째는 다른 행위자들이 새롭게 주어진 역할을 맡게 하는 '등록하기(enrollment)' 단계입니다. 이제 우리 네트워크로 넘어온 행위자들이 적극적인 영향력을 행사하면서 특정 역할을 수행할 수 있도록 독려하는 단계입니다. 역할 부여는 행위자와 사전에 조율과 협상을 통해 결정합니다. 그렇게 함으로써 행위자들이 새로운 네트워크에 적극적인 관심과 책임감을 갖고 헌신적으로 기여할 수 있도록 히는 것이지요.

마지막으로 이들을 대변하면서 자신의 네트워크로 포함시키는 '동원하기(mobilization)' 단계입니다. 이제 단순히 역할만 부여하는 것이 아니라 아군으로 합병하고 적극 활동하도록 장려하는 단계입니다. 기존 행위자와 적극적으로 상호작용하면서 또 다른 행위자로서 네트워크에서 영향력을 행사하기 시작하는 단계입니다.

예를 들면 제가 한국지식생태학회라는 것을 만듭니다. 사람들이 이 학회에 대해서 관심을 가질 수 있도록 겨울에는 한국지식동태학회로 바꿉니다. 일단 생태계가 무엇인가, 생태계가 망가지면 우리의 생계는 어떻게 되는가와 같은 화두를 제시해 관심을 끈 한 다음에(문제 제기 단계), 왜 이 문제에 관심을 가져야 하는지 그리고 이 학회에서는 어떤 일을 하게 되는지 설명하고 설득하며 학회에 가입하도록 유도합니다(관심 끌기 단계). 그다음에 관심을 보이는 인사들을 끌어들여서 등록을 하게 하는 것이죠(등록하기 단계). 그러고는 그 사람들에게 역할을 부여하고 어떤 모종의 행동을 하게 합니다. 그렇게 우리 사회에 메시지를 던지고 변화를 이끌도록 하는 것이지요(동원하기 단계). 이처럼 나 이외의 다른 행위자를 끌어들여서 결국은 공동의 힘을 발휘할 수 있는 어떤 단체를 만드는 과정, 이런 것을 다 번역이라고 보시면 됩니다.

우리가 흔히 이야기하는 어떤 외국어를 모국어로, 모국어를 외국어로 바꾸는 번역과는 다릅니다. 김진택은 번역은 부드럽고 평화로운 소통이 아니라 사고와 일탈을 근원적으로 동반하는 강렬한 충돌이자 접속이며 존재들의 생성과 확장의 다른 이름이라고 했습니다.

결절은 존재 의미를 깨닫게 한다

우리는 공기와 호흡하면서 행위자 네트워크에 살고 있는데 평상시에는 공기에 대해서 의식할 수 없습니다. 이런 상태가 블랙박스 상태입니다. 행위자 네트워크 기능이 정상적으로 작동하고 있어서, 외부에서는 네트워크의 실제를 볼 수 없고, 입력과 출력 기능으로만 인식되게 되는 상태가 바로 블랙박스 상태입니다.

아무런 문제없이 네트워크가 움직이고 상호작용을 하다가 이전과 전혀 다른 상태에 놓이면 비로소 정상적인 상태에서 생활했던 경험이 인식되기 시작합니다. 예를 들면 킬리만자로 5,800미터의 정상을 오르는 등반을 하면 지상에서는 느끼지 못했던 산소 부족을 심각하게 느낍니다. 호흡이 곤란해지고 정상적으로 작동하던 신체 기능에 문제가 생깁니다. 갑자기 공기가 이렇게 소중한 역할을 하고 있었다는 점을 깨닫기 시작하지요.

블랙박스 상태에서는 인식을 못하다가 특정 기능에 결절이 생길 때, 아니면 네트워크에서 어떤 고장이 발생해서 기능이 정상적으로 작동되지 않을 때 비로소 사람은 나 아닌 다른 행위자의 소중함을 깨닫기 시작합니다. 예를 들면 노트북으로 글을 쓰는데 노트북이 잘 작동할 때는 별 문제를 느끼지 못합니다. 블랙박스 상태입니다. 그런데 갑자기 노트북의 어떤 기능이 고장 나면 노트북에 대해 새롭게 생각하게 되지 않습니까.

몸이 건강할 때는 몸에 대해서 관심을 갖지 않습니다. 걸어가다가 돌멩이를 잘못 발로 찼다가 발톱이 빠진 경우를 상상해보세요. 그때서야 비로소 발톱이 발휘했던 기능과 역할을 생각합니다. 정상적인 상태에서는 아무 이상이 없다가 행위자 네트워크상에 결절이 생기면 비로소 사람들은 관심을 갖기 시작합니다.

결절은 평상시에는 모르고 지내던 다른 행위자의 존재 가치나 의미를 새롭게 깨닫는 소중한 계기입니다. 다른 각도에서 결절을 해석해보면 행위자가 다른 행위자에 의존해서 자신의 존재 의미와 가치를 추구하는 또 다른 행위자임을 깨닫는 각성 사건입니다. 결절이 생겼을 때에야 그동안 보이지 않는 곳에서 각자의 몫을 해내고 있었던 또 다른 행위자의 존재 의미를 깨닫게 되지요.

블랙박스 상태에서는 저마다의 위치에서 역할을 수행하는 다른 행위자를 의식하지 못합니다. 이처럼 보이지 않지만 저마다의 위치에서 각자의 역할을 하고 있는 행위자를 부각시켜 그것의 존재 의미를 다시 밝히는 과정을 역번역이라고 합니다. 역번역을 하면 블랙박스가 감춘 존재의 의의들이 새롭게 부각이 되고 그 존재 가치가 세상에 알려지게 되는 것입니다.

미래의 교육을 위하여

우리는 교육을 이제까지 인간이 인간을 만나서 인간의 생각과 행동을 변화시키는 노력이라고 생각했습니다. 그래서 교육 시스템을 설계할 때는 사람이 사람의 생각과 행동을 어떻게 바꿀지를 주로 고민했습니다. 그런데 ANT에 비추어 미래 교육의 방향을 생각해보면 강의실에 있는 책상의 배치만 바꿔도 우리의 생각을 바꿀 수 있습니다. 또 교실 환경 속에 낯선 행위자를 도입해도 이전과 다른 교수-학습 효과를 유발할 수 있습니다. 행위자에 대한 이전과는 다른 인식이 필요합니다. 다양한 행위자를 나의 네트워크 안으로 끌어오고 그것들과 관계 맺음 방식을 계속 바꾸어 변화를 만들어내는 교수-학습 전략을 구상할 필요가 있습니다.

행위자 네트워크는 지금 상태로 존재하는 명사가 아니라 계속 역할을 바꾸면서 끊임없이 움직이는 동사입니다. ANT에 비추어 보면 교육 대상은 인간만이 아니라 수많은 비인간으로 확대됩니다. 이들 간의 역동적인 관계 맺음에 주목할 필요가 있습니다. 교육에 참여하는 주체 —비인간을 포함하여—행위자들 간의 관계 맺음은 고정적이지 않고, 가변적이며 역동적이지요. 행위자 네트워크도 끊임없이 움직이면서 어제와 다른 관계를 맺고 상호작용하는 역동적인 행위자의 움직임을 구상합니다. 오늘과 다른 관계 속에서 다른 행위자 존재와 이전과 다른 영향력을 주고받는 관계가 네트워크 속에서 끊임없이 이루어지는 역동적인 번역의 과정이 바로 학습 과정입니다.

번역은 협상을 통해 행위자를 나의 편으로 끌어들여서 역할을 부여하고 새로운 의미와 가치를 창출하는 과정이라고 했습니다. 행위자가 저마다의 위치에서 각자에게 주어진 본분과 역할을 정상적으로 수행하는 상태가 지속되면 우리가 의식적으로 지각하지 못하는 블랙박스 상태로 바뀝니다. 이때 우리는 끊임없이 보이지 않는 존재를 다시 드러내고 탐구하는 역번역을 통해서 행위자의 의미와 가치를 새롭게 깨닫는 노력을 반복해야 합니다. 이것이 바로 무언가를 배우는 학습과

행위자 네트워크는 지금 상태로 존재하는 명사가 아니다.
계속 역할을 바꾸면서 끊임없이 움직이는 동사다.

기존 지식을 잊어버리는 망각학습 또는 폐기학습이 선순환적으로 반복되는 과정입니다.

행위자를 새롭게 끌어들여 나의 편으로 만드는 번역은 물론 블랙박스를 역번역하는 과정도 교육과정(敎育課程)에 반영할 때 중요한 시사점을 얻을 수 있습니다. ANT에 비추어 보면 지식은 네트워크를 통해 창조되며, 학습은 번역을 통해 네트워크를 건설하는 과정입니다. 새로운 네트워크를 구성하고, 기존의 네트워크가 변화하는 과정에서 지식이 획득되고, 학습이 일어납니다. 행위자 네트워크에서 일어나는 교육은 수단인 동시에 목적이 됩니다.

ANT는 과학과 기술, 주체와 객체, 원인과 결과를 이분법적으로 구분하지 않습니다. 교육은 주체와 객체가 만나 역동적인 상호작용을 통해 끊임없이 진화하고 발전하는 흐름입니다. 이런 과정을 자세하게 분석하는 기술(description)이 포화 상태에 이르면 저절로 어떤 처방(prescription)을 내릴지가 드러납니다. 기술 없는 처방도 처방 없는 기술도 무의미해집니다.

마지막으로 행위자 네트워크에서는 이질적 행위자들이 끊임없이 상호작용을 합니다. 행위자와 행위자가 맺는 관계와 다른 관계를 구분 짓는 경계를 넘나들며 이질적 행위자 간 부단한 잡종적 융복합을 통해 제3의 지식을 끊임없이 창조하는 하이브리드가 네트워크에서 일어납니다.

이질적 행위자와 이질적 지식이 만나는 과정에서는 필연적으로 의도된 결과뿐만 아니라 생각지도 못한 만남이나 마주침이 수시로 일어납니다. 우발적 마주침을 통한 잡종적 지식의 부단한 생산과 공유는 행위자 네트워크가 살아 있는 지식 창조의 무대라는 것을 예시적으로 보여줍니다.

미래의 교육은 개인의 생각과 행동을 바꾸는 노력보다 한 사람의 행위자에게 영향력을 행사하는 행위자 네트워크를 설계하고 실행하는 관계와 연대, 번역과 역번역 과정에 관심을 기울여야 합니다. 그래야만 우리가 의도하는 변화를 일으킬 수 있습니다.

Epilogue

⌒
⌒
⌒

철학은 견디기 어려운 '긴장'을
몸으로 배우는 고단한 사유

　　과연 철학만이 지혜를 사랑하는 학문일까요? 지혜를 사랑하지 않는 학문이 있던가요? 철학을 배운다는 것은 무엇을 의미할까요? 소크라테스니 니체니 들뢰즈니 하는 저명한 철학자들마다 그들을 대표하는 철학적 개념들이 있지요. 그것을 이해하고 설명해낼 수 있으면 그들의 철학을 배운 것일까요? 이것은 우리가 철학을 공부해야 하는 이유하고도 연결되는 문제인데, 철학을 배우는 것은 단순히 철학자의 논리나 주장을 아는 데 있지 않습니다. 어떤 철학자를 연구해서 그에 관한 논문을 썼다고 해서 그의 철학을 배웠다고 할 수 없습니다.

　　철학은 내 삶을 들여다보는 각성이고, 익숙한 것과 과감히 이별하는 결단이며, 누구도 가보지 않은 길을 향해 걸음을 내딛는 용기입니다. 철학은 지혜를 사랑하는 것이 아니라 그것을 얻기 위한 몸부림 또는 안간힘이라고 할 수 있습니다. 의심하지 말아야 할 것을 의심하고, 침묵해야 한다고 강요된 것들에 굳이 질문을 던집니다. 그래서 세상으로부터 때로는 비난과 조롱을 듣기도 하지요. 하지만 지금 익숙하게 누리는 것들에 대한 질문을 결코 포기하지 않습니다. 지금의 삶에서 부조리함을 느낀다면, 이전과 다른 삶을 살고 싶다면 질문하라고, 행동하라고 명령합니다. 철학은 결코 책상머리에 앉아 골머리를 앓는 것만으로는 체험할 수 없습니다.

우리가 주목해야 하는 것은 철학자들이 품었던 문제의식, 그것을 붙들고 밤잠을 설치며 뒤척이던 고뇌와 패배감입니다. 치열한 도전 끝에 맞닥뜨린 절망과 패배는 그것으로 끝나지 않습니다. 그 끝에서 자신만의 문제의식이 잉태되고, 분노하는 중에 난국을 헤쳐나갈 새로운 사유가 움트는 것이지요. 더 이상 기존의 방식으로는 해결할 수 없기에 자신만의 사유 체계를 정초할 수밖에 없습니다. 우리가 배워야 할 것은 이런 철학자의 삶에 대한 패기입니다.

철학자의 패기가 흐르는 사유 체계에 빠져드는 순간 심장이 뛰고 몸이 움직입니다. 머리가 계산할 겨를이 없습니다. 진정한 철학은 머리로 따져보는 이해와 분석 이전에 몸이 먼저 반응하는 결단과 실천에 방점을 찍습니다. 칠흑같이 어두운 밤바다에서 꿋꿋하게 빛나는 등대처럼 철학은 갈림길에서 방황하는 이들을 이끕니다. 철학은 몸으로 부딪치며 새로운 삶의 활로를 개척하라는 위기일발의 촉발(觸發)이자 어쩔 수 없는 상황에서 마지막으로 선택할 수밖에 없는 강권(强勸)입니다.

철학은 막다른 길목에 직면해서도 좌절하지 않고 다른 길도 있다는 가능성을 믿게 만드는 버팀목이자 새로운 출발을 알리는 신호탄입니다. 철학은 머리로 이해하고 깨달았다면서 망설이고 행동하지 않는 이들을 내리치는 죽비입니다. 지루한 삶을 나태하게 지속하는 이들에게 경고합니다. 사람은 생각한 대로 사는 것이 아니라 행동한 대로 사는 것이라고. 버리지 않으면, 바꾸지 않으면, 행동하지 않으면, 당신이 살고 싶은 삶은 살 수 없을 것이라고 말이지요. 각성은 단순한 탄성에 머무르지 않고 새로운 성장과 성숙을 위한 용감한 행동으로 이어집니다.

철학적 사유가 깊은 사람은 아무리 복잡한 난공불락의 걸림돌을 만나도 그 걸림돌을 디딤돌로 바꿔놓고 꾸준히 다른 생각을 잉태하는 사람입니다. 쉽게 좌절하지 않고 조급하게 결론 내리지 않고 대안을 따져보며 주어진 상황에서 자신이 할 수 있는 조치를 찾아봅니다. 그렇다고 오랫동안 사안을 놓고 검토만 거듭하지 않습니다. 어느 정도 대안으로 부각되는 해결책이 생기면 과감한 실천을 통해 검증 과정을 거치면서 차선책을 생각해봅니다. 깊은 사색을 통해 방법을 생각하기보다 과감한 실천을 통해 생각지도 못한 방법을 구상하고 적용해보지요. 철학은 앉아서 지혜를 사랑하는 학문이 아니라 온몸으로 주어진 문제를 끌어안고 뒹굴면서 낯선 생각을 잉태하고 현실에 적용하면서 현명한 대안을 생산하는 실천적 지혜의 보고입니다.

우리는 철학자의 사유 체계를 통해 철학자의 삶을 배우는 게 아니라 삶의 철학자로 살아가는 방법을 배워야 합니다. 아무리 경험이 많아도 몸으로 깨달은 각성 체험을 일정한 논리 체계로 정리해내지 않으면 몸의 구석구석을 돌아다니다 모래알처럼 흩어져버립니다. 또한 뜨거운 삶의 현장에서 경험을 관통하지 않은 지식은 허공에서 하소연하는 허무맹랑한 주장에 불과합니다. 내 몸을 관통하지 않은 어떤 철학적 사유도 내 삶을 뒤흔드는 자극제로 작용하지 않습니다.

몸으로 현장에서 사색하는 흔적을 관념이 아니라 신념으로 축적할 때 이전과 다른 삶을 펼쳐나갈 지지기반을 구축할 수 있습니다. 이 책 역시 철학자의 생각을 관념적으로 배우고 그들의 주장이 무엇인지를 이해하는 데 목적이 있지 않습니다. 열두 명 철학자의 문제의식, 고뇌, 패배감, 절망을 여러분의 삶으로 끌어들여 그들과 함께 치열하게 사유해보기를 바랍니다. 그리고 그 사유에서 나아가 실천하는 가운데 삶의 철학자로 거듭나는 길을 모색하도록 돕는 것이 이 책이 추구하는 지향점입니다. 여러분만의 고유한 철학적 삶의 여행에 깨우침의 재미와 의미가 함께할 수 있기를 기대합니다.

참고문헌

강민혁, 『자기배려의 책읽기』, 북드라망, 2019.

그레고리 번스, 김정미 옮김, 『상식 파괴자』, 비즈니스맵, 2010.

김철호, 『언 다르고 어 다르다』, 돌베개, 2020.

남경태, 『한눈에 읽는 현대철학』, 휴머니스트, 2012.

노명우, 『세상 물정의 사회학』, 사계절, 2013.

로먼 크르즈나릭, 안진이 옮김, 『인생은 짧다 카르페 디엠』, 더퀘스트, 2018.

로버트 그린, 강미경 옮김, 『유혹의 기술』, 웅진지식하우스, 2012.

롤랑 바르트, 김동권 옮김, 『밝은 방』, 동문선, 2006.

롤프 도벨리, 유영미 옮김, 『불행 피하기 기술』, 인플루엔셜, 2018.

루트비히 비트겐슈타인, 이영철 옮김, 『논리 - 철학 논고』, 책세상, 2006.

루트비히 비트겐슈타인, 이영철 옮김, 『철학적 탐구』, 책세상, 2006.

리베카 솔닛, 김현우 옮김, 『멀고도 가까운』, 반비, 2016.

리처드 도킨스, 홍영남, 이상임 옮김, 『이기적 유전자』, 을유문화사, 2018.

리처드 로티, 김동식·이유선 옮김, 『우연성, 아이러니, 연대』, 사월의책, 2020.

마이클 폴라니, 표재명·김봉미 옮김, 『개인적 지식』, 아카넷, 2001.

막스 베버·볼프강 J. 몸젠, 미하엘 마이어 엮음, 박성환 옮김, 『경제와 사회』, 나남출판, 2009.

메리 올리버, 민승남 옮김, 『휘파람 부는 사람』, 마음산책, 2015.

문정희, 『나는 문이다』, 민음사, 2016.

미셸 푸코, 신은영·문경자 옮김, 『성의 역사 2』, 나남출판사, 2018.

미셸 푸코, 심세광 옮김, 『주체의 해석학』, 동문선, 2007.

미셸 푸코, 오생근 옮김, 『감시와 처벌』, 나남출판사, 2020.

미셸 푸코, 이규 옮김, 『광기의 역사』, 나남출판사, 2020.

미셸 푸코, 이규현 옮김, 『말과 사물』, 민음사, 2012.

미셸 푸코, 이규현 옮김, 『성의 역사 1』, 나남출판, 2020.

미셸 푸코, 이정우 옮김, 『담론의 질서』, 중원문화, 2020.

미셸 푸코, 이정우 옮김, 『지식의 고고학』, 민음사, 2000.

박용하, 『견자』, 열림원, 2007.

발터 벤야민, 반성완 편역, 『발터 벤야민의 문예이론』, 민음사, 1992.

배리 슈워츠·케니스 샤프 지음, 김선영 옮김, 『어떻게 일에서 만족을 얻는가: 영혼 있는
    직장인의 일 철학 연습』, 웅진 지식하우스, 2012.

베네딕트 데 스피노자, 황태연 옮김, 『에티카』, 비홍, 2014.

브뤼노 라투르, 장하원·홍성욱 옮김, 『판도라의 희망』, 휴머니스트, 2018.

브뤼노 라투르, 홍성욱 엮음, 『인간·사물·동맹』, 이음, 2010.

수전 손택, 이재원 옮김, 『타인의 고통』, 이후, 2004.

스벤 브링크맨, 강경이 옮김, 『철학이 필요한 순간』, 다산초당, 2019.

신영복, 『강의』, 돌베개, 2004.

신형철, 『느낌의 공동체』, 문학동네, 2011.

신형철, 『슬픔을 공부하는 슬픔』, 한겨레, 2018.

아리스토텔레스, 김재홍·강상진·이창우 옮김, 『니코마코스 윤리학』, 길, 2011.

아서 프랭크, 메이 옮김, 『아픈 몸을 살다』, 봄날의책, 2017.

엄기호, 『공부 공부』, 따비, 2017.

에드워드 윌슨, 최재천·장대익 옮김, 『통섭』, 사이언스북, 2005.

에드워드 홀, 최효선 옮김, 『침묵의 언어』, 한길사, 2013.

M. 존슨·조지 레이코프, 노양진·나익주 옮김, 『삶으로서의 은유』, 박이정, 2006.

우치다 타츠루·오오쿠사 미노루, 현병호 옮김, 『소통하는 신체』, 민들레, 2019.

움베르토 마투라나·프란시스코 바렐라, 최호영 옮김, 『앎의 나무』, 갈무리, 2007.

유영만, 『MT 교육공학』, 장서가, 2008.

유영만, 『교육공학의 학문적 지평 확대와 깊이의 심화(2탄)』, 원미사, 2006.

유영만, 『아나디지다』, 한언출판사, 2002.

유영만, 『유라투스트라는 이렇게 말한다』, 모루, 2020.

유영만, 『책 쓰기는 애쓰기다』, 나무생각, 2020.

유영만, 『체인지(體仁智)』, 위너스북, 2018.

유영만·김예림, 『부자의 1원칙, 봄에 투자하라』, 블랙피쉬, 2021.

율라 비스, 김명남 옮김, 『면역에 관하여』, 열린책들, 2016.

이성복, 『네 고통은 나뭇잎 하나 푸르게 하지 못한다』, 문학동네, 2001.

이성복, 『무한화서』, 문학과 지성사, 2015.

이진경, 『삶을 위한 철학수업』, 문학동네, 2013.

이진경, 『우리는 왜 끊임없이 곁눈질을 하는가』, 엑스북스, 2020.

자크 데리다, 남수인 옮김, 『글쓰기와 차이』, 동문선, 2001.

자크 랑시에르, 양창렬 옮김, 『무지한 스승』, 궁리, 2016.

장석주, 『은유의 힘』, 다산책방, 2017.

장유승, 『쓰레기 고서들의 반란』, 글항아리, 2013.

정수현, 『한국문화 특수어휘집』, 제이제이컬쳐, 2018.

제임스 기어리, 정병철 옮김, 『진짜 두꺼비가 나오는 상상 속의 정원』, 경남대학교출판
      부, 2017.

조지 레이코프, 임지룡·노양진 옮김, 『몸의 철학』, 박이정, 2002.

조지 리처, 김종덕·김보영·허남혁 옮김, 『맥도날드 그리고 맥도날드화』, 풀빛, 2017.

존 듀이, 이홍우 옮김, 『민주주의와 교육』, 교육과학사, 2007.

존 듀이, 김성숙·이귀학 옮김, 『민주주의와 교육 / 철학의 개조』, 동서문화동판(동서문화
      사), 2016.

주디스 콜·허버트 콜, 후박나무 옮김, 『떡갈나무 바라보기 - 동물들의 눈으로 본 세상』,
　　사계절, 2002.

질 들뢰즈, 김상환 옮김, 『차이와 반복』, 민음사, 2004.

질 들뢰즈, 서동욱·이충민 옮김, 『프루스트와 기호들』, 민음사, 2004.

질 들뢰즈, 이정임·윤정임 옮김, 『철학이란 무엇인가』, 현대미학사, 1995.

질 들뢰즈·펠릭스 가타리, 김재인 옮김, 『천개의 고원』, 새물결, 2001.

카를 마르크스·프리드리히 엥겔스, 이진우 옮김, 『공산당선언』, 책세상, 2018.

파블로 네루다, 정현종 옮김, 『질문의 책』, 문학동네, 2013.

프리드리히 니체, 김미기 옮김, 『인간적인 너무나 인간적인 II』, 책세상, 2002.

프리드리히 니체, 김정현 옮김, 『선악의 저편. 도덕의 계보』, 책세상, 2002.

프리드리히 니체, 백승영 옮김, 『바그너의 경우. 우상의 황혼. 안티크리스트. 이 사람을
　　보라. 디오니소스 송가. 니체 대 바그너(1888~1889)』, 책세상, 2002.

프리드리히 니체, 안성찬·홍사현 옮김, 『즐거운 학문, 메시나에서의 전원시, 유고(1881
　　년 봄-1882년 여름)』, 책세상, 2005.

프리드리히 니체, 정동호 옮김, 『차라투스트라는 이렇게 말했다』, 책세상, 2000.

플라톤, 강철웅 옮김, 『소크라테스의 변명』, 이제이북스, 2014.

플라톤, 김주일·정준영 옮김, 『알키비아데스 I·II』, 아카넷, 2020.

홍성욱, 『인간·사물·동맹: 행위자 네트워크 이론과 테크노사이언스』, 이음, 2010.

황진규, 『한입 매일 철학』, 지식너머, 2018.

황현산, 『밤이 선생이다』, 난다, 2013.

황현산, 『우물에서 하늘 보기』, 삼인, 2015.

황현산, 『잘 표현된 불행』, 난다, 2019.

Calon, M, "Some elments of a sociology of translation: Domestication of the scalops
　　and the fishermen of St Brieuc Bay", In J. Law (Ed.) *Power, action and belief: A*

new sociology of knowledge?, London, England: Routledge, 1986.

Latour, B. *Pandora's hope: essays on the reality of science studies.* Cambridge, MA: Harvard University Press, 1999.

김환석, 「행위자-연결망이론과 사회학」, 한국사회학회 사회학대회 논문집, 2009.

김성호, 「미디어아트 이미지의 해석-바르트의 제3의 의미로부터」, CONTENTS PLUS, 11(2), 59-80, 2013.

김진택, 「행위자 네트워크 이론(ANT)을 통한 문화콘텐츠의 이해와 적용: 공간의 복원과 재생에 대한 ANT의 해석」, 『인문콘텐츠』 24, 9-37, 2012.

류재훈·최윤미·김령희·유영만, 「행위자 네트워크 이론(actornetwork theory)을 기반으로 한 교육공학의 학문적 정체성 탐구」, 『교육공학연구』 32(1), 1-27, 2016.

박철홍, 「듀이의 경험개념에 비추어 본 사고의 성격: 이성적 사고와 질성적 사고의 통합적 작용」, 『교육 철학』 33, 2011.

배을규, 「일터 학습 이론의 한계와 방향: 세 가지 실천기반 학습이론의 관점에서」, 『교육의 이론과 실천』, 12(1), 189-208.

박정자, 「데리다 쉽게 읽기」, 2009, (Newdaily(http://www.newdaily.co.kr/site/data/html/2009/08/24/2009082400036.html)).

EBS CLASS ⓔ 시리즈 14

아이러니스트

1판 1쇄 발행 2021년 4월 26일
1판 2쇄 발행 2021년 12월 20일

지은이 유영만

펴낸이 김명중 | 콘텐츠기획센터장 류재호 | 북&렉처프로젝트팀장 유규오
북매니저 박성근 | 북팀 박혜숙, 여운성, 장효순, 최재진 | 마케팅 김효정, 최은영
렉처팀 이규대, 이예리, 김양희, 박한솔

책임편집 정진라 | 디자인 오하라 | 인쇄 우진코니티
펴낸곳 한국교육방송공사(EBS)
출판신고 2001년 1월 8일 제2017-000193호
주소 경기도 고양시 일산동구 한류월드로 281
대표전화 1588-1580 홈페이지 www.ebs.co.kr

ISBN 978-89-547-5787-4 04300
       978-89-547-5388-3 (세트)